# ANSICHTSKARTEN

**25 Geschichten über das Reisen**

# ANSICHTSKARTEN

## 25 Geschichten über das Reisen

mit Illustrationen von Jörg Hülsmann
herausgegeben von Hanna Hesse

KNESEBECK *Stories*

# Inhalt

*Terézia Mora*
*Wie du gehen musst*

Dort, wo das letzte Haus des Orts steht und die Straße zum See nur noch von einer höher als menschenhohen, dichten Schilfwand zu beiden Seiten gesäumt wird, bleibe für einen Moment stehen. Hier, wo du jetzt stehst, versank vor zwanzig Millionen Jahren ein riesiges Gebirge im Meer. Nur die höchsten Bergkuppen schauten noch oben heraus, dort, wo hinter dir diese sanften Hügel zu sehen sind. Die Luft war sehr heiß, heißer noch als jetzt, und das Wasser sehr salzig. Auf den Graten der versunkenen Berge wuchsen gigantische Austernbänke, über die gigantische Seekühe schwammen, deren Rippen heute manchmal aus der Seite der sanften Hügel ragen. Mit der Zeit ging das Wasser zurück, denn irgendwann kehrt sich alles um, und was bis dahin stieg, wird wieder sinken, so auch der Salzgehalt des Wassers, und Pflanzen siedelten sich an, bis irgendwann das einst so unendliche Meer völlig verschwand und es eisig kalt wurde. Nach nur wenigen tausend Jahren schmolz das Eis auch schon wieder, und süße Seen entstanden, die ebenfalls mehrmals austrockneten und sich wieder füllten. Dieser hier, der westlichste einer Kette aus

Steppenseen, die sich bis nach China zieht, besteht vor allem aus Regen- und Bodenwasser und ist seit 150 Jahren, für ihn eine kurze Zeit, für dich eine lange, an dieser Stelle geblieben.

Die Straße zum See ist schnurgerade durch den Schilfgürtel geschnitten. Zwei raschelnde Wände aus Schilf, im Frühsommer noch sattgrün. Ein größeres Schilfgebiet als hier gibt es nur noch im Donaudelta und einst am Aralsee, als es den Aralsee noch gab, aber hier ist auch alles mehr Technik und Ordnung als wilde Natur. Es gibt zwei Fahrstreifen für die Autos in der Mitte und jeweils einen schmaleren für die Radfahrer und die Fußgänger an den Seiten, dazwischen eine Reihe Zitterpappeln. Die Geräusche und Lichter der Zitterpappeln. Schatten geben sie wenig. Einen kühlenden Wind vom See her gibt es häufig. Ansonsten ist es hier manchmal schon im Frühjahr so hell und heiß, dass man selbst nach den etwas mehr als zwei Kilometern, die dieser Weg zum See lang ist, schon halb blind und verbrannt ist. Setz deine Sonnenbrille auf, deinen Hut. Wenn es Fahrzeuge auf der Straße gibt, rechne damit, dass sie schnell fahren und manche auch laut. Es rauschen das Schilf und die Pappeln, es rufen die Vögel, die aus dem Schilf aufsteigen, und dann: ein aufheulender Dinosaurier (gab es hier Dinosaurier?), eilig, sie haben es eilig, dann wieder das Sch des Schilfs und der Pappeln und die Drosselrohrsänger, die Kiebitze, die Schwalben, die Möwen, die Reiher, die Wiedehopfe. Einmal sogar ein Wiedehopf. Graugänse, die über das Gras zwischen Radweg und Schilf watscheln. Die Schwäne halten sich lieber versteckt. Neuerdings gibt es auch so etwas wie einen Schrein im Schilf, einen Weg zu einem Halbkreis voller grauer Steine und einer Buddhafigur. Ob das etwas Ernsthaftes ist oder nur eine Art große Gartendekoration, wissen wir nicht. Nehmen wir uns Zeit, es diesmal festzustellen? Können wir es feststellen?

Lohnt es sich überhaupt, bis zum Hafen zu gehen? Der erste Fähranleger ist gleich vorne, rechterhand, aber der nützte dir wenig. Die, die von hier aus fahren, schneiden den See nur in der Mitte durch, aber in Österreich wärst du immer noch. Der Anleger, der für dich in Frage käme, ist versteckter, links, am Zaun des Strandbads und an der Seebühne vorbei, hinter den Kulissen. Der Name des Orts, zu dem du willst, ist zugleich der Name des Schiffes. Ein kleines blau-weißes Schiff mit einem Deck für Fahrräder. Ob diese Route gefahren wird, ist immer fraglich, es gibt immer Unwägbarkeiten, die Jahreszeit, das Wetter, der Wasserstand, der sich im Süden des Sees ohnehin nur knapp im schiffbaren Bereich bewegt. Außerdem haben sie auf der anderen Seite das Ufer quasi unzugänglich gemacht, weil sie dort etwas bauen, man weiß nicht genau was und für wie lange, jedenfalls gibt es keine Badestelle mehr, die Bäume in Ufernähe sind gefällt und die alten reetgedeckten Stelzenhäuser schon vor eine Weile abgebrannt, aber man kann nichts beweisen, im Schilf brennt es immer wieder, manchmal gehen auch Schiffe in Flammen auf. Sollte dieses Schiff noch fahren, kann es sein, dass kontrolliert wird, aber wie immer gibt es keine verlässlichen Informationen.

Es zieht dich zum Wasser, das ist nur selbstverständlich. Auch wenn dieses hier nicht schön ist, kein klares Auge, in dem sich das Blassblau des Himmels spiegelt. Dieses hier ist, selbst wenn es nichts aufwühlt, grüngrau. Das ist der Schlamm. Sie sagen, er habe Heilkräfte, damit er weniger eklig wirkt. Sedimente und Biomasse. Also Mineralien und Verwesendes. Im Bereich der Häfen und Bäder muss er ausgekratzt werden, sonst wäre dort auch, wie sonst überall am Ufer, dieses massive Schilf. Vier Meter hohes Gras. In Thailand zehn Meter, in der Mongolei zehn Zentimeter, Anfang des Sommers noch saftig grün, verspricht dem Körper Abkühlung und der Seele Linderung, aber die Wahrheit ist, dass solchen Sumpfgewächsen nicht zu trauen ist und überhaupt der Schifffahrt. Das wird nicht funktionieren. Wäre ja noch schöner. Dann könnte ja jeder kommen. Aber nicht jeder ist gekommen, sondern du.

Nein, du musst den Landweg nehmen. Dazu musst du dich nur dort, wo ich gesagt habe, dass du stehen bleiben sollst, mit der linken Schulter zum Schilf drehen, dann hast du ihn direkt vor dir: den letzten Weg, der vor dem Schilfgürtel nach rechts abgeht. Er hat keinen Namen, bestimmt hat er irgendwo eine Nummer, aber die brauchen wir nicht zu wissen. Einfach ein Feldweg, der zu den Weingärten führt. Vor acht Uhr morgens liegt er noch blass da, später wird er blendend, das ist der viele Kalk im Boden. Der Weg ist hart, wie versteinerte Austern hart sind, und ebenso zerbrechlich, die Oberfläche ist lose, wenn Wind darüberstreicht, sieht es aus, als würde die Erde rauchen. Dazu scheint dieser Weg überhaupt nicht in die richtige Richtung zu führen, sondern wieder zurück ins Dorf, das wir doch gerade so glücklich hinter uns gebracht haben, aber das stimmt nicht, denn er führt zu den östlichsten Weingärten, und dort willst du jetzt hin. Früh am Morgen wäre dieser Weg noch nicht so staubig, aber ich empfehle dir, gegen Mittag zu kommen und, wenn's geht, an einem Sonntag. Aus den naheliegenden Gründen. Dass es hier ganz menschenleer sein wird, kann ich dir trotzdem nicht versprechen, die Leute kümmern sich um ihre Gärten. Nicht nur um den Wein, auch um Blumen und Gemüse, und natürlich gibt es auch Obstbäume. Alte, um die sich nicht genug gekümmert wurde, sodass sie jetzt nur noch für Schnaps taugen, aber natürlich sind die knorrigen Äste sehr pittoresk. Aber auch junge, die jemand nach den Regeln der

Kunst schneidet und pflegt, den Herbstschnitt, den Frühjahrsschnitt und den Laubschnitt macht, die Wunden pflegt und die Schädlinge fernhält, und die dann Sorten tragen, die es hier früher nicht gab. Nektarinen. Seit wann kennen wir hier Nektarinen?

Hier gibt es gelegentlich sogar Schatten durch allzeit verlässliche Walnussbäume, die zum Glück wie Unkraut wachsen, nur eben etwas nützlicher sind. Pass auf die Brennnesseln am Graben auf, der den Weg vom Schilf trennt. Es ist nicht notwendig, sich so dicht am Rand zu halten, das fällt nur auf. Geh einfach den Feldweg entlang, bis er zu Ende ist, weil er an einen asphaltierten Weg stößt. Das wird nicht mehr als ein Kilometer sein. Hier teilt sich auch der Graben. Eine kleine Brücke aus einer Betonplatte und einem grünen Metallgeländer führt genau über die Gabelung. Überquere diese Brücke. Links ginge es ins Schilf hinein, da ist auch ein reetgedecktes Haus, aber mit dem hast du nichts zu schaffen, ich sage es nur wegen der Orientierung. Du brauchst auch keine Angst zu haben, das werden die Leute vom Nationalpark sein, die gibt es hier überall. Leute, die die Grenze bewachen, ebenfalls, aber die haben Container und Jeeps, die sehen anders aus. Links also dieses Haus, hinter dir die Brücke, vor dir eine Wand aus Bäumen und Sträuchern, rechts der asphaltierte Weg, der steil bergauf führt, ja, zurück in den Ort, aber du bleibe trotzdem für einige Schritte auf diesem Weg, und zwar so lange, bis du einen alten Grenzstein siehst. Der alte Grenzstein ist auch der aktuelle Grenzstein, mehr noch, du wirst sogar eine Tafel vor der Mauer aus Bäumen und Sträuchern sehen, auf dieser steht: Achtung! Staatsgrenze. Drei Schritte daneben fehlt ein Stück aus der Wand, ein gar nicht mal so kleines Stück von der Breite eines handelsüblichen Personenkraftwagens. Sollte dieses Loch wie auch immer geschlossen sein, mechanisch oder weil einer in Uniform dort steht, dann bist du diesmal hier gescheitert, du kannst wieder zurückgehen und aufgeben oder es doch über den Hafen versuchen, aber wenn hier keiner steht, nun, dann kannst du an dieser Stelle einfach durch die Wand gehen.

Auf der Rückseite ist es fast wie auf der eben verlassenen, nur etwas unwegsamer. Der Weg hoch zum Ort ist nun ein ausgewaschener Feldweg mit tiefen Rillen, links hinunter ginge es zum See, aber, wie es scheint, nur noch ein paar Meter, bevor der Weg wieder an einer Pflanzenwand endet. Dort geh hin. Du wirst sehen, dass die Pflanzenwand einen Knick macht und hinter dem Knick wieder durchlässig wird. Es gibt zwar keinen Weg mehr, aber es gibt eine Wiese, eine an den Rändern kurz geschorene Wiese, in der sich leichte Radspuren abzeichnen. Die Bauern, die Felder an beiden Seiten der Grenze haben, dürfen hier seit kurzem entlangfahren, oder sie dürfen es offiziell nicht, aber sie machen es trotzdem. Die Grasstoppeln legen sich hin und richten sich wieder auf, so lange, bis sie irgendwann endgültig gebrochen oder abgenutzt sind. Diesen Spuren sollst du folgen, rechterhand die Wand und nun auch noch ein Graben, links das Stoppelfeld und dahinter der Schilfgürtel. So einen großen zusammenhängenden Schilfgürtel gibt es sonst nur noch … aber das habe ich schon gesagt. Geh einfach am Rand der Wiese entlang. Der Graben zu deiner Rechten ist unerwartet tief und mit Schilf, Rohrkolben und Sträuchern bewachsen. Mittendrin ragen immer mal wieder trockene Äste auf, die im Wind und unter ihrem eigenen Gewicht krachen und in den Graben fallen, ins wenig vertrauenserweckende brackige Wasser auf dem Grund, zu den anderen toten, sterbenden, aber auch lebenden Pflanzen (Was ist das? Wasserschlauch, Nixkraut? Nix wie Nixe? Und der Wasserschlauch ist ein

Fleischfresser.), eventuell ist auch das eine oder andere wenig schöne Tier zu sehen: Blindschleichen, Frösche mit Sicherheit, irgendwelche Würmer, deren Namen du nicht kennst, und Schnecken, die dir als Kind so gefallen haben, weil sie so kegelförmig waren, wie du sie sonst nicht kanntest. Du wolltest eine Halskette aus ihnen machen, doch leider fingen sie an, sich zu bewegen. Beschäftige dich nicht weiter damit, schau dir lieber die Libellen an, die zwar auch fliegende Räuber sind, und ihre Anwesenheit deutet auf unsicheren Untergrund hin, aber erstens sind Libellen schön, und deswegen vertrauen wir ihnen mehr, und zweitens ist hier auch kein Moor mehr und auch nicht mehr der im Uferbereich kniehohe graue Schlamm, im Gegenteil, auf den Feldern ist es schon so lange so trocken, dass es fast Funken schlägt. Ich hoffe, du hast genügend Trinkwasser dabei und vielleicht auch ein Tuch, das du dir vor Mund und Nase binden kannst, wie die Cowboys in den alten Filmen. Ein Pferd zu haben wäre jetzt auch nicht verkehrt. Ein Reiter in den Grenzwiesen zieht weniger Aufmerksamkeit auf sich als ein Fußgänger mit Rucksack, aber du hast nun einmal kein Pferd.

An einer Stelle, wo das Gras am Grabesrand höher ist, scheuchst du Fasane auf, ein Weibchen und ein Männchen. Ein Nest werden sie zu dieser Zeit wohl nicht mehr haben. Das Feld schließt an ein weiteres Feld an und dieses an ein weiteres, dabei änderst du mehrmals die Richtung, aber keine Panik, bleib einfach immer am Rand, wo die Radspuren sind, so lange, bis du schließlich wieder an einen dieser kalkstaubigen, weißblendenden Feldwege stößt. Links siehst du jetzt einen grünen Drahtzaun, an der Ecke des Zauns steht ein Hochsitz. Nicht für Jäger, von der Grenzpolizei. Es wird niemand drin sein, sie benutzen ihn nicht mehr, er fängt auch schon an zu verfallen. Warum haben sie ihn stehen gelassen?

Als Erinnerung und Zierde? Doch für den Fall der Fälle? Als
Warnung? Benimm dich?! Ja, natürlich, benimm dich einfach immer, sei brav bis in den Tod, aber andererseits gehört
dieser Zaun schon den ungarischen Wasserwerken, und das
bedeutet nichts weniger, als dass du bereits auf ungarischem
Staatsgebiet bist, du hast es also im Grunde schon geschafft,
dennoch, die Erfahrungen, anders gesagt, die erlernte Furcht
heißt dich weiterhin, vorsichtig zu sein. (Als hättest du eine
Chance. Es gibt diesen einen Weg hier. Vor oder eben wieder zurück. Solange du noch allein bist, kannst du das frei
entscheiden.) Linkerhand kommt jetzt das erste der drei
grünen Eisentore, die aufs Gelände der Wasserwerke führen.
Was haben die Wasserwerke mit dir zu tun, was hast du mit
den Wasserwerken zu tun, nichts, aber Menschen sind Menschen, also nähere dich Toren immer vorsichtig. Vor dem
Tor gibt es ein kleines Stück asphaltierten Wegs, der deinen
Weg kreuzt, dieser spielt für dich keine Rolle, er führt nur
zu einem weiteren Tor der Wasserwerke. Du bleibe einfach
rechts vom grünen Zaun und folge diesem. Hinter dem Zaun
kannst du jetzt eine Wiese mit hohem seidigem Gras und
sogar einen kleinen Eichenwald sehen. Am Rand zwischen
Wiese und Wald springt manchmal ein Rehbock entlang,
du hast ihn einmal gesehen, nicht jetzt. (Lebt der Rehbock
immer innerhalb des Zauns, ist er durch eins der Tore hinein-
gekommen, oder kennt er einen Schleichweg? Man kann ihn
nicht fragen.) Der weiße Weg wird jetzt immer steiniger, mit
Schlaglöchern, in die Bauschutt abgeladen wurde, zerbroche-
ne Ziegelsteine, auch Beton. Zähe Grasbüschel und Disteln
dort, wo keine Radspuren sind. Mannshohe Brennnesseln
und Giersch zwischen dir und dem Zaun, darüber Kohl-
weißlinge, während sich rechterhand jetzt ein Hügel erhebt
mit verwilderten Weingärten, Holunder, Hopfen, wuchern-

dem Allerlei, dessen Namen du nicht kennst. Scharfgarben, Mohnblumen und noch mehr Schmetterlinge. Zitronenfalter, Tagpfauenaugen. Ein Schwalbenschwanz. Dahinter, auf der anderen Seite dieses Hügels, ist schon das Dorf. Man muss nur noch an dieser kleinen Ansammlung von Walnussbäumen, am dritten Tor der Wasserwerke und am Fußballplatz vorbei. Außer, wenn jetzt noch einer auftaucht, dann musst du vielleicht doch noch einmal die Richtung ändern und hier, wo sich der Weg ein letztes Mal teilt, rechts hoch, statt nach links runterzugehen. In beiden Fällen kämst du im Dorf an, nur rechtsherum eben am oberen Ende, nicht am unteren, wo du hinmusst, und dann müsstest du die ganze lange Hauptstraße hinunter, weitere drei Kilometer, an der Vorderseite von allem. Den sieben Wundern dieses touristisch so wertvollen Orts. Vorbei am Steinbruch, den schon die Römer betrieben haben und zuletzt die Nazis, wo eine Statue in Form eines Stachels wie an einem Stacheldrahtzaun daran erinnert, dass das hier immer ein Grenzbereich war, und wo man bis zum heutigen Tage versteinerte Urtiere einfach vom Boden aufheben kann. Natürlich keine großen, aber wenn du genau schaust, siehst du, dass das Stück Kiesel kein Kiesel ist, sondern eine Millionen Jahre alte Schnecke von schöner Kegelform, aber natürlich kann man sich auch aus dieser keine Halskette machen.

Von dort aus geht es immer nur hinunter, der ganze Ort ist auf einem Hügel gebaut, die Radfahrer pfeifen Geschossen gleich durch den Ort. Die Autos sowieso. Vorbei am heiligen Sebastian, vorbei am Friedhof. Hier kannst du einen Blick zurückwerfen, dorthin, wo du hergekommen bist, zum Schilfgürtel, zum See, sogar zu den Windmühlen am anderen Ufer. Der Weg, den du gekommen bist, ist von Sträuchern verdeckt. Das zu sehen ist beruhigend.

Dass du den Dorfkern aus dem 17. Jahrhundert erreicht hast, merkst du daran, dass du durch eine Stadtmauer trittst. Es soll eine Räuberburg gegeben haben, etwa dort, wo du heute hergekommen bist. Irgendwann hatten die Bauern genug davon, ständig ausgeraubt zu werden, und haben diese Mauer gebaut. Später haben sie sie wieder geöffnet, damit die Linienbusse, die Müllwagen und die Feuerwehrautos durchpassen. Sollte es dazu kommen, dass du doch durch das Dorf gehen musst, wäre hier, bei der Feuerwache, die Möglichkeit, sich wieder in die Büsche zu schlagen. Nicht wortwörtlich, sondern wenigstens von der Hauptstraße weg. Die Straße heißt Friedensstraße, es gibt eine Tafel, die auf ein Restaurant Namens Alter Fischer hinweist, das Restaurant gibt es aber nicht mehr. Die beiden Maulbeerbäume vor dem Tor gibt es noch. Die purpurnen Flecken der zertretenen Maulbeeren auf der Straße gibt es noch, auf dem gerillten Beton, auf dem man sich bei jedem Schritt die Füße aufschürfen würde, müsste man ihn ohne Schuhe begehen. Das ist die steilste Straße, sie macht einen Katzenbuckel in der Mitte. Über diesen Buckel gelangt man auf die Mittlere Felszeile, wo es noch vor hundert Jahren in den Fels geschlagene Wohnhöhlen gab, und von dort aus noch weiter hinunter, zur Bachzeile. Damit wäre man auf der anderen Seite des Hügels und des Ortes angekommen, am Bach, nach dem der Ort benannt ist. Hinter dem Bach ist der Wald, hinter dem Wald die Stadt, hinter der Stadt wieder die Grenze. Rechts wäre die alte Mühle, eine von mehreren, aber die gibt es ohnehin nicht mehr, nur neue Häuser auf dem Feld mit Zäunen und hinter jedem Zaun einen riesigen Hund. Die neuen halten sich große Rassehunde: Dobermann, Scottish Shepherd, Boxer, Deutscher Schäferhund. Während es in den alten Häusern die Dackel gibt, die Zwergpulis und am häufigsten: die Bastarde. Aber das ist egal, weil jeder einzelne Hund bellen wird, wenn du vorbeikommst.

Also vielleicht doch lieber über die Hauptstraße, dort gibt es weniger Hunde, oder sie sind im hinteren Bereich des Hofes. Die Höfe sind so unglaublich lang hier, vier Parteien, fünf, und je weiter hinten, umso ärmer, natürlich. Vorbei am oberen Geschäft, das mittlerweile das einzige Geschäft ist. Sie haben auch sonntags auf, das ist hier erlaubt, obwohl sie, wenn es Mittag ist, bald schließen werden. Aber noch könntest du dir, wenn du dich traust, etwas Kaltes zu trinken kaufen, denn Trinkbrunnen gibt es nicht mehr, und die kleine Flasche Wasser, die du mithattest, ist leer.

Der Geruch in diesen kleinen Dorfläden ist noch wie früher: Das kommt vom Wurzelgemüse neben dem Eingang, der Paprika und den Melonen. Der Geruch der Backwaren ist auch noch der gleiche und der der Salamis, der Würste, des Specks, der Lyoner. Und es gibt auch noch einige der Süßigkeiten, die es gab, als du noch ein Kind warst, nebst drei Sorten Himbeersirup, aber interessanterweise hast du keinerlei Verlangen danach behalten. Und überhaupt sind es von hier aus nur noch anderthalb Kilometer, zu Hause trinken ist billiger.

Vorbei am Kriegerdenkmal, vorbei auch an Friedrich von Creutzpech, der eine überlebensgroße Statue aus Holz ist, ein Ritter mit gesenktem Revers, der sich auf ein riesiges Schwert stützt. Angeblich Tausenddreihundertirgendwas. Kann sein, es hat ihn nie gegeben. Ein touristischer Ort braucht halt Sehenswürdigkeiten. Die anderen beiden, die alte Bauersfrau und den alten Bauern in ungarndeutscher Tracht, die hat es gegeben. Heute stehen sie auch nur noch aus Holz und überlebensgroß vor dem Wirtshaus in der Dorfmitte herum, obwohl sich fleißige Leute mit einem gottesfürchtigen Lebenswandel mitten am Tag nicht im Wirtshaus aufhalten, noch nicht einmal davor. Aber jetzt sind natürlich auch welche da. Die Tür steht, wie immer, offen. Drinnen herrscht eine beneidenswerte Kühle. Der ferne Geruch kalten Biers, das auf den mit Blech verkleideten Tresen gelaufen ist, dringt in Begleitung einiger Fliegen heraus. Wer Sonntagmittag hier trinkt, kümmert sich nicht um dich, geh einfach weiter.

Vorbei an der Kirche, in der dein Taufbecken steht, gehalten von einem barocken Mohr, vorbei an der winzigen Postfiliale und dem winzigen Haus mit nur einem Fenster, durch das früher eine Zeitlang Eis verkauft worden ist, direkt neben der ehemaligen Sodawasserabfüllstation. Hol zwei Flaschen Soda und kauf dir ein Eis. In der Vergangenheit, nicht jetzt. Jetzt ist alles zu und still, und das ist gut. Vorbei am Bürgermeisteramt und dem Pranger, dem ältesten des Landes, der noch an seiner ursprünglichen Stelle steht. Daneben gab es eine Erdhöhle, das war das Gefängnis, heute gibt es dort einen Brunnen. Der Brunnen ist auch mit einem Gitter abgedeckt. Die Wassermühle dahinter war zu deiner Kindheit noch eine Jugendherberge, was heute dort ist, weiß man nicht. Vielleicht nichts. Die Sonnenuhr an der Außenwand wird es geben, solange es die Außenwand geben wird.

Vorbei an der nicht sehr gelungenen Statue in Erinnerung an den Fall des Eisernen Vorhangs, der sich hier, gerade hier, das heißt, am Rande des Nachbarorts, ereignete. Eine mit Stacheldraht umwickelte Wand, die von einem dreieckigen Stein gespalten wird, in den eine Taube und ein Datum eingraviert sind. Daneben der neuerdings wieder staatliche Laden für Alkohol und Tabak. Der hat natürlich auch offen, aber per Gesetz muss er so gestaltet werden, dass man nicht hineinschauen kann und auch nicht heraus. Plastikstreifenvorhänge an Türen sterben auch nie aus.

Vorbei an der Bushaltestelle. Am Sonntag fährt auch der Bus seltener oder kaum, du kannst ohne weiteres über die Haltebucht spazieren, die verlassen daliegt, wie eine platt gewalzte, bläulich getrocknete Blindschleichenhaut. Drei besonders schöne Häuser stehen um diese Bucht herum, mit Rosen im Vorgarten. Wie die Busse früher gerochen haben. Wie die Rosen früher gerochen haben. Vorbei an den Fahrradständern, die es neuerdings gibt. Sie imitieren die Form von Graugänsen und sind dementsprechend aus grauem Metall. Grauganshälse, Augen und Schnäbel, der Rest wäre dann unter der Erde, eingepflanzte Graugänse, das Fahrradschloss könntest du durch ihre offenen Hälse fädeln, aber selbst wenn du ein Rad dabeihättest, hätte das für dich jetzt nur noch wenig Sinn, denn das Haus, zu dem du willst, ist von hier aus nur noch dreißig Schritte oder drei Häuser entfernt. Davon ist eins das Schloss, die ehemalige Sommerresidenz des Bischofs, wegen der dieser Ort schon 1192 Villa Racus genannt wurde. Was sich anhört wie etwas in der Toskana, dabei bedeutet Villa einfach nur Ansiedlung, aber sei nicht immer so ein Klugscheißer. Und renn nicht so, du brichst dir noch ein Bein oder zwei! Der Salpeter hat den Putz von der Schlosswand getrieben, er ist auf den Gehsteig gerieselt, zusammen mit der barockgelben Farbe, auf die großen glatt gelaufenen, grob zusammengefügten Kalksteinblöcke und die drei Treppen, die sich hier plötzlich aus dem Gehsteig lösen, bist du noch jung genug, sie einfach zu überspringen? (Oh, all die gestauchten Knöchel unserer Kindheit!)

Aber, wenn es gut läuft, kommst ja gar nicht von oben gerannt, sondern von unten, denn an den Wasserwerken war niemand, und am Fußballplatz war auch niemand, es war jemand da am Vormittag, und es werden wieder welche da sein am Nachmittag, aber zu Mittag, wie ich es dir gesagt habe, gehen sie nach Hause und löffeln Hühnersuppe. Der Geruch der Hühnersuppe dringt aus allen Ritzen, du schwimmst quasi durch Hühnersuppenluft, und natürlich fangen die Hunde zu bellen an, aber das hörst du kaum mehr, bergauf zu rennen ist schwer. Dafür ist es kürzer, nur noch hundert Meter, die letzten hundert Meter steil hinauf zur Hauptstraße, und pass auf, bevor du hinausrennst, du weißt, die Projektile, und jetzt sind es wieder nur noch drei Häuser auf dieser Seite und keins auf der anderen, weil das schon euers ist, das winzige mit der kalkweißen Fassade, das so blendet, als müsstest du noch ein letztes Mal geprüft werden, ob du es wirklich wert bist, dein Ziel im Auge behalten zu dürfen, bis ans Tor zu gelangen, das so groß und schwer ist, dass es in den Angeln hängt. Hoffentlich dreht sich der Schlüssel. Brich ihn nicht ab, probiere, bis es geht, so viel Zeit muss sein. Wenn das Tor dann immer noch nicht aufgeht, obwohl das Schloss offen ist, wirf dich mit deinem ganzen Gewicht dagegen, der Schmerz in der Schulter ist jetzt egal, aber dann, wenn du durch bist, drücke es möglichst leise wieder zu und schließe auch ab, von drinnen geht es meist leichter.

Der Hof ist, dank dem unteren Ende der Stadtmauer, vor Blicken geschützt. Du könntest sofort alle Kleidung von dir werfen. Wenn die Ameisen aus dem Nussbaum direkt auf deine nackte Haut fallen, fege sie mit einer leichten Bewegung ab. Setz dich auf den Stein neben den Brunnen, der hier auch nur noch ein Wasserhahn ist. Jetzt kannst du trinken. Die Vögel sind etwas aufgeregt. Das Amselpärchen, das im Fliederbusch nistet, vor allem, aber sie werden sich schon noch beruhigen, und nur noch das Rauschen der Blätter wird zu hören sein und dein eigener Atem, der noch eine ganze Weile.

Judith Kuckart
Dann fahr doch mal
weg, Maria Malkovich!

Die Frau und sie verabschieden sich voneinander, um sich vielleicht in fünfzig Jahren wiederzutreffen. Was willst du eigentlich mal werden?, ruft sie hinter ihr her, als Maria bereits den Schotterweg mit der Aldítüte unter dem Arm hinunterläuft.

Polizistin!

Polizistin, alle Achtung!

Die Strickblumen längs dem Weg nicken freundlich.

Am Hauptbahnhof Zürich nimmt Maria den ersten ICE nach Norden über Basel. Später geht noch einer auf Gleis vier, aber nach Süden. Vom Zugfenster aus sieht sie die stummen Schatten der letzten Schweizer Kühe, zwei gelbe Telefonzellen, eine Litfaßsäule, Topfpflanzen und Straßenlaternen. Ganz viel hat sie die Frau nicht gefragt. Aber manchmal fragt man eben nicht, weil man Angst vor der Antwort hat. Kurz hinter der Grenze sieht Maria Malkovich einen Schwarm Sommergoldhähnchen über einem Baumarkt – und später die Sterne.

Deutschland.

*Eine Woche zuvor*

Sie hat schon immer gern draußen übernachtet. Seit einigen Nächten schläft Maria hinter dem Geräteschuppen beim Brunnen, wo sie sich morgens auch wäscht. Ein Friedhof ist ein gutes Versteck. Abends kommen die Hasen, tagsüber die Menschen. Von beiden macht sie sich ein Bild. Eines Tages wird sie Volkswirtschaft oder Völkerrecht studieren, um zu wissen, wie die Menschen ticken und der Hase läuft.

Das glaubt dir doch kein Mensch, Maria!

Maria greift nach dem blassen Mond am Himmel und hält ihn auf seiner Reise zwischen Daumen und Zeigefinger fest. Es ist April und Nacht. Die Gräber um sie herum starren still und freundlich in dieselbe Richtung. Warum sie von zu Hause ausgerissen ist? Weil Frau Küster gesagt hat, du bist verrückt, nachdem Maria vor der ganzen Klasse gestanden hatte, sie wolle ganz schnell erwachsen werden.

Warum?

Damit in meinem Leben endlich etwas passiert!

Dann fahr doch mal weg, Maria Malkovich!

Maria war aufgestanden und hatte den Raum verlassen. Ihre Schritte auf dem langen Flur zur Treppe, ihre Schritte auf den Stufen nach unten zum Pausenhof – wie laut die geklungen hatten. In der Ferne, wo ein kleiner Bahnhof war, waren die schnellen Züge ohne Halt durchgefahren.

Züge, die durchfahren, werden eines Tages der Wind sein, der mich von hier fortnimmt, hatte sie gedacht.

*Ein Gewitter kommt*

Maria schaut dem Mond über dem Friedhof ins dicke Grapefruitgesicht, das sie noch immer zwischen Daumen und Zeigefinger festhält. Wo will der denn hin, ohne sie? Vorsichtig dreht sie ihn gegen den Uhrzeigersinn zurück. Doch nichts lässt sich ändern. Der Mond über ihr wandert einfach weiter. Sie steht auf und sucht die Chips in ihrem Schuppenvorrat. Als sie zurückkommt, verschwindet der Mond hinter einer dicken Wolke. In der Luft liegt ein Gewitter. Sie setzt sich mit der Chipstüte neben ein Kindergrab und streicht über die feuchte Erde. Ihre Gemüsesaat, ist die schon aufgegangen?

> Dora Duve
> *17.6.2012    †23.12.2019
> Wenn Liebe einen Weg zum Himmel fände
> und Erinnerungen Stufen wären,
> würde ich hinaufsteigen und dich zurückholen.

Das beschriftete Grabsteinherz ist aus Stein, aber zum Glück nicht rosa.

Gleich am ersten Tag hat Maria das Preisschild von Doras rotem Friedhofslicht gekratzt. Dann hat sie sich überhaupt der ganzen Sache angenommen. So vernachlässigt soll doch keiner in die Ewigkeit reisen müssen.

Es gibt zwei Lebensmittelläden in dem Dorf am Rand von Zürich, wo sie sich nach diesem verdammten *Dann-fahr-doch-mal-weg-Maria* auf dem kleinen Friedhof eingenistet hat. Es gibt den Albaner und den Aldimarkt. Bei Aldi hat sie am Tag ihrer Ankunft Proviant für ihre Reise ins Verschwinden mitgehen lassen: Toastbrot, Cola, Chips und Ovomaltine Crunchy Cream. Beim Drehkreuz am Eingang stand ein Drehständer mit Gemüsesamen. Bohnen, Rüben, Tomaten, Radieschen. Sie hat im Vorbeigehen ein paar Tütchen eingesteckt. Zurück auf dem Friedhof hat sie angefangen, das vertrocknete Tannengrün von Doras Grab zu räumen. Dora hat stillgehalten. Tot sein heißt, sich die Radieschen von unten anschauen, oder, Dora?, hat sie gedacht. Und, wer tot ist, ist nur verschwunden, kann aber jederzeit wiederkommen. So wie ein Reisender jederzeit zurückkommen kann. Stimmt das, oder hilft es nur, Dora?

Als Maria mit dem Grabbeet fertig war, sagte sie zu sich, du bist ja eine richtige Friedhofsbäuerin, Maria Malkovich. Hoffen wir mal, dass dein Gemüse im Herbst nicht nach Kind schmeckt.

Maria schaut noch immer in den Nachthimmel über dem Friedhof. Wie lange ist sie schon hier? Lange. Die Sterne zucken. In der Ferne hört sie einen ersten Donner. Als der Regen einsetzt, zieht sie sich unter den Dachvorsprung des Geräteschuppens zurück. Mit einem Buch. Schon als Kind war ein Buch eine Reise hinein in Welten, in denen sie nie sein, und in Leben, die sie nie führen würde. *Moby Dick* heißt das Buch, das jetzt unter dem Vordach des Schuppens wie Beton in ihrem Schoß liegt, während sie hinter den geschlossenen Augen sich selbst auf einem Walfangschiff von Hafenstadt zu Hafenstadt fahren sieht. Alle um sie herum sind stark und unerbittlich. An Bord gilt das Motto: Ich würde sogar die Sonne angreifen, wenn sie mir etwas zuleide täte! Und ich dich, du Gewitter!, denkt sie, während es tatsächlich näher und näher kommt.

Aber nicht nur das.

### Eine, die hinkt

Unter den tanzenden Buchen entlang dem Hauptweg läuft eine Gestalt. Ein Gespenst mit Kapuze? Als das Gespenst näher kommt, sieht Maria, es ist eine Frau. Eine Frau mit Kopftuch, aber keine Türkin oder Araberin oder so. Türkinnen und Araberinnen laufen um diese Zeit nicht allein auf christlichen Friedhöfen herum. Der Wind wird heftiger, wird zum Sturm. Er treibt die Frau vom Hauptweg ab auf das Feld mit den Kindergräbern zu. Blitze reißen sie immer wieder aus der Dunkelheit, während sie näher kommt. Die Frau trägt eine Plastiktüte und bleibt vor Doras Grab stehen.

Das glaubt dir doch kein Mensch, Maria Malkovich, hört Maria die Deutschlehrerin Frau Küster sagen. Die Frau geht vor Doras Grab in die Hocke. Einen Moment sieht es so aus, als würde sie weinen. Doch sie holt nur eine kleine Kehrichtschaufel aus ihrer Plastiktüte und fängt an zu graben. Zerfetzte Wolken wandern wie eine Herde ausgestorbener Tiere über die Szene, während der Erdhügel schräg vor der Frau, der auch von einem Maulwurf sein könnte, immer fetter wird. Schließlich verschwindet sie im Grab – jedenfalls bis zum rechten Ellenbogen. Wieder sagt Frau Küster etwas in Marias Kopf. Abrupt richtet sich da die Frau aus der Hocke auf und schaut um sich, als hätte sie etwas gehört oder als hätte die Dunkelheit Augen. Das Kopftuch zieht sie tiefer ins Gesicht wie manche Männer den Hut, wenn sie etwas Schlimmes vorhaben. Maria drückt den Rücken gegen die Wand des Schuppens. Das Buch liegt noch immer wie Beton in ihrem Schoß. Die Frau greift wieder in die Plastiktüte und holt ein quadratisches Päckchen heraus. Es wölbt sich wie ein Kissen. Ein scharfer Blitzpfeil, so einer, der stumm und deutlich »Achtung, Lebensgefahr« sagt, zackt auf den Scheitel der Frau herab, genau in dem Moment, als sie das Kissenpäckchen ins Grab wirft. Hastig schaufelt sie die Erde zurück, der fette Maulwurfshügel verschwindet im Loch. Sie drückt die Erde mit den Händen fest, reibt sich die Finger an ihrer Jeans ab und verschwindet mit hochgezogenen Schultern im Regen, der dicht wie ein Vorhang hinter ihr fällt.

Eine hohe, knabenhafte Gestalt. Einen Moment lang denkt Maria: Sie hinkt.

Kurz darauf ist das Gewitter vorüber, und die Wolkendecke reißt auf. Sterne sind zu sehen. Maria geht zu Dora, die immer noch still unter ihrer feuchtschwarzen Erde liegt, in deren Mitte das Friedhofslicht fehlt. Die Frau hat vergessen, es zurückzustellen. Maria nimmt das Licht in die Hand, stellt es aber wieder beiseite und fängt nun selbst an, in der Erde zu wühlen, dort, wo eben noch die Frau gegraben hat. An ein Haus muss sie dabei denken in jener Straße, in der sie einmal gewohnt hat. Hinter dem Haus floss ein kleiner Fluss. Die Bäume an seinen Ufern sahen bei hohem Wasser wie Damen aus, die ihre Röcke raffen. Das Haus, nur wenige Schritte vom Wasser entfernt, war feucht gewesen wie alle Häuser dort. Putz bröckelte von den Außenwänden. Die Scheiben waren zerbrochen und einige mit Pappe verklebt. Im Garten stand ein Nussbaum, Metallrohre lagen herum. Dazwischen wuchs, was wollte, auch Rhabarber und ganz hinten beim Zaun ein Johannisbeerstrauch. In dem Haus wohnte ein Mann, den man nie sah. Nur einmal hatte sie ihn beim Briefkasten getroffen, in Trainingshosen und einem karierten Hemd, das über dem Bauch spannte. In jener Nacht träumte sie dann, er hätte sich zu ihr umgedreht, hätte lange Wimpern gehabt, die schrumpeligen Lider eines Elefanten, und auch einen flehenden Blick und gesagt, sie solle ihn küssen. Küssen!, wiederholt Maria am Grab jetzt und gräbt noch schneller. Die Bewegung kommt ihr vertraut vor. Genauso ist es schon einmal gewesen. Nichts hört auf, wenn es vorbei ist. Eine Sache erlebt man nicht nur einmal. Man erlebt die Dinge, wenn sie geschehen, und jedes Mal wenn einen etwas daran erinnert, erlebt man sie wieder. Der Elefantenmann in Trainingshosen damals und diese Gewitternacht auf dem Friedhof jetzt sollen etwas miteinander zu tun haben, hörte sie die Deutschlehrerin Frau Küster fragen, das glaubt dir doch kein Mensch, Maria Malkovich!

Der Mond taucht zwischen den Wolken wieder auf, als sie das Päckchen aus dem Erdloch nimmt. Es ist eingeschnürt mit einer Nylonwäscheleine über braunem, beschichtetem, wohl wasserdichtem Papier. Maria zieht ihr Taschenmesser, das die anderen in ihrer Klasse Sackmesser nennen, aus der Hosentasche und schneidet die Verpackung auf. Ein gelbes Samtkissen kommt zum Vorschein. Mit einem pilzigen Geschmack im Mund zieht sie den roten Reißverschluss auf. In der Ferne fährt eine S-Bahn. Maria greift in das Kissen hinein.

Geld, viel Geld, in großen Scheinen.

*Bier und Zigaretten, bitte …*

Der Weg zweigt ab von der breiten Dorfstraße und führt über Schotter bergan. Wie gestrickt hängen die Blumen rechts und links über die Zäune. Unten aus dem Ort dringen Geräusche. Eine elektrische Säge, eine Frau lacht, eine Amsel schimpft, die Maistrockenanlage pustet ihren Rauch in die Luft. Die S3-Bahnen – mal Richtung Zürich, mal Richtung weg von Zürich – teilen sich ein Gleis, und eine hohe, knabenhafte Gestalt geht vor Maria her.

Sie hinkt tatsächlich, wenn auch nur ein wenig.

Durch die Holzlamellen ihres Friedhofschuppens hat Maria vor knapp einer halben Stunde die Silhouette gleich wiedererkannt. Einen Augenblick betrachtete die Frau irritiert das Grab von letzter Nacht. Wahrscheinlich erinnerten ihre Finger sich nicht, das Friedhofslicht zurückgestellt zu haben. Bevor sie den Strauß bunter Feldblumen niederlegte, schaute sie misstrauisch auf das Nachbargrab. Dort weinte ein Gipsengel über ein Kind, das noch jünger gewesen war als Dora. Dann legte die Frau den Strauß auf die blanke Erde und verschwand rasch wieder. Maria folgte ihr in den frühen Abend hinein. Die ganze Strecke gingen sie zu Fuß. Was sind das nur für Leute, die mit über dreißig noch kein Auto haben, dachte sie.

Am Ende des Schotterwegs liegen drei kleine Kosthäuser, in denen mal Arbeiter aus der Baumwollfabrik unten im Tal gewohnt haben. So wenigstens hat es Maria im vierten Schuljahr in Heimatkunde gelernt, als sie ganz neu in der Klasse, neu in der Stadt und in diesem Land war. Die Frau schließt die mittlere der drei niedrigen Türen auf. Die beiden anderen Häuschen scheinen unbewohnt zu sein. Als die Frau in der Tür verschwunden ist, schleicht Maria sich nah an den gelben Karton neben der Klingel heran. »Lotti Rast« steht da mit lila Filzstift geschrieben.

Klopfen oder nicht klopfen wäre jetzt die Frage. Doch ratlos geht Maria bereits den Schotterweg zwischen den neugierigen Strickblumen wieder hinunter und ins Dorf zurück. Bei der Kreuzung zur S-Bahn betritt sie den kleinen Lebensmittelladen. Drei Albaner, vielleicht Brüder, lehnen an einem Holztisch, auf dem eine orangefarbene Metallkasse steht. Aus den Wohnungen über dem Laden kommt Kindergeschrei. Maria kauft drei Dosen Bier und eine Schachtel Zigaretten.

Bist du denn schon sechzehn, fragt einer der Albaner.

Ja, lügt Maria, gestern geworden.

Herzlichen Glückwunsch, gab es eine Party?

Ich war allein, hört Maria sich sagen, das war nicht schön, aber nur, wenn ich daran dachte.

Der Albaner legt einen Schokoriegel oben auf die Zigarettenpackung.

Geschenkt! Er lacht. Die beiden anderen auch. Jetzt sehen die drei einander noch ähnlicher.

Als Maria aus dem Laden kommt, hupt ein Auto. Sie schüttelt eine der drei Bierdosen, reißt sie auf und lässt Schaum in Richtung Wagen zischen. Hey, hast du ne Hupe in der Hose!, ruft sie dabei. Der Kerl hinter dem Steuer lässt eine Scheibe herunter: Mit dir kann man wohl auch nicht reden, schreit er zurück und zeigt ihr den Stinkefinger.

Was bist du denn für eine!

Ick mubuschu!

Was?!

Ist Albanisch, sagt sie zu sich selber, ist nichts für Spießer.

Es ist fast dunkel, als sie zum Häuschen der Frau zurückkommt. Ein einzelnes Fenster auf den Schotterweg hinaus ist erleuchtet. Nicht einmal einen Mann scheint es bei der Frau zu Hause zu geben, nur einen Schreibtisch mit einem Aquarium daneben, das ein bläuliches Licht ins Zimmer wirft. Irgendwo gackert ein Huhn, das längst schlafen sollte. Maria erinnert sich: Vorhin, als die Frau vor ihr hergegangen ist, ist sie mit der Hand an den Zäunen entlanggestrichen, anmutig und in sich selber versunken. Maria ist sich in dem Moment klein, hart und hungrig vorgekommen. Ob die Frau glücklich ist und sie, Maria, unglücklich? Maria starrt auf das erleuchtete Fenster. Was könnte sie selbst, immer noch vierzehn, denn glücklich machen? Vielleicht wie Angelina Jolie auszusehen und mit einem so schönen Gesicht auf schöne, weite Reisen zu gehen und endlich so ein Leben wie in einem Roman zu führen? Maria weiß es nicht, aber nimmt an, dass Glück nie so glücklich macht wie Unglück unglücklich macht. Das liegt auch daran, dass das Unglück immer länger dauert als das Glück …

Die ersten Silberlichter blinken am Himmel auf. Im Osten türmen sich gelblich graue Wolkengebirge. Drüben, im Häuschen, steht die Frau auf und zieht einen gelben Vorhang vor. Maria steht da und rollt eine nächste Bierdose zwischen den Händen, bevor sie sie öffnet.

*Beat*

Freitag. Eine Dame in Blau schiebt wie jeden Tag ihren Rollator über den Hauptweg des Friedhofs, lässt ihn bei einer der Sitzbänke unter den Buchen stehen und pilgert mit einem silbrigen Milchkännchen unermüdlich, krumm und schief zwischen dem Brunnen und einem Grab hin und her, das so gepflegt aussieht wie sie selbst. Heute hat das Beerdigungsglöckchen schon mehrmals geläutet. Gegen drei taucht ein Junge im Schuppen auf. Er trägt einen Mittelscheitel, gerade wie ein gerader Gedanke.

Bist du Kellner? Maria kriecht aus dem Versteck für sie und die Gartengeräte und zeigt auf das weiße Hemd und die schwarz glänzende Hose des Jungen.

Ich heiße Beat, sagt der Junge, der so alt sein muss wie sie.

Beat, was für ein Name, sagt Maria, ich hatte mal einen Beat in der Klasse, der hat immer in der Nase gebohrt und die Knösel dann unter die Schulbank geschmiert.

Interessant, aber wir beerdigen gerade meine Oma.

Cool. Hast du auch Geschwister?

Nein. Du?

Mögen dich deine Eltern?

Ja.

Magst du mich?

Hunde mag ich lieber. Was machst du eigentlich hier?

Geht dich nichts an.

Was machst du sonst?

Eine Menge, sagt Maria, Sportverein, Leichtathletik, Rudern, ich singe auch im Chor und plane im Moment eine längere Reise.

An der Veränderung in seinem Gesicht kann sie sehen, dass er sich in sie verliebt hat. Das wird Konsequenzen haben. Er wird wiederkommen, und sie muss dann weg von hier.

Wo schläfst du?, fragt er.

Sie zeigt auf eine Sitzbank beim Hauptweg, wo eben noch der Rollator stand.

Ich muss jetzt mal los, sagt der Junge, der Beat heißt.

Sie zuckt mit den Schultern.

Am Abend kommt er wieder und sieht männlicher aus. Er trägt Jeans und ein Muskelshirt, das ihm ein wenig zu groß ist. Nachdem der Friedhof abgeschlossen worden ist, sitzen sie nebeneinander auf der Rollatorbank und trinken Bier. Maria sagt: Ich wollte nie ein Mädchen sein. Nicht wegen der Sache mit der Bluterei alle vier Wochen, sondern grundsätzlich. Ich wollte immer ein Junge sein, solange ich denken kann.

Warum?

Wegen der Schiffe. Ich will zur See fahren.

Der Junge sagt: Ich finde dich sexuell sehr attraktiv. Ich könnte mir vorstellen, mit dir einmal eine Kreuzfahrt zu machen.

Wann?

Wenn ich mal Zahnarzt bin.

Das dauert mir zu lange, sagt Maria.

Gegen Mitternacht legt Maria sich auf der Sitzfläche der Bank schlafen. Er rollt sich darunter zusammen. In dem Moment kommt es ihr vor, als wäre sie glücklich, glücklich wie viele Menschen, die ein schwieriges Leben haben. Denn eigentlich sind die oft glücklicher als die normalen.

Maria fasst einen Entschluss, während sie einschläft.

## Da bin ich

Mit dem gelben Kissen unter dem Arm läuft sie am Samstagnachmittag am Lebensmittelladen der Albaner vorbei zum Häuschen am Ende des Schotterwegs. Sie drückt nicht die Klingel neben dem Schild »Lotti Rast«. Sie geht auch nicht durch die Tür, die nur angelehnt ist. Maria steigt durch das geöffnete Fenster, denn wenn man durch ein Fenster steigt, gelangt man in einen Raum, der sofort etwas Eigenes hat.

Die Frau steht am Herd und setzt einen Topf Kartoffeln auf.

Da bin ich!

Die Frau dreht sich um und ist nicht überrascht. Sie trägt eine blaue Strickjacke. Auf dem Tisch neben dem Aquarium liegt ausgedruckt ein Manuskript. *Rinaldo Rinaldini – ein literarischer Musterfall* steht auf dem Deckblatt.

Worum geht es? Maria zeigt auf die bunten Karteikarten, die aufgefächert neben dem Manuskript liegen.

Um Widerstand, um das Wetter und seine symbolische Bedeutung im 18. Jahrhundert, sagt die Frau, und um Geld.

Sie sind Bankräuberin? Hier ist ihr Kissen, sagt Maria.

Mein Kissen?

Die Frau macht keine Anstalten, das Kissen aus gelbem Samt an sich zu nehmen. Stattdessen schließt sie den obersten Knopf ihrer blauen Strickjacke und wischt die Finger an der Jeans ab. Wie neulich am Grab, erinnert sich Maria, und plötzlich ist ihr so, als hätte es nicht nur die Geste, sondern die ganze Situation schon einmal gegeben.

Oder, Frau Küster?

Kurz lauscht Maria in ihren Kopf hinein.

Diesmal schweigt die Deutschlehrerin.

Maria geht zwei Schritte vor und legt das Kissen auf dem Aquarium ab. Sogleich schwimmt ein Fisch erschrocken gegen die Scheibe. So ein Scheiß mit Reis, denkt Maria. Auch die anderen Fische zucken zurück. Es sind Welse, Prachtschmerlen und Brokatbarben. Eine gute Kombination, weiß Maria, denn sie hat einmal ein Aquarium gehabt, früher, als sie Kind in einem feuchten Haus in der Straße des Elefanten gewesen ist. Damals hat jemand ihr Moosbarben geschenkt, die sehr hübsch, aber charakterlich ziemlich zweifelhaft waren. Wie du, hat Marias Mutter gesagt. Eine bissige Barbe hatte alle anderen Fische so terrorisiert, dass sie nicht an den Verletzungen, sondern ziemlich rasch am Stress starben.

Maria starrt auf das Aquarium. Echt, das ist jetzt aber echt Scheiß mit Reis! Das Ding hat keine Abdeckung aus Glas wie ihr Aquarium, damals. Es hat gar keine Abdeckung. Das Kissen ist zwischen den aufgeschreckten Fischen auf den Grund gesunken.

Ich heiße übrigens Maria Malkovich, sagt sie, um Haltung zu wahren. Streng sieht sie die Frau dabei an. Haben Sie jetzt das Geld geklaut?

Warum?

Weil es dann unser Geld ist.

Sicher?

Ganz sicher.

Sollten wir dann nicht mal gemeinsam unsere Beute retten?, sagt die Frau und krempelt den rechten Ärmel ihrer blauen Strickjacke hoch.

### Polizistin

250 000 Franken, 200 000 Dollar, 75 000 Dänische Kronen.

Erst nehmen sie Trockentücher, dann holt die Frau einen Föhn.

Sie haben eigentlich alles ganz richtig gemacht, sagt Maria, als die Frau aus dem winzigen Bad zurückkommt, in dem sie das Licht hat brennen lassen. Wahrscheinlich haben Sie gleich nach dem Überfall zwei Paletten Ravioli gekauft und sich in ein Versteck gelegt. Nach zwei Monaten war dann das Gröbste überstanden. Zwei Monate, daran scheitern die meisten, oder?

Die Frau lächelt.

Eine Bank ausrauben, sagt Maria, kann jeder. Die haben ja die Anweisung, dir gleich das Geld entgegenzuschmeißen. Aber untertauchen kriegt kaum einer hin. Ihre Kumpel haben sie wahrscheinlich am Flughafen schon geschnappt oder irgendwo in einem schicken Hotel in den Bergen beim Geldverprassen oder auf einem Kreuzfahrtschiff.

Fast richtig, sagt die Frau, du solltest Krimis schreiben.

Hatten Sie denn überhaupt Kumpel?

Die Frau überhört die Frage und sagt, was schlägst du jetzt vor, Maria Malkovich?

Maria schweigt.

Setz dich, sagt die Frau und zeigt auf einen blau lackierten Stuhl, auf dem ebenfalls Karteikarten liegen. Maria gehorcht.

Machen wir Folgendes, sagt die Frau, wir stimmen unsere Handlungen aufeinander ab und tun, was du bereits vorgeschlagen hast.

Was?

Wir teilen.

Kann ich Ihnen das glauben?

Wieso?

Mir zum Beispiel glaubt kein Mensch, sagt Maria.

Willst du einen Tee?, fragt die Frau.

Lieber Bier, sagt Maria, ich bin auch schon sechzehn.

Eine halbe Stunde später verabschiedeten die Frau und sie sich, um einander vielleicht in fünfzig Jahren wiederzutreffen.

Was willst du eigentlich mal werden?, rief die Frau, als Maria bereits den Schotterweg mit der Alditüte unter dem Arm hinunterlief.

Polizistin!

Polizistin, alle Achtung!

Am Hauptbahnhof fuhr der erste ICE nach Norden über Basel. Später ging noch einer auf Gleis vier, aber nach Süden. Vom Zugfenster aus sah Maria Malkovich die stummen Schatten der letzten Schweizer Kühe, gelbe Telefonzellen, alles Mögliche und auch Straßenlaternen und kurz hinter der Grenze den Schwarm Sommergoldhähnchen über dem Baumarkt.

– und später die Sterne.

Deutschland.

Christoph Peters
Plastikkanister

Bereits auf der Fahrt nach Al Minya hatte Janssen gesehen, dass die meisten Tankstellen entlang der Autobahn geschlossen waren. Der Fahrer hatte Witze über die Unfähigkeit der Moslembrüder gemacht, Nafisa hatte übersetzt und auf Deutsch ironische Kommentare dazu abgegeben. Sie kannten sich seit langem, hatten oft zusammengearbeitet und manchmal mit Sheikh al Mansoor die Gräber der Ahl ul Bait in Kairo besucht. Der Fahrer in seinem engen T-Shirt, unter dem sich Anabolika-gestählte Muskeln abzeichneten, gefiel ihr nicht, weder als Mann noch das, was er von sich gab. Auch wenn er sich für Nafisa als Frau vermutlich kein bisschen interessierte, wollte er doch auf jeden Fall von ihr bewundert werden und demonstrierte unablässig, wie souverän er alles im Griff hatte – den Wagen, die Straße, die Lage, sein Leben.

Janssen war von der Universität in Al Minya eingeladen worden, einen Vortrag über neuere Strömungen des Sufismus in der Türkei zu halten. Er hatte über sehr unterschiedliche Gruppierungen gesprochen: neo-osmanisch-national gesinnte Naqshibandi-Bruderschaften, die einen frommen Umbau der Gesellschaft vorantrieben; Mewlevi-Derwische, in deren Dergah ein Atatürk-Porträt neben Dschelaluddin Rumi hing und Männer gemeinsam mit Frauen das traditionelle Derwisch-Drehen praktizierten; dazu freidenkerische Sheikhs, die westliche Psychologie mit alten Meditationstechniken verbanden. Er hatte gedacht, die jungen Leute hier wären froh über seine offenere Sicht auf religiöse Fragen, doch als er geschildert hatte – lediglich in einem Nebensatz –, wie türkische Sufi-Schüler ihrem Sheikh die Hand küssten, war die Diskussion plötzlich aus dem Ruder gelaufen: Diese Geste sei im Islam streng verboten, sie habe auch nichts mit Respekt zu tun, vielmehr handele es sich um Shirk, Beigesellung – Götzendienst der schlimmsten Sorte. Zunächst hatte er noch versucht, mit Humor zu reagieren, doch das wurde erst recht als Provokation verstanden. Obwohl Nafisa intuitiv wusste, was er sagen wollte – manchmal besser als er selbst –, und beim Übersetzen alles tat, um dem Gespräch die Schärfe zu nehmen, war die Atmosphäre am Ende ganz vergiftet gewesen. Da Nafisa zu seiner Unterstützung abgestellt war, hatte sie ihn ins Hotel begleitet.

Das Hotel gehörte zu einer größeren Ferienanlage, direkt am Ufer des Nils, mit verschiedenen Restaurants, eigenem Pool, Liegewiesen und Kinderspielplätzen. In der Lobby hatten sich keine weiteren Gäste aufgehalten. Wegen der instabilen Lage im Land blieben die Touristen weg. Die beiden jungen Frauen an der Rezeption waren mit ihren Handys beschäftigt gewesen.

Janssen hatte noch eine Weile unschlüssig mit Nafisa zwischen den Sesseln gestanden und die Veranstaltung Revue passieren lassen. Er hatte sich vorgestellt, wie es wäre, die Nacht mit ihr zu verbringen – eher als loses Gedankenspiel denn als reale Möglichkeit. Nichts an Nafisa war leichtlebig.

Sie trug ein enganliegendes Kopftuch und gedeckte Kleidung, die dennoch erahnen ließ, dass sie darunter vollkommen gewachsen war. In ihrer wissenschaftlichen Arbeit beschäftigte sie sich mit dem Bild der islamischen Frau in der deutschen Literatur. Selbst wenn er sie gefragt hätte, ob sie ihn heiraten wolle, wäre vor der Hochzeitsnacht wohl kaum mehr passiert, als dass er hier und da ihre Hand gehalten hätte.

Schließlich hatte sie ihm eine gute Nacht gewünscht und war im Aufzug verschwunden. Sein Zimmer lag im Erdgeschoss und hatte eine eigene Terrasse. Dort hatte er sich in einen der gepolsterten Korbsessel fallen lassen und auf das schwarz vorbeiströmende Wasser geschaut, das schon die dunklen Gedanken der Pharaonen vor 4 000 Jahren ins Meer gespült hatte.

Am anderen Tag, während sie ihre Taschen in den Kofferraum luden, erklärte der Fahrer, dass er während der Nacht nun doch nicht getankt habe, da ihm die Schlange an der Tankstelle zu lang gewesen sei. Das Benzin reiche aber noch eine Weile, vielleicht sogar bis Kairo.

»Genau so habe ich mir das gedacht«, sagte Nafisa und verdrehte die Augen.

Janssen lächelte: »Schauen wir mal, wie weit wir kommen.«

»Es war anders abgesprochen mit seinem Chef.«

»Ich kann mich gar nicht erinnern, dass es früher Benzinknappheit gab«, sagte er.

»Erst seit Mursi Präsident ist.«

»Wie erklärst du dir das?«

»Die Saudis wollen ihn nicht, und das Militär will ihn auch nicht. Also arbeiten sie daran, die Leute gegen ihn aufzubringen.«

Sobald sie die Stadt hinter sich gelassen hatten, zeugte nur noch das zerfaserte Netz aus Strommasten und Kabeln davon, dass es auch hier modernes Leben gab, Fernseher, Kühlschränke, Waschmaschinen, Computer, Spielkonsolen. Kinder in zerrissenen bunten Kleidern lenkten Eselskarren oder trieben Ziegenherden vor sich her. Unrasierte Männer in blauen, grauen, braunen Galabeyas teilten sich die Ladeflächen uralter Laster mit Rindern oder Schafen. Ein Rudel wilder Hunde rannte über ein Feld, als hetzten sie eine Gazelle zu Tode.

Entlang des Nils war das Land sattgrün, Zuckerrohrfelder und Gemüsepflanzungen wechselten sich mit Palmenhainen ab. Dahinter begann die Wüste.

Rechts und links folgten Schotterfelder, Felsabbrüche, Geröll, dazwischen die sanften Rücken von Wanderdünen.

Janssen schaute über die Schulter des Fahrers auf die Benzinanzeige. Die Nadel zeigte, dass der Tank nicht einmal mehr zu einem Drittel gefüllt war. Er sah auf sein Telefon, stellte fest, dass es keinen Empfang hatte.

Nafisa saß mit geschlossenen Augen da – vielleicht hatte sie auch nicht schlafen können.

Auf der Straße herrschte wenig Verkehr. Dennoch hielt sich der Fahrer an die Geschwindigkeitsbegrenzung, fuhr selten schneller als hundert. Damit er sich trotzdem wie ein Rallye-Pilot fühlen konnte, scherte er vor jedem der völlig überladenen Lkws in letzter Sekunde mit einem scharfen Lenkmanöver aus, gab das kurze Stück auf der Überholspur Vollgas, dass der Motor laut aufheulte, um das Steuer anschließend ebenso abrupt wieder nach rechts zu reißen.

Janssen mochte diese Art Fahrten durch die Provinz. Er fühlte sich wie in einem endlosen Kinofilm. Landschaftsbilder und kleine Szenen reihten sich in einer ebenso zwingenden wie unbegreiflichen Erzählung aneinander.

Nafisa sah jetzt auch aus dem Fenster.

Sie hatte ungefähr genauso viel Zeit in Deutschland verbracht wie er in Ägypten. Dennoch waren halbwilde Wasserbüffel, Eselskarren mit einem Berg aus Zuckerrohr oder ein Adler, der auf der Suche nach einem verwaisten Kitz über zerklüfteten Felsmassiven kreiste, für sie wohl ebenso selbstverständlich wie für ihn schwarzbunte Rinder, gotische Kirchtürme und schneebedeckte Mittelgebirge. Vermutlich hatte sie dabei auch nicht die Visionen orientalistischer Maler des 19. Jahrhunderts vor Augen, sondern Unterentwicklung, Korruption, Kinderarbeit und Müll.

»Ich mag die Landschaft«, sagte er.

»Mir gefällt es in Deutschland eigentlich besser.«

Er schaute zu ihr herüber, versuchte sich vorzustellen, wie ihr Gesicht ohne Kopftuch aussah, ob ihre Haare braun oder lackschwarz waren, glatt oder wellig? Vielleicht hatte sie schwere Locken, die ihr wild ins Gesicht fielen, sobald sie es ablegte, und ihren Zügen die Strenge nahmen.

»There is a gas station«, sagte der Fahrer und setzte den Blinker.

Janssen war jetzt doch erleichtert.

Andererseits hätte es ihn interessiert zu sehen, wie Nafisa reagierte, wenn sie zusammen mit ihm in diesem Niemandsland verlorenging und unklar war, wann sie in ihr streng reglementiertes Leben zurückkehren konnte.

An der Tankstelle standen einige Autos, doch die Zapfsäulen waren mit rot-weißen Plastikbändern abgesperrt. Ein handgeschriebenes Pappschild wies darauf hin, dass es zur Zeit kein Benzin gab.

»Next one«, sagte der Fahrer und zuckte mit den Achseln.

»Irgendwo wird es schon noch etwas geben«, sagte Janssen.

»Sein Chef hat ihm ausdrücklich verboten, illegal ab-gezweigtes Benzin zu tanken, weil es mit allem Möglichen gemischt ist. Wir haben ja extra diesen teuren Limousinen-Service gebucht, damit das nicht passiert.«

»Bist du sehr beunruhigt?«

»In Sha Allah wird alles klappen.«

Er war nicht sicher, ob es sich um das vorbeugende »In Sha Allah« handelte, das man einer sicheren Sache hinzu-fügte, damit Gott es sich nicht aus pädagogischen Gründen doch noch anders überlegte; um das schicksalsergebene, das die vollkommene Unvorhersehbarkeit jedweder Zukunft zum Ausdruck brachte, oder doch um das zynische, dem die Erfahrung zugrunde lag, dass sowieso nie etwas planmäßig funktionierte.

»Notfalls soll er uns halt ein Hotel suchen und so lange durch die Gegend fahren, bis er Benzin gefunden hat.«

»Ich glaube, hier in der Nähe gibt es nichts.«

»Don't worry, no problem«, sagte der Fahrer.

Er fuhr jetzt deutlich langsamer als die erlaubten Hundert und verzichtete auf sinnlose Beschleunigung beim Überho-len. Die Nadel befand sich bereits unmittelbar neben dem roten Reservefeld.

Nafisa zeigte trotz allem keinerlei Anzeichen von Nervo-sität.

Sie redeten wenig, aber das Schweigen war nicht peinlich, sondern angenehm vertraut. Sonst hatten sie meist irgendet-was zu tun oder zu besprechen gehabt, jetzt saßen sie in einer engen Fahrgastzelle, gerade weit genug voneinander entfernt, um sich nicht zufällig zu berühren.

Zwei weitere geschlossene Tankstellen folgten in kurzem Abstand aufeinander. Die zweite schien immerhin irgendeine Form von Treibstoff vorrätig zu haben, vielleicht Diesel oder

Gas, jedenfalls stieg dort jemand aus seinem Auto und öffnete den Tankdeckel.

Der Fahrer schüttelte den Kopf und fuhr vorbei.

»Maybe in the village«, sagte er.

Wenn die Nadel in den Reservebereich fiel, befanden sich normalerweise noch etwa fünf Liter im Tank. Bei einem Toyota der gehobenen Mittelklasse reichten sie für dreißig, vielleicht vierzig Kilometer.

Der Fahrer nahm sein Telefon aus der Mittelkonsole, wählte mit dem Daumen eine Nummer, und tatsächlich nahm jemand ab. Er hatte hier offenbar Empfang. Nach den üblichen Begrüßungsformeln schilderte er das Problem, »Mushkilla«, warf dann nur noch kurze Bestätigungen ein, »Tamam«, »Mashi«, »Sah«. Schließlich bedankte er sich wortreich und legte auf.

»No problem.«

Die Straße, in die sie abbogen, war einspurig und voller Schlaglöcher. Ein Motorrad, auf dem ein junger Mann in Jeans und weißem T-Shirt saß, knatterte an ihnen vorbei. Rechts der Fahrbahn standen ein Halbwüchsiger und ein Kind ohne jeden Schutz in der prallen Sonne. Der Ältere deutete lässig auf vier große Kanister aus schmutzig grauem Plastik, die vor ihm auf dem Boden aufgereiht waren.

Nafisa sagte etwas auf Arabisch. Janssen verstand zumindest die wichtigsten Wörter: »verboten«, »Benzin«, »kaufen«.

Der Fahrer hob entschuldigend die Schultern, gestikulierte mit einer Hand, wich einhändig einem Pferdefuhrwerk aus, kam kurz mit den linken Rädern von der Straße ab, sodass sie geschüttelt wurden wie auf Kopfsteinpflaster.

»Er sagt, dass er sich auskennt, weil er einen Cousin in der Gegend hat, und dass er natürlich nur hundert Prozent einwandfreies Benzin kauft.«

»Das ist wahrscheinlich der, mit dem er gerade telefoniert hat.«

»Behauptet er zumindest.«

Sie erreichten eine Art Oasen-Dorf. Hier warteten vor jedem dritten Haus Leute mit gefüllten Kanistern. Manche hatten lediglich einen oder zwei vor sich aufgestellt, doch auch das schien noch ein lohnendes Geschäft zu sein.

Der Fahrer hielt an, ließ das Fenster herunter und winkte einen der Benzinverkäufer heran, fragte nach einem Namen. Der Junge überlegte, deutete dann geradeaus, irgendwann sollten sie links abbiegen.

»Er wird Ärger bekommen«, sagte Nafisa.

»Ich würde jetzt erst mal nicht unbedingt an seinen Chef weitergeben, dass er illegal getankt hat. Zumindest wenn wir nachher nicht liegenbleiben.«

»Seine Firma bekommt wirklich viel Geld dafür, dass genau das nicht passiert.«

Als sie die Abzweigung erreichten, gab er trotz des leeren Tanks noch einmal ein kurzes Stück Vollgas. Wenig später hielt er bei einem kleinen Gehöft, vor dem ein nagelneuer Pick-up stand, und stieg aus. Ein Mann, vermutlich ebenfalls Ende zwanzig, der sich seine Ray-Ban-Sonnenbrille dekorativ in die gegelten Haare geschoben hatte, trat aus der Tür. Sie gaben sich die Hand, redeten eine Weile, machten jeder auf seine Art den Eindruck, als würden sie ein bedeutendes Geschäft verhandeln. Vielleicht sprachen sie aber auch über die Gesundheit eines gemeinsamen Onkels oder die Eheprobleme einer Großcousine.

»Was denkst du eigentlich, wie es politisch weitergehen soll?«, fragte Janssen.

»Ich hasse Politik«, sagte Nafisa.

»Aber du hast doch sicher eine Meinung.«

»Meine Meinung ist ganz uninteressant.«

»Mich würde sie aber interessieren.«

Es schien, als hätten der Fahrer und sein Cousin sich auf einen Preis geeinigt. Ein Bündel Geldscheine wanderte von einer Hand in die andere. Offenbar war die Verwandtschaft doch eher dritten oder vierten Grades.

»Ich glaube, dass die Moslembrüder nicht gut sind«, sagte Nafisa. »Sie hetzen die Leute gegeneinander auf. Es gibt jetzt so viel Unfrieden zwischen Christen und Muslimen wie nie. Mursi hat es innerhalb eines Jahres geschafft, überall seine Leute in die wichtigen Positionen zu hieven. Es ist alles schon wieder genauso korrupt wie vor der Revolution, nur dass das Geld in andere Taschen fließt.«

Ein älterer Mann in zerschlissener Galabeya schlurfte heran, in der einen Hand einen gefüllten Kanister, in der anderen einen großen Trichter. Der Fahrer öffnete die Wagentür und entriegelte die Tankklappe. Es roch nach Benzin und nicht nach Kuhpisse oder womit auch immer die Leute es angeblich streckten.

Als er den Motor wieder anließ, zeigte die Nadel an, dass der Tank noch immer nur zu einem Drittel gefüllt war.

»Und was glaubst du, wie es weitergeht?«

»Wie gesagt, ich interessiere mich eigentlich wirklich nicht für Politik.«

»Aber was denkst du?«

»Ich versuche, so wenig wie möglich darüber nachzudenken und einfach meine Arbeit zu machen. Dass die Leute unzufrieden sind, merkt man natürlich überall. Aber ganz egal, was passiert: Ich glaube nicht, dass sich etwas ändert. Es gibt bei uns keine guten Politiker.«

Janssen wollte widersprechen, weniger weil er glaubte, dass sie unrecht hatte – die Qualitäten ägyptischer Politiker konnte er gar nicht beurteilen –, als aus einem vagen pädagogischen Reflex heraus: Gerade in Zeiten des Umbruchs musste man doch Stellung beziehen. Wie sollte sich eine kritische Öffentlichkeit entwickeln – die Grundlage jeder Demokratie –, wenn schon kluge und gebildete Leute wie Nafisa sich den gesellschaftlichen Debatten verweigerten?

»Es gibt ja jetzt eine Unterschriftensammlung gegen Mursi«, sagte er. »Manche meinen, dass daraus eine große Sache werden kann – eine Art zweite Revolution.«

»Erst einmal ist er gewählt worden. Ganz egal, ob mir das gefällt oder nicht.«

»Aber wirst du unterschreiben?«

»Mal sehen.«

»Die meisten Leute, die ich kenne, unterstützen die Aktion.«

»Wenn eine andere Regierung käme, würden sie auch wieder nur zusehen, dass sie für sich und ihre Leute möglichst viel herausholen.«

»Das ist eine sehr pessimistische Sicht.«

»Nein. Eine realistische Sicht. Machst du eigentlich irgendetwas Politisches in Deutschland?«

Janssen hörte den leicht spöttischen Unterton und fühlte sich ertappt. Nafisa wusste genau, dass er weder eine Partei unterstützte noch für soziale Gerechtigkeit, Umweltschutz, fairen Welthandel, Frieden oder sonst ein hehres Anliegen kämpfte. Seit mindestens fünfzehn Jahren war er auf keiner Demonstration mehr gewesen.

»Das ist etwas anderes«, sagte er.

»Wieso?«

Er grinste: »Ja. Nein. Stimmt schon. Wahrscheinlich hast du recht.«

Janssen konzentrierte sich kurz auf das Geräusch des Motors, konnte aber keinerlei Unregelmäßigkeit feststellen.

Rechterhand ragte eine Art Pyramide in den Himmel, die ihm auf der Hinfahrt gar nicht aufgefallen war. Sie stieg deutlich steiler an als die in Gizeh und hatte drei Stufen, die sich aus einem Berg Schutt erhoben, als wäre ein riesiger Bildhauer mitten in der Arbeit und hätte noch keine Zeit gefunden, den Abraum rund um sein Werk beiseitezuschaffen.

»Was für eine Pyramide ist das?«, fragte er.

»Die Pyramide von Meidum. Angeblich ist sie beim Bau zusammengestürzt.«

»Wie weit ist es dann noch bis Kairo?«

»Vielleicht eine Stunde.«

»Meinst du, dass das Benzin reicht?«

»In Sha Allah. – Von Autos verstehe ich leider noch weniger als von Politik.«

Sie lachte. Ihr Lachen war weder aufgesetzt noch höhnisch, es überspielte nichts und wollte auch nicht gefallen: ein einfaches Frauenlachen in einem warmen Timbre.

»Noch etwas, das wir gemeinsam haben«, sagte er.

Sie erwiderte darauf nichts. Er merkte, dass ihr irgendetwas durch den Kopf ging, für das sie die richtigen Worte suchte, also wartete er.

Nach einer Weile sagte sie: »Was ich dich immer schon mal fragen wollte: Wie ist es eigentlich für dich, wenn du einem Sheikh die Hand küsst?«

Janssen stutzte. Er überlegte, ob er schon jemals mit ihr, jenseits der allgemeinen Beschreibung des Vorgangs als Phänomen, darüber gesprochen hatte, und konnte sich an nichts dergleichen erinnern. Vermutlich hatte sie gesehen, wie er sich zu Sheikh al Mansoors Hand hinuntergebeugt hatte, doch anders als die türkischen Sheikhs zog dieser seine immer in letzter Sekunde blitzschnell weg, sodass die Geste ins Leere lief.

»Ich hab Jahre dafür gebraucht.«

»Aber wie hast du dich dazu gebracht, es zu tun?«

»Erst war ich sicher, dass ich es auf keinen Fall tun werde – nie im Leben. Dann gab es eine Phase, in der ich es gleichzeitig wollte und nicht wollte. Jedes Mal wenn ich dorthin kam, habe ich gedacht, heute mache ich es einfach, aber sobald ich dem Sheikh gegenüberstand, ging es dann doch wieder nicht. Das fand ich irgendwann auch lächerlich und habe mir gesagt: Sieh es einfach als Experiment. Manchmal ist es ja interessant, etwas auszuprobieren, was man eigentlich auf keinen Fall tun würde. Nur wegen der Erfahrung.«

»Und wie war es dann?«

»Die ersten Male war es mir einfach wahnsinnig peinlich. Vor mir selber. Ich kam mir komplett dämlich vor.«

Der Verkehr wurde zusehends dichter, je weiter sie sich Kairo näherten. Nach wie vor hatten sämtliche Tankstellen, an denen sie vorbeifuhren, geschlossen. Wenn sie jetzt in einem endlosen Stau steckenblieben, konnte es doch noch sein, dass sie die Nacht auf der Straße verbrachten.

Nafisa sagte: »Ich kann es nicht, obwohl ich schon so lange zu Sheikh al Mansoor gehe und ihn wirklich liebe. Es ist mir sehr unangenehm, dass es mir nicht gelingt, meinen Stolz zu besiegen.«

Janssen schaute zu ihr herüber. Ihr Gesicht war ein Gesicht für den zweiten Blick: Je länger man es ansah, desto schöner wurde es.

»Ich glaube nicht, dass es schlimm ist«, sagte er. »Bestimmt versteht Sheikh al Mansoor das, was in dir vorgeht, sonst wäre er kein Sheikh.«

Sie nickte.

Er überlegte, wie es wäre, mit ihr verheiratet zu sein. Eine Art nichtarrangierte Vernunftehe, die weniger auf rasender

Verliebtheit beruhte, eher auf stillem Einverständnis, auf der Gewissheit, dass ihr gemeinsames Leben ein langes, ruhiges Gespräch werden würde, über Themen, die sie beide beschäftigten, Literatur, Kunst und die unendlich komplizierten Fragen der Religion. Sie würden die Unterweisungen bei Sheikh al Mansoor besuchen, manchmal eine Ausstellung anschauen, gemeinsam Bücher lesen und sich nicht wegen irgendwelcher Kleinigkeiten auf die Nerven gehen.

Aber so funktionierte es ja auch nicht – ohne Gier.

»Ich hab es als Spiel gesehen«, sagte er. »Als ein Spiel gegen mich selbst. Das ist natürlich nicht die Haltung, die man dabei eigentlich haben sollte. Aber dann dachte ich, dass es vielleicht trotzdem besser ist, wenn ich es jetzt einfach mache. Im Koran heißt es ja: *Das irdische Leben ist nichts als ein Spiel und ein Zeitvertreib.*«

Er lachte.

Nafisa runzelte die Stirn: »Es heißt aber auch: *Und Wir haben den Himmel und die Erde, und was dazwischen ist, nicht zum Spiel erschaffen.*«

»Wenn man es hinbekommen würde, beides zusammenzudenken, ohne dass man irre wird, wäre es wahrscheinlich egal, ob man Hände küsst oder nicht.«

Sie schüttelte den Kopf. Vielleicht war es auch ein langsames Kreisen. Es konnte bedeuten, dass sie ihm zustimmte, zumindest teilweise, oder das Gegenteil: dass sie die Art, wie er mit den Koranversen jonglierte, leichtfertig, womöglich sogar blasphemisch fand. Vielleicht wusste sie selbst nicht genau, was sie davon halten sollte.

Janssen wusste es auch nicht.

»Es gefällt mir nicht, dass ich so bin«, sagte sie.

Am Horizont tauchten jetzt zwischen unzähligen Strommasten und Überlandleitungen, die fünfzehn oder zwanzig

Millionen Menschen mit Energie versorgen sollten, die Pyramiden von Gizeh auf. Ihre Konturen verschwammen in einem gelblichen Dunst aus Myriaden Staubteilchen, der sich aus Abgasen und Wüstensand zusammensetzte – trotz allem ein beruhigender Anblick.

Auch das Stromnetz brach in letzter Zeit ständig zusammen.

Dann begannen die Neubaugebiete, Stahlbetonskelette, die mit Ziegeln gefüllt wurden, halbfertige Wohnblocks, in denen längst Leute hausten, Satellitenschüsseln in jeder Größe, obwohl noch nicht einmal Fenster eingesetzt waren. Immer tiefer fraß sich die Stadt in die Wüste, es würde erst enden, wenn das Wasser des Nils ausgetrunken wäre.

Die Tanknadel rutschte erneut in den Reservebereich. Unter normalen Umständen müssten sie es damit bis in die Kairoer Außenbezirke schaffen. Zumindest gestern hatte es dort noch Benzin gegeben, die Schlangen an den Zapfsäulen waren überschaubar gewesen. Notfalls konnten sie dort auch in ein gewöhnliches Taxi umsteigen.

Kerstin Specht
Pipo tanzt

Sie zieht zurück.
An den Wald.
Zieht wieder ein, um das Fürchten zu verlernen.
Ernst Bloch unter dem Arm, die Hoffnung in den Augen, im Näherungsverfahren
Spielregeln neu zu erfinden und ohne Versteck spielen zu müssen, hier zu
leben.
Den Zwischen-Raum zu finden, zwischen der AB- und der ZU-Neigung.

Kahle Wände.
Dafür Stern-Bilder.
Eine dunklere Dunkelheit als in der Stadt.
Der Boiler zittert, wenn er anspringt.
Die Dusche ist verkalkt, tröpfelt nur.

Am anderen Tag geht sie hinaus, Wald-Baden.
Ein neues Wort für eine alte Sache.

Aber der Wald ihrer Vorfahren, der geliebte Wald ihrer Mutter,
liegt am Boden, geknickt, entwurzelt, zum Teil schon
zusammengesägt.
Die Stämme sind gezeichnet.
K, ein rot umrandetes K: Käferbäume.
Die Sommer waren zu trocken.
Der Windbruch hatte das Übrige getan.

Eine Woche später, die Apfelbäume im Garten,
ein Blütenschaum, duftig und duftend.
Obwohl unter der grauen Borke schon Krebsgeschwüre
aufgebrochen
sind, haben sie wieder die Kraft gefunden.

Die Pflegerin kommt zum Verbinden ihres Arms.
Als sie wieder geht, als sie über die blättergetupften Wege
springt, als wollte sie den
Boden nicht berühren, als wollte sie schweben, wendet sie
noch einmal den Kopf.
»Was finden die an Kirschblüten. Die Apfelblüte ist doch die
schönste,
das Schönste, was es gibt.«
Nach diesem Kompliment sammelt der Wind die Blüten wieder ein.
Der Gewitterregen färbt sie zu braunem Matsch.

Am anderen Tag zieht es sie erneut aus dem Haus. Ein Stück
weiter nördlich
stehen die Wälder besser da. Die Stämme dicht an dicht. Bis
auf diese Schneise,
die so lange die deutsch-deutsche Wunde, die mit Stacheldraht gesäumte

Wunde gewesen ist und die jetzt »Das grüne Band« heißt.
Sie quert den Rennsteig. Vierzig Jahre war er zerstückelt.
Auch der Bergassessor Humboldt ist hier entlanggegangen,
auf einer Tafel wird
darauf hingewiesen.
»Von Franken in die Neue Welt 1792–97«
Tagsüber lässt er Stollen bauen, gründet eine Bergschule, und
in der Nacht forscht er.
Und dann, als er eine Erbschaft gemacht hat, ist es so weit.
Hey, Humboldt, hast du hier schon trainiert für deine Fahr-
ten auf dem Orinoco
und deinen Aufstieg auf den Cimborazo, denkt sie.
Als Kind wird ihm ein »lernunwilliger Kopf« nachgesagt, und
er ist immer kränklich.
Aber das ändert sich, als er das heutige Venezuela betritt.
»Die Tropenwelt ist mein Element«, sagt er, »und ich bin nie
so gesund gewesen als hier.«
Sie war als Kind auch kränklich, aber … sie bleibt es irgendwie.
Am nächsten Wegkreuz eine abgeblätterte Aufschrift: »Der
Wanderfreund nimmt
sich vom Ursprung des Rennsteigs einen Stein aus der Werra,
trägt ihn bis zum Ende
an der Saale und wirft ihn wieder ins Wasser. Dann wird ihn
das Glück nach Hause
begleiten.«
So viel Kraft hat sie nicht.
Sie hat eine neue Hüfte,
wer begleitet sie dann nach Hause?

»Hier ist Pipo.«
An ihn hatte sie Jahre nicht mehr gedacht.

Vor einigen Wochen kam dieser Anruf.

»Wo bist du?«

»Ich bin nicht mehr in Caracas, Caracas geht unter.«

Sie hörte, dass er einen Schluck nahm, einen großen Schluck.

»Ich wohne jetzt in Madrid. Bin dir schon wieder näher.«

»Die Verbindung ist schlecht.«

»Die machen draußen Party, jede Nacht, muss man mitfeiern.«

»Mit wem?«

»Mit allen. Ich tanze, ich trinke, kann sowieso nicht schlafen. Ich hab einen Job für vier Wochen. Dann komm ich dich besuchen.

Ist das okay?«

»Jajaja. Naja. Passt jetzt nicht so.«

»Hey, in einem Monat, kannst es dir noch überlegen.«

Sie hatte Pipo an der Filmhochschule kennengelernt. Sie hatten sich nie

füreinander interessiert. Erst als er zurück nach Venezuela ziehen will,

ist es passiert. Als er sein Leben schon in Container gepackt hat. Als er

zum Abschied nicht mehr wie sonst den Testbildpullover anhat, sondern das

rote Wolljackett seines Vaters, als er aussieht wie ein argentinischer Viehbaron.


Küssenmüssen.

Liebenmüssen.

Sich das Leben schwermachen.

Unmögliche Liebesgeschichten, das ist eine Spezialität von ihr.


Er hat die Reise hinausgezögert, ist noch mal für ein halbes Jahr in ein neues, leeres Zimmer gezogen.

Hat einen Wahrsager aufgesucht. Der hat gesagt, geh zurück zu deinen Wurzeln.

Das ist mehrdeutig. Seine Wurzeln sind auch hier in Bayern. Pipos Großvater war

ein Waisenkind aus Erding, der Pfarrer hat ihn mit fünfzehn auf ein Schiff nach

Venezuela gesetzt. Dort hat man Metzgergehilfen gebraucht, für die Bergwerksminen.

Der Großvater hat eine indianische Frau geheiratet, sich selbständig gemacht. Eine

Wurstfabrik gegründet.

Den Hotdog in Südamerika eingeführt. Die Straße vor der Wurstfabrik ist nach

seinem Namen benannt. Er war noch ein heißer bayerischer Hund gewesen. Hinter

Pipos Stirn sitzt schon die südamerikanische Melancholie.


Der endgültige Tag der Abreise kommt. Sie fliegt ihm hinterher.

Damals war sie viel unterwegs, die Geschäfte liefen gut.

Jede Woche stieg sie in ein Flugzeug. Sie liebte es, über den Wolken zu sein.

Als man sie mit siebzehn nach einem Unfall schon aufgegeben und in

die Sterbekammer gelegt hatte, war sie in ein Licht geflogen. Aber doch wieder aufgewacht. Danach wollte sie das Fliegen lernen,

es hat nur zum Mitfliegen gereicht.


Caracas, eine Stadt am Meer, etwas Schöneres gibt es nie für sie.

Pipo empfängt sie am Strand, hat Hängematten zwischen die
Palmen gehängt. Ein
zärtlicher Wind, ein runzliger, kleiner Mann bietet ihnen
Austern aus einem Blecheimer
an, öffnet sie und schenkt ihnen ein zahnloses Lächeln dazu –
»Ist gut für die Liebe.«
Sie versteht nicht, warum man nicht überall auf der Welt in
Hängematten liegt.
Die Liebe ist gut. Die Modegeschäfte heißen Mythos und
Pathos.

Über ihrem Lieblingscafé breitet ein Riesenmangobaum seine Äste aus,
man bräuchte nur zuzugreifen, aber die Früchte sind noch
nicht reif.
Fallen sie, wenn sie reif sind, einem auf den Kopf?

Sie wacht erschöpft auf, in einem zerwühlten Bett
und mit feuchtem Haar, als wäre sie in den Tropen gewesen.
In der Nacht hatte es geregnet.
Es dürfte ein trostloser Tag werden.
Einen Lidschlag später wird alles anders.
Die Amsel, die Finken, die ganze Vogelschar,
klatschnasse Vögel, kleiner als sonst, wie in der Wäsche eingegangen,
schütteln mit gespreizten Flügeln die Wasserperlen ab
und beginnen ihr Konzert.
Wenn Vögel singen, wird in ihrem Gehirn Dopamin freige-
setzt,
sie empfinden dann Glück.

Singen wäre auch eine Möglichkeit, aber nicht für sie.

Sie fühlt sich wie weggeschwemmt.
Kein Halt.
Schon früher war ihr das passiert, und dann hatte sie
ein wenig an die Literatur angedockt,
war ein wenig mit diesem Floß geschwommen.
Manchmal legte ihr Brinkmann einen Stamm hin.
*Rom, Blicke.* Das war eine gute Mitfahrgelegenheit.
Im Haus gibt es neben Bloch, neben den Blöchern von Bloch,
den sie mitgebracht
hatte, nur noch ein paar alte Taschenbücher in einer bemalten Kiste.
Sie schlägt eines auf, zufällig.
»Diederich Heßling war ein weiches Kind, das am liebsten
träumte, sich
vor allem fürchtete und viel an den Ohren litt ...«
Und diese Ohrenschmerzen führten dann zu ... einem kaiser-
treuen Reaktionär.
Nein. Das ist kein Baumstamm mit dem sie jetzt gerade gerne
schwimmen
möchte. Next.
*Dr. Faustus.* Genauso abgegriffen, vergilbt, engbedruckte Seiten. Aber
unterstrichene Zeilen. Mit sechzehn hatte sie das Buch be-
eindruckt.
Sie blättert.
... und verfolgte den sagenumwobenen Höhenpfad
des mit Fichten und Buchen bestandenen Kammgebirges,
den Rennsteig ...
so wurde es immer schöner, bedeutender, romantischer ...
Dafür muss man sechzehn sein, das muss man in einem
Rausch lesen,

die wie Dompfaffen aufgeplusterten Sätze genauer anzuschauen, das geht nicht.
Sie will Kolibri-Sätze lesen, leichte, flatternde. Die finden
sich nicht.

Die Sonne hat lange mit dem Nebel gekämpft, jetzt lockt sie
sie hinaus.
Lieber selbst sehen.
Noch ein Stück vom Rennsteig?
Vielleicht doch einen Stein einstecken.
Und was wünscht sie sich dann für ein Glück?
Konnte es mit Pipo noch etwas werden?
Hatte er jetzt graue Haare?
Hatte er überhaupt noch Haare?
Hatte er eine Frau, eine Freundin?

Caracas. Ein vergitterter Himmel. Ein Paradies mit Sicher-
heitsproblemen.
Pipo wohnt in der Wohnung seiner verstorbenen Großeltern.
Der anderen
Großeltern, die aus Böhmen stammten.
Eine Hochhauswohnung im siebzehnten Stock, die braun
getönten, sonnenabweisenden Fensterscheiben ebenso vergit-
tert wie die Hütten am Straßenrand.
Überall in dieser Wohnung hängen Berge. Schweizer Berge.
Matterhorn, Jungfrau, Dent Blanche. Große Kalender mit
verschneiten Bergen,
mit einem immateriell scheinenden blauen Himmel, als ob
es in dieser Welt
niemals graue, schmutzige Himmel gäbe.
Alte Kalender.
Stehengebliebene Zeit.

»Der Oma war's immer zu heiß«, sagt Pipo. »Sie ist den ganzen Tag im Bikini
herumgelaufen. Sie war nie glücklich, nicht in dieser Wohnung, nicht in diesem Land.«

Könnte sie das auch sein?, denkt sie. Ein faltiger, gebeugter Körper, vier
winzige Triangeln aus Stoff, unter überlappenden Hautfalten.
Wenn sie bliebe,
könnte sie so ein Phantom werden, das mit dieser Sehnsucht
nach Schnee herumtapert oder mit hochgestelltem Kragen in
einer kiwigrünen Lammfelljacke im
Bett sitzt, um sich die Kälte besser vorzustellen?

Sie war eingeladen worden, das Goethe-Institut heißt in Venezuela Humboldt-Institut.
Sie sitzen im original Berliner Wohnzimmer Humboldts, das
schwer miefig riecht,
vielleicht ein Feuchtschaden bei seiner Verschiffung.

Eigentlich wollte Humboldt nach Kuba und ist nur durch
einen Zufall hierhergekommen.
Der Zufall heißt Gelbfieber.
Ein Passagier war an schwarzem Erbrechen gestorben.
Humboldt segelt nicht weiter und geht stattdessen in Venezuela an Land.
Und dann fiebrige Liebe auf den ersten Blick.
»Wie die Narren laufen wir jetzt umher. Bonplan versichert,
dass er von Sinnen kommen werde, wenn die Wunder nicht
bald aufhören.«
Sie will mit Pipo auch hinaus aus der Stadt und die Wunder
treffen.

Sie will all die Anakondas, Aras, Andenkondore treffen, von denen
Humboldt spricht, und die Kolibris, die rückwärts- und seitwärts
fliegen. Sie leihen sich ein rotes Auto, geben an den roten Ampeln Gas und
fahren los. Die Vegetation des Nebelwaldes ist wirklich eine Explosion.
Magentafarben-Kupferrot- und Grünexplosionen. Auch in der Berghazienda,
in der sie übernachten, ein reines Blütenmeer, auf den Tischen, auf der Terrasse,
auf dem Bett ein Ornament aus Blütenblättern. Pipo hat sie still ausgezogen und
auf die Laken gelegt. Die Blätter sind am Ende zerrieben und ihre Rücken
rot gestempelt.
Sie tanzen zu einer Schnulze,
»Wenn du mich verlässt, wird das Meer überlaufen von meinen Tränen«,
Wange an Wange.

Er kann tanzen.
Sie kann ihr Leben vergessen.
Aber wenn sie zusammenbleiben wollen, brauchen sie Geld, brauchen sie
ein gemeinsames Projekt, einen Film.

Franken und Fenezuela, wie sie gerne sagt, uns verbindet auf jeden Fall
Humboldt.

Pipo schlägt vor, die Höhle zu besuchen, in die Humboldt
ein Guacharo geführt hatte,
im Reiseführer steht, in der Höhle leben etwa zehntausend
Guacharos, genau
wüssten sie es nicht. Sie wüssten aber genau, dass die Vögel
keine Toilette hätten.
Wenn man nach oben schaute, dann sollte man bitte den
Mund schließen. Falls
man einen kalten Tropfen abbekäme, nicht beunruhigen, das
sei Wasser. Warme
Tropfen seien auch kein Grund zur Unruhe. Man solle es keinem sagen und einfach
weiterlaufen.
Sie will nicht kalt oder warm betropft werden, sie will doch
lieber wieder
ans Meer.

Sie landen in PuiPui bei Pelikanen, an einem perlgrauen Strand,
an dessen Horizont Trinidad zu ahnen ist und die »green
nights« von Derek Walcott. Sie landen in einer stickig-heißen
Hütte ohne Strom, natürlich, und ohne fließend Wasser.

In der Hütte kann sie sich nicht auf die Liebe konzentrieren.
Sie hat das Gefühl, dass gerade eine Kolonie Ameisen über
ihren Hintern
marschiert, und sie kann in der Dunkelheit nicht entscheiden, in was für
einen Erd- oder Ameisenhügel sie gerade hineingreift. Sie hat
ja ein abenteuerliches
Herz, aber einen Körper, der nichts aushält, und eine Vor-
stellungskraft, die sie

zum Hyperventilieren bringt.
Endlich ist sie in den Tropen, und alles, was sie sich wünscht,
ist ein sauberes
Hotelzimmer auf Barbados.

In ihrer Wohnung ist es eiskalt.
Sie will die Heizkörper aufdrehen, aber sie funktionieren nicht.
Sie klingelt beim Nachbarn.
Er kommt mit ihr.
»Wo ist der Öltank?«
»Unten.«
Sie steigen die glitschigen Betonstufen hinab.
Alles leer. Sie hat nicht einmal eine Mausleiche im Keller.
Von den Gewölben tropft es.
»Hier kannst du Champignons züchten«, sagt der Nachbar.
Im nächsten Raum finden sie, was sie suchen.
Sie hält die Taschenlampe.
»Der Öltank ist leer«, der Nachbar zuckt mit den Schultern,
»aber es wird ja Sommer. Das sind nur die Eisheiligen.«
»Übrigens, ich verkauf mein Haus, ich geh ins betreute Woh-
nen,
bevor ich mich auf der Wiese verstreuen lasse.«
»Sie lassen sich verstreuen?«

Sie kriecht ins kalte Bett.

Sie träumt von Humboldt.
Er geht mit ihr in den Keller.
Der ist leer.
Feucht.
Er sagt, hier kannst du Champignons züchten.
Sie ist enttäuscht von ihm.

Neuer Tag:
Sie kauft Vogelfutter.
In einen großen Blumentopfuntersetzer füllt sie Sonnenblu-
menkerne
und in einen zweiten Wasser.
Weltreisende sind bei ihr zu Gast.
Mönchsgrasmücken
Rotkehlchen
Zehntausend Kilometer haben sie zurückgelegt.

Sie hat auch Fernweh,
aber sie will nicht alleine reisen.
Sie will das teilen,
was sie erlebt.
Mit Pipo konnte man reisen,
warum hörte es auf?
Sie fliegt drei Jahre lang immer wieder nach Venezuela.
Dann hat sie ein Stipendium in L.A.
Pipo kommt sie besuchen.
Die Leidenschaft ist noch da.
Sie sitzen auf der steinernen Bank,
auf der schon Brecht und Thomas Mann gesessen hatten,
und Pipo bläst auf seine aufgescheuerten Knie.
Sie fahren mit dem Leihwagen die Küste hinauf
nach Big Sur, außen herum toben die Waldbrände.
Helikopter mit fingerhutkleinen Wasserkörben fliegen hin
und her.
Die Henry-Miller-Library ist geschlossen und das
Henry-Miller-Feeling auch.

Pipo packt zusammen, sie nimmt noch einen Stein mit,
und dann fahren sie aus dem brennenden Wald

zurück nach L.A. Der Himmel ist dort blau, der Pazifik auch, und
die Anrufer aus München sagen, Deutschland ist jetzt im
November eine einzige Dunkelkammer mit Depressionsga-
rantie,
willst du wirklich zurück?

Sie hatte Kontakte geknüpft, einen Exmann von Madonna und einen
Easyrider kennengelernt, aber mit ihrem Humboldt-Projekt kommt sie nicht
weiter. Vielleicht liegt es daran, dass sie Kostümfilme eigentlich nicht
leiden kann und dass sie nie genug insistiert, egal, um was es
geht.
Wenn sie es noch mal anders machen könnte?
Aber dieses Leben damals ist von ihrem heutigen so weit entfernt,
als wäre es gar nicht ihres. Sie hatte es schon vergessen.

An Silvester stößt sie mit dem Fensterglas an
mit einem Sekt von der Tankstelle.
Pipo schickt eine Neujahrs-SMS:
»Hier ist so viel los,
ich weiß nicht, ob du willst,
aber zu deinem Geburtstag im Sommer
könnte ich kommen.«
»Ich bin hier«,
schreibt sie zurück.
»Ja, okay.«
Eine Spur zu unterkühlt.
Sie schaut bei ihrem Hausheiligen nach, bei Bloch,

»Unfähig, das Unmittelbare zu leisten, flüchtete sich das Mädchen
in die Liebe als Brief. Floh das Erleben an sich, ging mitten darin
in ein Äußeres über, in ein Erinnern oder bereits Gestelltes, das das
unmittelbare Erleben ersetzte.«
Die Liebe als Brief,
nicht einmal das war ihr gelungen.
Sie fasst sich eins ihrer Herzen
und ruft Pipo an.
Heute ist sein Geburtstag.
Er lacht, er freut sich.
Er sei jetzt in Atlanta,
gerade noch geschafft,
bei seiner Frau untergekommen,
also Exfrau,
keine aufgewärmte Liebe,
er hätte einen Job bei ihr.
So schnell wird er nicht zurückkommen
können.
»Kiss«, sagt sie,
»keep it small and simple.«
»Ja, Küsse zurück«, sagt er.
Sie legt auf.
Der Tisch, an dem sie sitzt,
steht plötzlich anders da,
in einem anderen Licht.
Unwirklich.
Monate vergehen.
Wie im Flug.
Sie fliegt ja gar nicht.

Der Nachbar wird tot in seiner Küche
gefunden,
bevor er sein Haus verkaufen kann.
Die Vorhänge fehlen,
sie schaut jetzt in schwarze Fensterhöhlen.
Ein Wohnwagen steht vor seiner Garage rum
wie ein dickes Ei.

Am 5. Juni, an ihrem Geburtstag, fand Humboldts Abreise
aus Spanien statt,
im Jahr 1799. In einem Brief vom gleichen Tag schrieb er:
»Der arbeitsame Mensch muss das Gute und Große wollen.
Ob er das erreiche,
hängt von dem unbezwungenen Schicksale ab.«
Wie kann sie heute wissen, was das ist, das Gute und Große.
Die Forschung, die Erforschung, hatte der Welt nicht immer
gutgetan.
Hic sunt leones, hic sunt dragones, wäre es dabei geblieben,
dann wäre der
Regenwald auf jeden Fall sicherer gewesen vor dem Menschen.

Es ist der 5. Juni.
Pipo kann nicht kommen,
selbst wenn er gewollt hätte.
Pipo ist vorüber.

Auch der durchkreuzte Himmel über ihrem Garten
ist Vergangenheit.
Er ist blau und rein.
Er sieht erholt aus.
Keine Tiefflieger,

keine Flugzeuge mehr.
Keine Kondensstreifen,
aber auch keine Weite mehr zur Verfügung.
Die Welt im Kleinen suchen,
in der Nähe.
Sie ist gerade stolz
auf den Gedanken der Bescheidenheit,
der ökologischen Gerechtigkeit,
als über den Gartenzaun
beißender Rauch weht.

»Hey!!!«,
sie schreit mit aller Kraft.
Ein Gesicht schiebt sich über den Zaun
»Hej.
Hab mich nicht vorgestellt:
Stellan.
Der Onkel hat mir das Haus vermacht.«
Stellan reicht ihr eine schwarz verkohlte Wurst in
einer blassblonden, halb gebackenen Semmel.
»Ich komme aus Stockholm.«
»Oh, Schweden«,
sagt sie, und weil ihr nichts anderes einfällt,
»da wollte ich auch schon immer hin.«

Als ich mich Ende April auf den Weg nach Stockholm machte, war unklar, ob mein Versuch, Deutschland zu verlassen
(mein Ausbruch, dachte ich), nicht schon an der Grenze zu
Mecklenburg-Vorpommern enden würde, in einem weitgehend unbewohnten Gebiet entlang der Dosse, wo aus
Brandenburger Sicht der Norden beginnt. In den Nachrichten hatte ich Berichte über Checkpoints und Straßensperren
gesehen, Autos wurden angehalten und zurückgeschickt, ein
Grenzdurchbruch wurde *vereitelt*, wie es hieß (zur Illustra-
tion ein ausführlicher Bericht darüber, wie ein Wagen poli-
zeilich verfolgt und wieder eingefangen wurde). Die zur
Verdeutlichung der Lage eingeblendete Graphik der rundum
geschlossenen Staatsgebiete rief unweigerlich die Situation
vor 89 in Erinnerung. Ungerufen tauchte auch das alte, die
Wahrheit komplett verdrehende Wort vom »Grenzverletzer«
wieder auf in Gedanken – sicher, ein Vergleich war absurd und vollkommen unangebracht, es handelte sich nur
um die historisch letzte Erfahrung mit Einschließung und
Restriktion.

Sicher war auch, dass ich gut vorbereitet sein musste. Auf dem Beifahrersitz hatte ich meine Eheurkunde und ein »Extract of the Population Register« der Stockholmer Steuerbehörde bereitgelegt (um, im Falle des Falles, meine schwedische Frau und ihre schwedische Staatsangehörigkeit zu beweisen), beide Dokumente waren sauber in Klarsichtfolien verstaut, was, wie ich annahm, dem Papier einen würdigen, noch glaubhafteren Rahmen verlieh, zugleich ein Versuch, welchem Grenzwächter auch immer einen unübersehbaren Eindruck von Seriosität zu vermitteln. Auch den Wagen hatte ich (nach Monaten der Vernachlässigung) gewaschen und vollgetankt, die Reifen gewechselt (Sommergegen Winterräder, genauer gesagt), eine Gelegenheit, endlich auch die Bremsbeläge erneuern zu lassen, dazu TÜV und ASU, da ich schließlich nicht wissen konnte, wie lange ich außer Landes bleiben würde, im Exil (das hochfliegende Wort), falls es mir gelänge, mich bis nach Stockholm durchzuschlagen.

Ich schmierte mir fünf Doppelstullen (Bemmen, wie die Ostthüringer sagen), beinah so viele, wie ich in jungen Jahren für einen Tag auf dem Bau gebraucht habe. Dazu Äpfel, zwei Tafeln Schokolade und eine Thermoskanne mit Kaffee. Kernstück meiner Vorbereitung war das Zurechtlegen und Erlernen von schwedischen Sätzen, die ich der schwedischen Grenzpolizei, falls es Probleme geben würde, entgegnen konnte. Obwohl ich inzwischen schon ein Jahrzehnt in Stockholm wohne (etwa die Hälfte des Jahres verbringe ich dort), ist mein Schwedisch im Ernstfall beschämend dünn und ungelenk. Wir übten ein paar Sätze am Telefon, ich bemühte mich, klang aber nicht besonders überzeugend. »Wahrscheinlich wäre alles leichter, wenn Mecklenburg-Vorpommern noch zu Schweden gehören würde, wie früher.« »Zur Not rufst du mich an. Du rufst mich an und gibst denen dann das Handy, und ich erkläre den Rest.«

Mitte März war meine Frau von Stockholm nach Deutschland gekommen und dann mit dem letzten regulären Flug wieder ausgeflogen, um ihr Institut an der Stockholmer Universität durch die Krise zu leiten. In den folgenden Wochen unseres unfreiwilligen Getrenntseins waren wir lange sehr einsichtig und vernünftig gewesen. Alles andere schien uns absurd. Nach sieben Wochen nicht mehr.

Die Autobahn nach Rostock war nicht verbarrikadiert, hinter Kreuz Wittstock nur ein Schild: »Ein- und Durchreise für Touristen verboten«. Der archaische Klang der Orte Richtung Norden: Wolfslake, Wustermark, Linumer Bruch – und irgendwann Herzsprung. Die A19 war wie leer gefegt, und ich genoss es, unterwegs zu sein. Einerseits hatte es etwas Berauschendes, auf einer Straße ohne Verkehr so dahinzugleiten, andererseits war es einfach *zu still* – als hätte ich mich schon zu weit vorgewagt, und von da an war nichts mehr normal: Das Blau des Himmels wirkte künstlich (spröde), die strahlende Sonne eher bedrückend, und gespenstisch erschienen plötzlich auch die sanften Hügel der Moränen (und was sie verbargen), und unklar war, warum sie ewig so mitzogen und nicht ablassen wollten, links und rechts der Fahrbahn … Alles infiziert.

Eine Empfindung, die ich zu Hause, in der Stille und Abgeschiedenheit meiner Wohnung, noch verdrängt hatte, um in Ruhe zu arbeiten, die geschenkte Zeit zu nutzen: das Gefühl, nicht mehr zu verstehen, was da draußen eigentlich geschieht, draußen im Leben, in der Pandemie, wo sich die Ereignisse überschlugen. Sicher, was tatsächlich vorgeht, kann man ohnehin nicht wissen, aber man hat doch ein Konstrukt im Kopf, dem man halbwegs vertraut, Erfahrungen und Denkgewohnheiten, das alles stand plötzlich in Frage.

Aber auch das war letztlich kein unbekanntes Gefühl: Für den Umgang mit Umbrüchen, Umstürzen, großen Zäsuren steht jedem Ostdeutschen die Erfahrung der Zeitenwende von 89 zur Verfügung. Eine schwierige und zugleich kostbare Erfahrung: Wegfall aller bisherigen Koordinaten und Funktionen der Gesellschaft. Eine Revolutionen- oder Katastrophenkompetenz, wenn man es so nennen wollte, die der Ostdeutsche dem Westdeutschen unbestreitbar voraushat. Katastrophen- oder auch Chaoskompetenz, wie es der Soziologe Steffen Mau beschreibt.

Chaoskompetenz: Im neuerdings nicht mehr allzu hypothetischen Fall des Zusammenbruchs der modernen Konsum- und Dienstleistungsgesellschaft (ein Virus genügt) gehörte dazu auch die Fähigkeit, mit wenigen einfachen Dingen zu leben und diese zur Not selbst herzustellen oder zu reparieren – falls das Werkzeug noch im Schrank ist oder in der Garage. Und falls die Handgriffe noch nicht verlernt und die Vorzüge der Nachbarschaftshilfe noch nicht vergessen sind und die allenthalben geforderte Mutation zur »Marktgängigkeit« (gleichbedeutend mit der Aufgabe aller für minderwertig gehaltenen ostdeutschen Spezifika) noch nicht zu hundert Prozent vollzogen ist. Und vielleicht haben in den Gemeinschaftskellern, Garagenzeilen und Kleingartenanlagen auch ein paar der ehemals ewig haltbaren Dinge überlebt.

Nicht nur überlebenstechnisch dürfte der Osten dem Westen im Ernstfall um einiges voraus sein. Auch eine Avantgarde der Nachhaltigkeit rekrutierte sich daher und logischerweise aus östlichen Beständen und Kompetenzen – so träumte ich vor mich hin, während am Horizont der Kirchturm von Linstow auftauchte (Linstow an der Nebel), auf den ich immer schon warte auf meinen Reisen Richtung Norden, ans Meer.

»Noch ein paar Masken mitnehmen?«, fragte der Mann an der Kasse – wie ein Gemüsehändler, der fragt, ob es nicht auch noch ein Bund Mohrrüben sein darf. »Sind gerade im Angebot.« Die Masken lagen gleich neben der Kasse, er nannte den Preis, der unverschämt hoch war. Sofort sagte ich »ja« und erwarb die ersten Masken meines Lebens. Sie waren eingeschweißt und sahen sehr professionell aus, nicht wie selbstgenäht, was mich irgendwie froh machte, fast glücklich, ja, als hätte ich unverhofft Glück gehabt – Maskenglück. Und das in einer Tankstelle, in der es bis auf mich weit und breit keinen anderen Kunden gab. Ans Selbernähen hatte ich nie ernsthaft oder nur mit Schrecken gedacht, trotz »Nadelarbeit« (oder gerade deswegen), ein ganzjähriger Kurs an der Polytechnischen Oberschule, der zu unserer Ausbildung im Rahmen eines Fachs namens »Werken« gehört hatte. Augenblicklich wurde klar, dass ich selbst ein Schwachpunkt war in meiner östlichen Nachhaltigkeitsthese.

Der Rostocker Hafen: wie ausgestorben. Über zwei Kreisverkehre kurve ich an das Fährterminal von TT-Lines heran, deren Schiffe üblicherweise nach Trelleborg fahren. Der Checkpoint ist unbesetzt. Ich steige aus und versuche, einen Blick in das dunkelverglaste Kontrollhäuschen zu werfen – niemand da. Im Film *28 Days Later* (einer Dystopie aus England) ist der Checkpoint zerstört und verlassen, gestürmt von Menschen, welche ein unbekanntes Virus innerhalb von Sekunden in Monster verwandelt. Sicher, kein Vergleich, es ist nur die Stimmung, das Unsichtbare der Gefahr, das den Schock in Erinnerung ruft, den mir dieser Film (und allen anderen Zuschauern in meiner Nähe, soweit ich das beurteilen konnte) bereitet hatte. Der andere könnte dein Tod sein, das ist der Kern der Sache. Der Mitmensch als Bedrohung, als Feind – ohne Zweifel eine Wahrnehmung, die augenblicklich alles verändert.

Zwei Gestalten in Vollschutz kommen auf mich zu, sie halten eine Waffe oder eine Art Feuerwehrspritze in den Händen, außerdem ziehen sie einen kleinen Wagen hinter sich her: großes Unbehagen. Trotzdem bin ich froh, dass überhaupt irgendjemand da ist. Ich hole die Dokumente meiner Überfahrt aus dem Auto und strecke sie den beiden Kosmonauten-Wesen entgegen. Es sind Frauen, junge Frauen, so viel ist zu erkennen hinter der Plastikscheibe vor ihrem Gesicht. »Davon wissen wir gar nichts«, ruft die eine, »davon haben wir keine Ahnung.« Dann beginnen sie, die Kontrollhäuschen und die Straße vor den Schranken abzuspritzen.

Schon zu Hause am Computer, beim Kauf meiner Überfahrt von Rostock nach Trelleborg, hatte ich Zweifel gehabt: Ob diese Schiffe überhaupt noch fuhren? Im Grunde sprach alles dagegen. Und nur für solche, die nicht wussten, was eine »weltweite Reisewarnung« bedeutet, und ihr Geld gern zum Fenster hinauswerfen wollten, hatte TT-Line die Buchungsfunktion nicht abgeschaltet. Ein paar würde es immer geben, die naiv genug wären, trotzdem zu buchen.

Auf dem Rückweg zum Wagen entdecke ich einen Automaten. Er hat mehrere Fensterchen und ein paar Knöpfe. Probeweise halte ich den Barcode auf meinem Papier an jedes der Fensterchen. Irgendwann beginnt es in der Maschine ein wenig zu flackern, wie bei einem kleinen Lagerfeuer. Ein Pappkärtchen schiebt sich aus dem Kasten heraus. Es dauert eine Weile, bis ich begreife, dass die Pappe der Schlüssel sein könnte für die Schranke zwischen den frisch desinfizierten Kontrollhäuschen. Als ich sie benutze, erscheint Schrift in einem Display: »Please drive to lane 15–17«, die Schranke öffnet sich, und der Weg zum Fähranleger ist frei.

Abgesehen von zwei Lastkraftwagen aus Litauen (warum Litauen?) bin ich vollkommen allein auf dem riesigen Gelände. Nach einer halben Stunde taucht das Schiff am Horizont auf: die Schwedenfähre! Oh, du Ikone der Sehnsucht nach Welt und Ferne, denke ich. Saßnitz mit Softeis & Fähre, das war einmal ein schöner Ferientag, vor vierzig Jahren. Mit dem Eis auf der Faust am Zaun des weiträumig abgesperrten Anlegers zu stehen, um den Schiffen der Freiheit beim An- und Ablegen zuzusehen … Welches Schauspiel. Und der Wunsch, einmal mitzufahren, irgendwann, ein Traum.

Inzwischen gibt es fünf Pkws (und nicht fünfhundert, wie üblich) und einige Lkws. Ich bin nicht mehr allein, was mich beruhigt, einerseits. Andererseits misstrauische Blicke in die Wagen der anderen, verbunden mit der Frage, was diese Wohl im Schilde führen. Obwohl man ja selbst »verdächtig« ist, selbst so ein »Lump«, so ein »Gauner«, eine zwielichtige Gestalt jedenfalls, die gegen die Warnung oberster Behörden verstößt. Der beeindruckend eigenartige schwedische Film *Border* fällt mir ein und die Trollfrau, die beim Zoll am Fährterminal steht und das Verborgene, die Lügen und die Schuld der Reisenden, wittern kann. Wenn die Schweden Kontrolleurinnen mit solchen Fähigkeiten haben, denke ich, aber dann geht es los.

Ein Mann vom Schiff winkt mir zu (er sieht nicht aus wie ein Troll), und ohne jede Kontrolle rolle ich an Bord der *Peter Pan* – zuerst der Märchenname im Augenwinkel, dann das Hämmern der stählernen Rampe und der Hall des Laderaums: Ich hoffe, ich bin nicht im Traum und die Reise geht nicht nach Neverland.

Die Ostsee ist rau an diesem Tag, ein sanftes Schwanken beginnt, und ohne weiteres verbreiten die leeren Flure den Eindruck eines Geisterschiffs. Restaurants und Kino sind geschlossen. Die Trennscheibe zum Kinderparadies ist mit Figuren aus den *Peter Pan*-Geschichten dekoriert, Wendy und die verlorenen Jungs. In den Sesseln der Coffee-Bar am Bug des Schiffes entdecke ich ein paar andere Passagiere, dunkle, halb vermummte oder auch nur mit ihren Mänteln und Jacken bedeckte Gestalten, die litauischen Lkw-Fahrer vielleicht, die sich dort ausgestreckt haben, um zu schlafen, sechs Stunden dauert unsere Überfahrt. Ich habe eine »Kabine mit Meerblick« gebucht, Kabine 9105 auf Deck neun. Vorsichtshalber vermeide ich es, den Fahrstuhl zu benutzen, die Treppe ist leer, und die Flure sind so still, dass ich dumpf meine Schritte hören kann auf dem weichen, königsblau schimmernden Teppich. Eine kleine Weile irre ich umher auf Deck neun, dann finde ich meine Kabine.

So klein und schäbig alles auch ist: Beruhigung und Trost der eigenen Höhle wirken sofort. Ich trinke Kaffee aus der Thermoskanne, esse zwei Stullen und eine halbe Tafel Marabou, eine schwedische Vollmilchschokolade, die ich zu Hause auf Vorrat habe, »Nervennahrung« hat meine Mutter immer gesagt, und das kann ich jetzt gut gebrauchen. Eine Erinnerung an meine erste eigene Reise fliegt vorbei: Ich bin sechzehn Jahre alt, das Nest heißt Pruchten, ein Zeltplatz im Hinterland des Darß, und tagelang strömender Regen. Wir lagen im Zelt und hatten Schokolade, Zigaretten und Sex, dazu das dunkle Geprassel des Regens auf der Zeltwand – das hier ist das Beste, was dir passieren kann im Leben, so oder so ähnlich dachte ich damals. Nur die Zeltwand durfte man nicht berühren (was im Grunde unmöglich war), denn an diesen Stellen regnete es augenblicklich durch.

Mit einem Gefühl von Zufriedenheit (bis hierher habe ich es geschafft, jetzt nur noch die schwedische Grenze – und dann Richtung Norden) zieh ich die Schuhe aus und leg mich in meine Koje. Ich spüre das träge Rollen des riesigen Schiffsrumpfs in der Dünung und schließe die Augen, kann aber nicht schlafen: Ich werde angeblasen, von irgendwoher weht es mich an. Es ist genau das, was ich hatte vermeiden wollen – eine Virenschleuder. Durch eine quadratische, eng vergitterte Öffnung in der Decke über meinem Bett wird un-ausgesetzt Umluft in den Raum gepumpt. In guten Hotels ist es möglich, die Klimaanlage abzuschalten, hier nicht. Und also auch nicht ihr leise jaulendes Geräusch … Die Kabine war ein Fehler. Andererseits: Klimaanlagen würde es überall geben auf der *Peter Pan* – auf ihrer Fahrt ins märchenhafte Jenseits, denke ich für eine Sekunde, aber niemand sprüht Feenstaub aus dem vergitterten Loch über mir, nur verdäch-tige Luft und Virenängste.

Panik kann ich jetzt nicht gebrauchen. Die ganze Zeit war ich ruhig, und das soll so bleiben. Also stehe ich auf und starre eine Weile aufs Wasser hinaus. Das Meer: Der gute alte Zau-ber wirkt noch immer. Diese Wellen, das sind majestätisch wandernde Täler und Berge, ein großes Geschiebe mit Gischt und Fischen und Algen, das magische Schauspiel der Natur. Der man ja selbst auch angehört, auf zweifelhafte Weise, und zu der auch das Virus gehört. Algen, Mensch und Virus – drei Erscheinungsweisen derselben Ursuppe, könnte man sagen, und die Frage ist, wer überlebt. Wahrscheinlich die Algen.

Keine Beruhigung. Also kehre ich in meine Koje zurück und lese, was ich mir für unterwegs eingesteckt habe: Eduard Mörike, *Halb ist es Lust, halb ist es Klage*, Gedichte, Reclam Verlag, Leipzig 1983: »Und das Meer beginnt zu schwanken, / Well auf Welle steigt und springt, / Alle Elemente zanken /

Um das Schiff, bis es versinkt.« Nach *Kruso* und *Stern 111* bin ich wieder bei den Gedichten, im Heimathafen, nur etwas schneller als geplant – keine Buchpremiere für den *Stern* und keine Lesereise, das alles fällt aus. Dafür das Glück mit den Gedichten, Glück im Unglück, wie man so sagt.

Seit Wochen lese ich und siebe Worte aus den alten Notizbüchern heraus, Goldstaub für neue Gedichte. Nicht selten sind das Aufzeichnungen, die zwanzig Jahre alt oder älter sind. Manchmal kann ich es nicht recht glauben, aber es gibt Indizien, dass ich selbst derjenige gewesen bin, der das geschrieben hat. Dass die Notizen dem konkreten Geschehen im Moment der Notiz weitgehend entrückt sind, ist gut. Es ist gut, den alten Lebenstext weitgehend vergessen zu haben und die Notiz wie etwas beinah Fremdes zu lesen, etwas, das einem auf diese Weise neu begegnet. Schließlich gibt es kaum etwas, das mehr inspiriert, als die eigene Fremdheit.

Es dauerte ein paar Jahre, bis ich mir angewöhnt hatte, immer ein Notizbuch bei mir zu tragen, meine Einträge zu datieren und die Notizbücher fortlaufend zu nummerieren. Das erste dieser einigermaßen sorgfältig (und lesbar) geführten Notizbücher beginnt im Dezember 1993, ein winziges rot-schwarzes Büchlein, liniert. Mein aktuelles Notizbuch trägt die Nummer 104. Ich liege in meiner Koje, schlage es auf und notiere, was geschieht: »Draußen im Sturm, auf dem schmalen Steg zwischen Reling und Kabinenfenster, steht jemand, der raucht. Jeder, der dort steht, könnte mich sehen in meiner Koje, weshalb ich die kleine Gardine vor dem Bullauge (sagt man noch Bullauge?) zugezogen und das Licht eingeschaltet habe. Das Bullauge (ein irgendwie kindliches Wort) ist nicht rund, eher oval, darunter ist ein kleiner Tisch angebracht, auf dem die Reste meines Proviants und das Buch von Mörike liegen. In der Wand über dem Tisch befinden sich zwei Drehschalter für das eingebaute Radio und eine Steckdose. Die Koje auf der anderen Seite meiner Kabine ist hochgeklappt, komplett mit bezogenem Bettzeug. Das erinnert mich an das Klappbett meiner Kindheit, das am Morgen mit wenigen Handgriffen in eine Art Schrank verwandelt werden konnte und von meiner Mutter bei jeder Gelegenheit als *sehr platzsparend und vor allem praktisch* bezeichnet worden war. Weshalb gibt es keinen einzigen Bericht in diesen Tagen, der es wagt, Hygieneregeln und Essensgewohnheiten in chinesischen Städten ernsthaft zu hinterfragen? Obwohl Covid-19 nicht das erste Virus ist, das unter Verdacht steht, im Milieu chinesischer Wildtiermärkte auf Menschen übertragen worden zu sein. Ohne Zweifel bilden Rücksicht und Anerkennung nationaler Eigenheiten eine Art Rahmen unseres Zusammenlebens, nur wenn die Welt daran zugrunde geht, wird es schwerer, die richtigen Worte zu finden ...«

Ich setze den Stift ab und wundere mich ein wenig darüber, wie übergangslos die Virusfrage an das Bild vom Klappbett anschließen konnte. Nein, es gibt keinen Zusammenhang, und ohne Umschweife nehme ich den Faden der Kindheitserinnerungen wieder auf: den Faden! Denn die Jahre des Klappbetts waren auch die Jahre des Schlüsselkinds. Mit dem Wohnungsschlüssel am Faden um den Hals, der es mir ab Klasse fünf erlaubte, nach der Schule allein nach Hause zu gehen und nicht in den Schulhort, obwohl meine Eltern noch auf Arbeit waren. Ein ungeheures Privileg, über das ich glücklich war und das ich trotzdem aufs Spiel setzte, denn ich verlor meinen Schlüssel – nicht einmal, zweimal, ich verlor ihn: unentwegt.

»Das ist mir einfach unerklärlich«, sagte mein Vater. »Und mir auch«, sagte meine Mutter. Der Faden: Ein blauer faseriger Strick, der mir im Nacken, wenn ich schwitzte, einen feuerroten Ausschlag machte, irgendeine chemische Faser wahrscheinlich, meine Mutter band damit das Gemüse an im Garten. Beim Fußball war es spätestens nach zehn Minuten nicht mehr zu ertragen, und irgendwann musste ich den Faden nebst Schlüssel herunterreißen, mitten im Spiel …

Ich erinnere mich, wie es war, wenn mein Vater die Länge des Fadens abmaß. Er legte ihn dazu probeweise um meinen Schädel. Der Knöchel seines Zeigefingers auf meiner Stirn, dazu die wunderbar zärtliche Wärme seiner Hand. »Lutz wirkt oft zerfahren und nervös«, hieß es in der sogenannten Gesamteinschätzung zum Schuljahresende, dieser Satz in meinem Zeugnis wiederholte sich Jahr für Jahr. Ich war zerfahren und nervös, mein Vater war konzentriert und ruhig. Warum hatte ich nie über den Ausschlag im Nacken gesprochen? Hatte ich den Schlüssel verloren (vom Hals über den Kopf gerissen, weggeschleudert und dann, unbegreiflicherweise, nicht mehr wiedergefunden am Spielfeldrand), war das Gewicht meiner Schuld einfach zu groß, geradezu übermächtig, da konnte es gar keine Ausflüchte geben. Strafen hingegen waren angebracht: Stubenarrest und Fernsehverbot. Und war die Katastrophe überstanden, wäre es einfach sehr unangenehm und vielleicht sogar riskant (also falsch) gewesen, das Thema noch einmal aufzugreifen. Seltsamer Widerspruch: Einerseits ein unbegreiflicher Leichtsinn, andererseits übermächtige Schuldgefühle, verbunden mit Demut und Reue, und am Ende immer der Wille, etwas wiedergutzumachen … Ohne es schon besser zu machen.

Durchsagen in drei Sprachen, das heißt, auch die *Peter Pan* hat ihren Heimathafen erreicht. Sie kommt mir jetzt wie ein fahrendes Hochhaus vor, das die Gebäude am Ufer überragt, und während wir uns dem Festland nähern, denke ich an den Fährenspringer von Trelleborg. Bei meiner Recherche für den Roman *Kruso* war ich der Frage nachgegangen, was mit den namenlosen Toten (ihren sterblichen Überresten) geschehen war, die es nach einer gescheiterten Flucht über die Ostsee an der schwedischen oder dänischen Küste angespült hatte. Eine Statistik verzeichnet zwischen 1961 und 1989 über 5600 Flüchtlinge aus der DDR, darunter mindestens 174 Todesopfer. Da es nicht wenige gegeben haben wird, die nirgendwo angespült wurden, weder am ersehnten noch am verhassten Ufer, wird man niemals wissen, wie viele Menschen auf ihrer Flucht übers Wasser tatsächlich ertrunken sind. Nicht wenige blieben, wurden Teil der Gezeiten, Teil der Ostsee, »Meer des Friedens«, Endstation.

Das erste namentlich bekannte Opfer war der Fährenspringer von Trelleborg. Noch Monate nach dem Mauerbau war es Bürgern der DDR erlaubt gewesen (seltsamerweise, möchte man sagen), mit den Fähren nach Dänemark und Schweden überzusetzen – ohne Landgang, nur die Reise, nur der Blick über die Reling in den Hafen und in den Abgrund: Einer von denen, die versuchten, von der Fähre zu springen, stürzte zwischen Kai und Bordwand und starb, ein junger Mann aus Leipzig. Dass auch Deutschland eine Geschichte der Meeresfluchten hat, ist heute beinah vergessen.

Ein seitliches Tor am Bug des Schiffes öffnet sich und gibt die Ausfahrt frei, obwohl mein Becker-Pilot-Navi zeigt, dass ich noch draußen bin, auf See, und kein Land in Sicht ist. Während ich in einer kilometerlangen Schleife den Parcours des Hafens von Trelleborg absolviere, spreche ich meine schwedischen Sätze vor mich hin: Ich sage, dass ich mit einer Schwedin verheiratet bin. Dass wir in Stockholm wohnen. Dass es mir gut geht und ich kein Fieber habe. Wie ein kleines rotes Boot zieht der Richtungspfeil, der meine Position markiert, durch das Meeresblau der Bucht von Trelleborg, und erst kurz vor der schwedischen Grenzkontrolle geht auch mein Becker-Pilot an Land.

Die Posten sind bewaffnet, es sind mehrere, sie stehen gestaffelt, hintereinander. Ich halte an und werde aufgefordert, meinen »passport« zu zeigen. Obwohl ich weiß, dass innerhalb der EU mein Personalausweis genügt, habe ich diesmal meinen Reisepass dabei, sicher ist sicher, jetzt, da alle Grenzen rund um Deutschland geschlossen sind und man nicht mehr weiß, ob die EU überhaupt noch existiert. In jedem Fall ist das kleine weinrote Büchlein das gewichtigere Dokument mit seinen Visa und Einreisestempeln – es beweist, dass ich schon ganz andere Grenzen glücklich überschritten habe und: dass ich ein Deutscher bin; tatsächlich, das bin ich, denke ich, während der junge schwedische Grenzbeamte mein Passbild inspiziert und vergleicht. Meine Brille habe ich abgesetzt (auf dem Foto trage ich keine Brille), um, vorauseilend, auch diese Irritation aus dem Weg zu räumen. Das Ganze dauert fünf Sekunden, dann sagt der Mann in Uniform »Ha en bra resa!« und »Kör försiktigt!«, und ich sage »Tack så mycket«, vielen Dank. Drei Worte Schwedisch, mehr brauche ich nicht für das Überschreiten der letzten noch offenen europäischen Grenze. Ich schalte in den ersten Gang, gebe Gas, schalte, beschleunige und – bin *frei*.

Noch vor Sonnenuntergang erreiche ich mein Scandic-Hotel in Helsingborg. Niemand trägt Masken hier. Die freundliche Frau an der Rezeption erklärt mir, dass das Restaurant in zehn Minuten schließt. Das Restaurant ist leer. Kristina G., die junge Frau, die mich bedient (ihr Name auf der Rechnung), serviert ein Dagens Tips Special (einen Burger mit allem, was dazugehört) und ein großes Bier, das in Schweden acht Euro kostet. Sie trägt keinen Mundschutz und hält das Besteck in ihrer bloßen Hand, ein Anblick, der mich nervös macht, zugegeben, aber die Freude über meinen *Coup* überwiegt. Ich telefoniere mit meinem Sohn in Berlin, der gerade für einen Film im Tonstudio war – für die Filmmusik, genauer gesagt, er spielt die Trompete in *Lieber Thomas*, der die Geschichte Thomas Braschs erzählt. Er ist aufgekratzt und fröhlich, weil er nach Wochen ohne Auftritt (die Tournee seiner Band *footprint project* ist abgesagt) wieder etwas zu arbeiten hatte.

So lange, bis ich endlich einschlafen konnte an diesem Abend in Helsingborg, war ich noch immer euphorisch genug, genauso zu denken: frei, frei, frei … Was mir heute seltsam vorkommt, denn darum war es gar nicht gegangen. Von Anfang an war ich nichts anderes als ein Reisender in Liebe gewesen.

Christine Wunnicke
Wie Urlaub

In einem renovierten Altbau in einer mittelgroßen Stadt lebten auf einem Stockwerk Wolf / Heckler, Barsotti und Ines,
an deren Tür kein Namensschild war.

Wolf / Heckler wohnten nach vorne heraus, mit Blick in
den ersten Innenhof, und hatten ein Kind und einen großen
Balkon. Barsottis kleiner Balkon stand mit dem Wolf / He-
ckler'schen übereck. Ines wohnte nach hinten heraus, mit
Blick in den zweiten Innenhof, und hatte keinen Balkon. Vor
Wolf / Hecklers Wohnungstür stand Zubehör des Kindes,
Laufrad, Gummistiefelchen; vor Barsottis Tür stand Barsottis
Müll, damit sie ihn nicht mitzunehmen vergaß, wenn sie zur
Arbeit ging; vor Ines' Tür stand ein Schälchen fürs Trinkgeld
für den Fahrer vom Lieferdienst.

Als die Urlaubszeit kam und man sich von Tür zu Tür grüßte, fragte Frau Wolf oder Frau Heckler – Ines wusste nicht,
welcher Name zu wem gehörte –, ob es der Nachbarin etwas
ausmachen würde, ihre Post zu holen und ihre Pflanzen zu
gießen; die Familie wollte nach Portugal ans Meer. »Warum
nicht«, sagte Ines, und Frau Wolf oder Heckler bedankte sich.

Barsotti hantierte linkerhand mit dem Müll. Wenn sie schon dabei sei, fragte Barsotti, ob Ines vielleicht auch für ihre Pflanze hin und wieder einen Schluck Wasser erübrigen könne; sie habe nur eine einzige. Barsotti wollte Ungarn erkunden, die Städte, die nicht Budapest waren und die man sonst immer übersah. »Gerne«, sagte Ines. »Legt mir die Schlüssel ins Schälchen.«

Vor einigen Jahren war behördlich empfohlen worden, auf Reisen zu verzichten; streng genommen gehörten dazu auch Wege in der Stadt. Anders als die meisten folgte Ines der Order bis heute, da sie ihr vernünftig erschien.

So kamen drei Schlüssel ins Schälchen: von Wolf / Heckler Tür- und Briefkastenschlüssel an einem flauschigen Anhänger; von Barsotti der Türschlüssel, nackt. Vielleicht bekam Barsotti nur wenig Post.

Es war schon eine gute Weile her, dass Ines ein fremdes Zuhause betreten hatte. Obwohl Wolf / Heckler und das Kind eben erst abgereist waren, schien die Wohnung kalt und verwaist, als sie aufschloss. Ein wenig Zitronenduft hing in der Luft, ein reinlicher, ungastlicher Duft. Auf dem Küchentisch lag ein Zettel mit einer ausführlichen Gießanleitung in einer properen, runden Handschrift. Die Pflanzen waren alle namentlich aufgeführt, die Begonie, die Kaladie, die Bambuspalme; um alles richtig zu machen, würde Ines jeden Namen googeln müssen und dann jede Pflanze suchen.

Es gab in der Küche einen teuren Gasherd, einen Messerblock mit kaum Messern darin, eine Weltkarte an der Wand und auf dem Tisch eine Holzschale, an der noch etwas Rinde war. Ines begann sich an fremde Wohnungen zu erinnern und an die Messerblöcke und die Weltkarten und das Deko-Obst anderer Leute, die sie früher einmal besucht hatte. Sie lief ins Bad, um zu schauen, ob dort etwas Witziges hing; Leute, erinnerte sie sich, hatten oft Witziges gegenüber der Toilette hängen, damit man es anschauen konnte, während man dort saß. Doch nichts Witziges hing in diesem Bad. Die Orchidee lebte hier, die auf der Anleitung zuletzt kam, und in einer Kachelnische standen Raumduftstäbchen, auf die das Zitronige der Wohnung zurückging. Ines beschloss, dass Heckler die Frau war und Wolf der Mann und Wolf nichts zu melden hatte. Sie goss alle Zimmerpflanzen nach Gefühl, den Balkon ließ sie aus. Dann sperrte sie zu und ging zu Barsotti hinüber.

Barsottis Einzimmerwohnung war auf erstaunliche Weise leer und alles darin sehr niedrig, als laufe Barsotti auf allen vieren, wenn sie zu Hause war. Auf Bambusgrund lagen dunkle Kissen, ein Futonbett und ein zweiter, kleinerer Futon, der wahrscheinlich die Couch war, daneben stand eine Truhe, die wahrscheinlich der Kleiderschrank war, ein elegantes längliches Pappmöbelstück mit Schiebetür, das vielleicht Bücher oder Nippes verwahrte, und zwei Bilder in Wechselrahmen waren an die Wände gelehnt, die keine Farben hatten und auf denen man nichts erkannte.

Barsottis Pflanze war ein kleiner Ficus in einem steinernen Topf und stand mitten im Zimmer. Er war so oft zurückgeschnitten worden, dass er ins Bonsaihafte tendierte. Daneben stand ein Milchkännchen. Damit sollte man ihn wohl gießen.

Ines ging in die Küche. Normale Höhe, normal. Ins Bad. Alles darin, was in ein Bad gehört, ganz spießig und normal. Barsotti konnte wohl schlecht in Bodenlöchern kochen und kacken wie die alten Beduinen. Ines lächelte. Auf dem Wannenrand klebten die schwarzen Flusen aus der Lüftung. Die hatte Ines auch. Vielleicht waren Barsottis Lüftung und Ines' Lüftung miteinander verbunden. Die Wohnung war ihr sympathisch. Sie erinnerte sie an nichts. Sie goss den Ficus mit Umsicht und füllte das Kännchen nach.

In der Wolf/Heckler-Wohnung, die Ines nun Tag für Tag besser kennenlernte, waren Herr Wolf und das Kind kaum zu erkennen. Alles war angefüllt von Frau Heckler. Frau Hecklers üppige Garderobe drängte Herrn Wolfs Bekleidung im Schrank in die hinterste Ecke. Auf dem Ehebett lagen drei Kissen und eine einzige Decke, alles minzfarben bezogen. Die Decke hatte nachts dann Frau Heckler, und Herr Wolf blieb unbedeckt.

Im Kinderzimmer war alles grün und floral, weil Frau Heckler die Botanik liebte. Ein Bild hing dort viel zu hoch an der Wand, das kein Kind auf Erden liebhaben konnte, ein grünes Frau-Heckler-Bild. Nicht einmal das Geschlecht des Kindes war seinem Zimmer zu entnehmen. Ines erinnerte sich, dass Mädchen rosa und Buben blau markiert sind oder zumindest waren, damals, als sie noch unter Leute ging, und dass man ihnen verschiedenes Spielzeug gibt oder gab, aus unerfindlichen Gründen. Mit gerunzelten Brauen blickte sie auf Lego, Bären, Glockenspiel, einen kleinen Computer, Dinosaurier, Malzeug, einen traurigen, langen Affen. Sie konnte sich nicht erinnern, wie das Kind aussah; außer klein. Sie erinnerte sich auch kaum, wie die Eltern aussahen, Frau Heckler, Herr Wolf; oder Barsotti. Nur selten schaute Ines aus ihrer Tür. Überm Mundschutz beschlug ihre Brille, und alles war wie im Nebel. Sie stellte sich vor, wie ein kleines Kind still bei seinem Affen saß und hoch, hoch hinaufschaute zu Mutters sehr grünem Bild.

In Barsottis Pappmöbel befand sich nichts als Papier. Das schönste, feinste Papier in vielen matten Farben, lauter Einzelblätter in Klarsichtumschlägen, eine Menge davon. Ines, ohne Schuhe, saß auf dem Bambus und traute sich nicht, Barsottis Papiersammlung zu berühren, aus Angst, etwas schmutzig zu machen. Was für ein zartes Hobby.

Unter dem Futon lag ein sehr flacher Laptop. Ines suchte lange das WLAN und fand es schließlich im Sicherungskasten, das war ihr ein Rätsel. Sie schaltete den Laptop ein. Ein Passwort wurde verlangt. Sie steckte ihn angeschaltet zurück unter den Futon, weil sie ihn ohne Passwort nicht ausschalten konnte. Der Futon war nicht bezogen. Ein Kopfkissen fehlte. Statt Zudecke gab es nur ein Laken, cremeweiß und zu einer Art Dreieck gefaltet, wie eine Serviette in einem teuren Restaurant. Ach, Barsotti … Immer wenn sie bei Barsotti war, lächelte Ines die ganze Zeit.

Herr Wolf hatte seit Monaten die Stoppel nicht aus seinem Trockenrasierer geleert, und das Kind, das garantiert Heckler hieß, zeichnete mit Lineal. Das war nach mehreren Tagen die einzige Information von Belang, die Ines seinem Zimmer entnehmen konnte. Die Zeichnungen befanden sich in einer Schublade unten im Bett. Wie auch andere Kinder, die Ines früher einmal kennengelernt hatte, besaß Klein-Heckler ein Bett mit Schubladen. Auf Malblockpapier hatte es Kästchen gezeichnet und Dreiecke, vielleicht Dächer, und allerlei lange Striche, vielleicht Zäune oder Gerüste, und ein Kästchen mit Beinen, vielleicht einen Hund; alles mit Lineal. Das Kind musste älter sein als vermutet. Anhand des Laufrads hatte es Ines auf drei geschätzt. Doch kein dreijähriges zeichnete mit Lineal. Außer es war ein Supertalent, verhaltensgestört oder beides. Ines saß auf dem Schubladenbett und dachte nach und kam zu keinem Ergebnis.

Hecklers Unterwäsche füllte eine kleine Kommode. Wolfs Unterwäsche befand sich in einer Schachtel unten im Kleiderschrank, neben Schuhen. Ines öffnete zum zweiten Mal den Trockenrasierer, leerte die Stoppel und spülte alles aus.

Gerne lag sie auf Barsottis Bambusgrund und betrachtete den Ficus von unten. Gestern hatte sie ihn auf den Balkon getragen und dort eine Weile gesonnt. Beim Lieferdienst hatte sie Bonsaidünger bestellt. Vielleicht würde sie diesen vorsichtig zur Anwendung bringen. Der Laptop unter dem Futon hatte sich von selbst ausgeschaltet. Unter dem Ficus, der sie beschirmte, dachte Ines über Barsotti nach und über Barsottis Müll, mit dem sie ständig hantierte; ob dort wohl alles darin war, was in dieser Wohnung fehlte. Die Wohnung war viel zu klein, fand Ines, für eine Frau mit einem solchen Bedürfnis nach Leere.

Frau Hecklers Wohnung war fast zehn Zentimeter höher als Barsottis Wohnung. Ines hatte das per Augenmerk geschätzt. Dann hatte sie einen Zollstock gesucht und gefunden, nachgemessen und recht gehabt, worauf sie ein wenig stolz war. Bautechnisch war der Höhenunterschied ein Mysterium. Die Wohnungen lagen nebeneinander. Wo waren die zehn Zentimeter geblieben, die Barsotti eigentlich zustanden? Barsottis Boden war nicht erhöht. Barsottis Decke war nicht abgehängt. Es kam Ines vor, als habe Frau Heckler in ihrer allumfassenden Gier der Nachbarin zehn Zentimeter gestohlen, zehn Zentimeter Luft, zehn Zentimeter wichtige, gute Leere.

Ines saß auf Barsottis Bambus, zwischen Bettfuton und Couchfuton neben dem Ficus und blickte zur Decke hinauf. Sie lächelte und wunderte sich über die Ungerechtigkeit der

Welt. Eine Drei-Euro-Reispapierlampe hing an Barsottis zu niedriger Decke und sah schön aus wie ein Designerstück.

Bei Frau Heckler lag keine einzige Fluse im Bad. Das Lüftungsgitter war makellos weiß. Ines suchte und fand einen Schraubenzieher, stieg auf die Badewanne, schraubte es ab und schaute, was dahinter war. Nichts war dahinter. Ein Loch. Kein Schmutz. Keine Flusen. Es war nicht zu verstehen.

Im Flur, gleich beim Eingang, neben einem tiefen Regal, fand sie eine Tür, die sie bisher noch nicht geöffnet hatte. Dahinter war ein Abstellraum, ein Kammerl, wie man hier sagte, mit Staubsauger, Leiter, Trittleiter, Eimer, Wischmopp und einem metallenen Kellerregal, worauf vier Sorten Dünger standen, eine moosgrüne Retrogießkanne, beheizbare Anzuchtschälchen, leere Blumentöpfe und viele Flaschen handbeschriftetes Olivenöl. Leute, erinnerte sich Ines, besaßen oft viel Olivenöl, das von Freunden stammte, die in der Toskana lebten und es dauernd verschenkten.

Hinter dem Regal und einem zweiten Regal ergab sich eine Nische. Hier standen ein kleiner Sessel und ein winziger Hocker. Unter dem Hocker lag eine Zeichnung mit Lineal. Auf dem Hocker lag ein Buch, ein *Lustiges Taschenbuch*.

»Puh«, sagte Ines.

Hier versteckte sich also das geknechtete Kind. Ines suchte überall nach dem Lineal, aber sie konnte es nicht finden. Sie fand nur Pantoffeln, Männerpantoffeln aus Filz, und ein rundes Kissen mit einem Gesicht.

Heckler hatte das Lineal konfisziert. Das Kind musste mit Pinseln malen, mit Fingerfarben für die Motorik, und zwar Blumen. Die kamen dann an die Kühlschranktür, hinter die grünen Magneten. Das brach dem Kind das Herz. Es war schon fast ganz zerbrochen. Ines sah es dort kauern, ein Bild des Elends in einem Pyjama mit Füßen, nachts ins Kammerl geschlichen, wenn die Hecklerin schlief, um sich hochbegabt auszutoben. Es nahm einen Bleistift als Lineal und zeichnete panisch, den Grundriss der Wohnung, das Haus und ein Ding zwischen Vogel und Kampfjet, und sein Gesicht vibrierte vor Spannung, ein verkniffenes schlaues Affengesicht, ein elender kleiner Professor.

Dann war es verschwunden. Da saß nun plötzlich Herr Wolf. Er war aus den Männerpantoffeln gewachsen, ein Mensch Ende dreißig, langer Hals, lange Hände, ein T-Shirt mit dem Logo einer üblichen Firma, das Hausshirt, das nicht mehr so gut ist, mit ausgeleiertem Halsausschnitt. Er hockte im Sessel und hielt das Kissen mit dem Gesicht im Arm, und er las Donald Duck. Jetzt gehörte Vati das Kammerl. Da saß er im Sessel hinter Dünger und Öl und kicherte, wie nicht ganz bei Troste, über Tick, Trick und Track. Draußen rumorte Frau Heckler und stieß den Staubsaugerschlauch tief in die Lüftung, auf die perverseste Weise.

»Puh«, machte Ines noch einmal, dann murmelte sie, »Leute.« Heute goss sie hier gar nichts. Sie lief aus dem Abstellraum, trat die Tür zu, trat auch die Wohnungstür hinter sich zu, und im eigenen Bad, bei den eigenen Flusen, die sie seit Jahren nicht interessierten, wusch sie sich gründlich die Hände und ging dann auch gleich unter die Dusche.

Auf Barsottis Bett fühlte sich Ines am wohlsten. Sie hatte den Ficus etwas näher gerückt. Von Tag zu Tag wurde er größer und stärker. Den Bonsaidünger hatte sie weggeworfen. Der Ficus brauchte ihn nicht, er nährte sich von Ines' Liebe.

»Nicht wahr?«

»Ich dünge ihn jedenfalls nicht«, sagte Barsotti. »Ich mache gar nichts, was nicht unbedingt nötig ist.«

»Du Faultier«, flüsterte Ines.

Barsotti lachte. Dann drehte sie sich auf die Seite und schaute ihr direkt ins Gesicht, mit leerer Miene, so leer wie leeres Papier.

Barsotti war reizend, ein zartes Wesen, halb Geist und halb Mensch. Ines wusste nicht, wie sie mit Vornamen hieß, und ihr fiel auch kein passender ein. Sie hatte es mit Italienisch versucht, Lucia oder Maria, und mit Russisch, Natascha oder feiner: Natalja … Jefrosinja … Oksana … so melodisch … alles, was Google hergab … Doch Barsotti hörte auf nichts.

»Ach, Barsotti«, seufzte Ines.

Was sie wohl arbeitete. Auch hier hatte Ines vieles versucht. Garderobiere in einem kleinen Theater, Bürokraft in zweiter Reihe, vielleicht im Studentenwerk, Archivarin im Stadtarchiv oder eine, die Enkeltricks macht und nie erwischt wird, weil keiner sie je wiedererkennt … Oder trug sie den Müll nur hinunter, um dann spazieren zu gehen, auf Barfußschuhen, die Ines in der Wohnung nicht fand, ein wenig durchs Viertel und vielleicht auch ins Grüne, hinunter zum Fluss? So etwas taten Leute zuweilen, erinnerte sich Ines. Und sosehr sie es schmerzte: Unter »Leute« fiel auch Barsotti.

»Ines? Wann ziehen wir um?«

»Sofort! Morgen! Ich habe es dir doch versprochen!«

Sie würden in die Wolf / Heckler'sche Wohnung ziehen, zu den luftigen zehn Zentimetern. Der Entrümpler war bestellt. Neue Bleiben waren gefunden, für Heckler, für Wolf, weit weg und getrennt, ein Apartment für Heckler in der nördlichen Parkstadt und für Wolf tief im Süden ein Zimmer in einer Männer-WG.

»Und das Kind?«, fragte Barsotti.

»Hörst du mir eigentlich zu?«

»Nein«, hauchte Barsotti. »Verzeihung.«

»Zu dir.«

»Zu mir?«

»Wenn du raus bist und drüben.«

»In diese Wohnung? Das Kind hier herein?«

»Wenn du nebenan in der Großen wohnst, ist sie doch frei!«

Ines seufzte. Barsotti war schwer von Begriff.

»Ganz alleine? Es ist doch so klein …«

»Ich habe eine Tagesmutter gegoogelt. Sie sieht lieb aus auf dem Bewerbungsbild.«

Barsotti schwieg. Ines schwieg mit ihr. Dann machte Barsotti »omm«, und Ines hielt ihre Hand. Sie schwiegen Schulter an Schulter, blickten hinauf zum Ficus, der fast die Decke berührte, und lächelten die ganze Zeit.

»Bekomme ich ein arabisches Hockklo und einen japanischen Herd?«, fragte Barsotti nach einer sehr langen Weile.

»Längst bestellt. Man muss den Boden aufbrechen in Küche und Bad, um alles schön zu versenken.«

»Oh, Ines …«, seufzte Barsotti.

Ines ging durch die Wohnung, die einstmals Wolf / Heckler bewohnten, und dachte sich alles weg. Sie dachte sich die Garderobe weg, asymmetrisch, halb teuer, gebürsteter Stahl; sie dachte sich die Tür weg, die ins Kammerl führte, und das Kammerl gleich mit, das Regal, den Dünger, das Öl, den kleinen Sessel des Grauens. Sie dachte sich den Gasherd weg, den Messerblock mit den wenigen Messern, die Weltkarte, die Schale mit Rinde daran, den Kühlschrank mit seinen grünen Magneten, den Familienwochenkalender, dem nichts zu entnehmen war außer einmal Zahnarzt für Vati; sie dachte sich die Orchidee weg (»Topf anheben, nur gießen, wenn leicht«), die Kaladie (»immer feucht, nie nass«), die Bambuspalme

(»einmal die Woche«), den Bogenhanf und die Birkenfeige, den Bleistiftbaum im patinierten Kübelchen, alles Lebendige in der Wohnung und alles Lebendige auf dem Balkon dachte sich Ines weg. Hinter ihr schritt der Entrümpler mit seinen Jungs und erledigte, was zu schwer war für ihre Gedanken. Da zerbarsten der Einbauschrank und der stehende Schrank, die nette Ecke im *shabby chic*, das Elternbett und die Sitzlandschaft, die Unterhaltungselektronik in ihren Gehäusen und alles, was im Bad war, und alles, was an der Decke hing, und alles, was grün war, und alles, was das Kind in seinem Zimmer nicht liebhaben konnte, alles wurde langsam und lautlos zerhauen. »Hoppla«, sagte Ines und »gute Arbeit, so schnell und so stark«, und der Entrümpler freute sich und lobte auch seine Jungs.

Nebenan schlief Barsotti unbedeckt auf dem Futon, im Hemdchen, und träumte von einer gerechteren Zukunft.

»Bin ich gut? Na? Na? Bin ich gut?«, schrie Ines.

Sie bekam keine Antwort. Sie steckte einen Finger in die Erde der Kaladie, um zu prüfen, ob sie nass oder feucht war, und weil sie nass war, goss sie sie heute nicht.

Frau Heckler brachte Leckereien aus Portugal mit, einen kleinen Korb in Transparentpapier, geschmückt mit einem hölzernen Hahn. Damit drang sie redend auf Ines ein. Ines wich zurück in ihre Wohnung. Da stellte Frau Heckler den Korb aufs Treppengeländer, damit ihn Ines später holen konnte, wenn ihr danach war.

Herr Wolf trug Koffer herauf. Das Kind kam zum Vorschein, ein feister kleiner Junge, zwei oder vier, schön braun von der südlichen Sonne.

»Hallo«, sagte Ines. »Wie heißt du?«

»Leopold«, sagte Frau Heckler.

»Hallo, Leopold.«

»Sag ›Hallo, Ines‹, Leopold«, sagte Frau Heckler, »aber nerv sie nicht.«

Leopold schaute. Ines schaute zurück.

Leopold begann laut zu weinen.

»Jetzt sind wir ja wieder da!«, rief Herr Wolf.

Auch Barsotti erschien in der Tür, ohne Geschenk für Ines. Sie war schon vor zwei Tagen aus Ungarn gekommen, leise, mit leichtem Gepäck. Sie trug ein weißes T-Shirt und eine graue Hose. Den Rest schaute Ines nicht an.

»Danke! Danke! Danke!«, sagte Barsotti.

»Danke! Danke!«, rief Heckler.

»Danke!«, echote Wolf.

»Keine Ursache«, meinte Ines, lächelnd unter dem Mundschutz, »es war wie Urlaub.«

Julia Trompeter
Ein schwarzes Meer

Ich möchte Ihnen ein Geheimnis anvertrauen: Mein Kopf ist voll mit schwarzer Galle, die beim Schreiben Milliliter für Milliliter in meine Aufzeichnungen fließt. Das schwarze Meer habe ich mir immer kohlschwarz vorgestellt, und bis heute ist es ein blinder Fleck auf meiner inneren Landkarte. Sollte ich je hinfahren, werde ich es vermutlich gar nicht als solches erkennen. Immer wenn ein Text fertig ist, ist das Meer eine Weile lang ausgetrocknet, leer, und irgendwie geht es mir dann besser, von einem psychiatrischen Standpunkt aus betrachtet sogar wesentlich besser – bloß schreiben kann ich nicht mehr. Dann heißt es zu warten, bis sich der Kopf nach und nach wieder mit neuer Galle gefüllt hat. Die schwarze Galle ist das Benzin der Schriftsteller, das Öl, das die Wundermaschine am Laufen hält. Je mehr dieses Öls sich ansammelt oder, wie Hemingway vermutlich gemeint hat, je mehr ich oben reinschütte – denn Wein und Galle sind verwandte Substanzen, die sich gegenseitig befeuern –, je mehr schwarze Galle also im Schädel brodelt, desto eher produziert die Hand kurz darauf einigermaßen brauchbare Zeichenkombinationen. Der dazwischenliegende Prozess bleibt unbekannt. Der schreibende Mensch ist eine Black Box, wir sind und bleiben nichts anderes als Hans Magnus Enzenbergers Poesie-Automaten: Monteure sprachlicher Variablen, die verbunden werden durch lose Ähnlichkeiten des Sinns oder Unsinns, Lauts oder Unlauts. Je nach Geschmack. Sicher, manchmal wenden wir Gewalt an und pressen unsere Texte während oder nach der Produktion noch einmal durch eine Extrawalze, die Walze des Willens sozusagen, die das Geschriebene verändert und verformt, selten zum Besseren. Und die Gestalt dieser Walze, ihre besondere Prägung, nennen wir dann hochtrabend »Poetologie«.

Dass die Melancholie, also die Krankheit, die mit schwarzer Galle zu tun hat, und die Manie der Kreativen miteinander verwandt sind, wussten schon die alten Griechen, das habe ich mir nicht ausgedacht. Auch, dass Dichter oft kinderlos sind, ist schon Platon aufgefallen. Beziehungsweise, wie ich ergänzen würde, dass sie, wenn sie Kinder haben, schlagartig aufhören, Dichter zu sein. So, als wäre ihr Schaffensdrang durch ein in die Welt gesetztes Menschenwesen ganz und gar verbraucht. Das *Opus Magnum* liegt dann fleischgeworden im Gitterbett. Aber eigentlich, lieber Platon, ist es, sobald ein Kind da ist, nur die Zeit, die uns Dichterinnen fehlt. Die ist knapp bemessen, wird genüsslich von einem System verspeist, dessen Herz genauso aussieht wie das der grauen Herren in *Momo*. Ein staubiges Herz, das schneller schlagen soll, als gut für uns alle ist. Und nun, da die Kindergärten und Schulen pandemiebedingt geschlossen sind, ist erst recht Schicht im Schacht. »Dunkel war's / der Mond schien dunkel«, könnte man dichten, wenn man denn noch dichten könnte. Es wird endlich Zeit für die Aktualisierung des Bildes vom *Armen Poeten* von Carl Spitzweg, also jenes

Bildes, das einen mit Schlafmütze bemützten Dichter zeigt, der, arm und ausgemergelt, mit Feder im Mund, im Bett seiner Dachkammer sitzt, in der es durch die Decke regnet, und voller Muße seine Hand betrachtet, deren Fingerhaltung vermutlich einen genialen Gedanken symbolisieren soll. Ich hingegen habe überhaupt keine Zeit für Muße, und mein Dach ist noch dicht. Auch sitze ich nicht in einer Dachkammer, sondern auf dem Balkon, und: Ich bin eine Frau. Es wäre ein Motiv wert, glauben Sie mir.

»In Zeiten von Corona«, so sagt man ja heutzutage gern – und woher eigentlich der Plural, möchte man fragen, nun, ich kann es Ihnen sagen: »In Zeiten von Corona« dehnt sich nämlich manchmal die Zeit aus. Als subversiver Akt gegen die grauen Männer, die die Kitas schließen, schlägt sie dem System ein Schnippchen, blüht im Verborgenen wie Momos rote Blume – auch hier auf dem Balkon, wo sie zu einer herrlichen, kontinuierlichen Ewigkeit gedeiht. Jede einzelne Sekunde ist dann plötzlich in sich selbst unendlich oft teilbar, das wusste schon der gute Zenon mit seiner alten Schildkröte. Man muss ins Teilchen denken, dann funktioniert es.

Es geht schon, würde ich deshalb antworten, wenn mich jemand fragen würde. Es geht schon, also, an bestimmten Tagen, wenn so ein Hitzeschleier über den Dächern liegt, von denen einige flach sind wie in südlichen Ländern, und wenn die Möwen sich hierher verirren, von der Spree oder ausgebüxt aus dem Zoologischen Garten, was weiß denn ich, und wenn dann noch ein Paar im Hof in einer anderen Sprache streitet, also vielleicht auf Spanisch oder Türkisch, dann geht es sogar richtig gut. Dann fügt sich alles langsam und leicht in ein Bild, das, aus vielen hundert Bildern zusammengesetzt, in meiner Seele heranwächst.

»Wo ist Mama?«, wird der Kleine fragen, und Ernesto wird sagen, mit einem Blick zum Balkon, auf mich, die ich dort schneidersitzig hocke, die Sandalen an den großen Zehen links und rechts seitlich vom Stuhl baumelnd, mit leicht entrücktem, vielleicht einfältigem Blick – wer weiß das von sich selbst schon so genau –, »Mama ist im Urlaub«, wird Ernesto sagen, »lass sie noch ein bisschen, ja?«

Und der Kleine wird vielleicht noch eine Weile der Tätigkeit nachgehen, die er sich für den Moment, diese Minuten, vielleicht sogar einige Minuten ausgesucht hat; wird weiter Erbsen in die Rillen vom Dielenboden stecken oder einen Lichtschalter an- und ausmachen, immer und immer wieder, solange die Glühbirne mitmacht. Seit es keine anderen Kinder mehr in seinem Leben gibt oder, besser gesagt, seit die Kinder in seinem Leben zur Gefahrenzone erklärt wurden, die unsere sogenannte Kernfamilie zu meiden hat, seit Menschen sich vor anderen Menschen in Acht nehmen müssen, als wären wir alle potenzielle Attentäter, seither hat der Kleine gelernt, sich selbständig mit der Welt um sich herum zu beschäftigen. Ich muss das wirklich gutheißen, zumindest das.

Das Knattern der Mofas und Roller auf der Straße hilft mir, tiefer in meinen Zustand zu kommen. Auch das Bellen von Hunden und der Duft von Espresso, gutem, starkem Espresso, weil er mich, am besten zusammen mit etwas Teergeruch, der von einem der exponiert in die Sonne hingestreckten Dächer alter Garagen hinaufsteigt, in Sekundenschnelle in irgendein italienisches Dorf katapultieren kann.

Nennen wir es Montecarlo. Geben wir ihm ein uraltes Stadttor, winzige Gassen und eine Eisdiele mit dem besten Pistazieneis der ganzen Toskana. Gleich hinter dem Stadttor steht ein Feigenbaum wie eine Grenzmarke, hinter der das Land mit seinen sanften Hügeln beginnt. Natürlich, das sind

Klischees, doch ein Madeleine-Erlebnis ist nun mal ein Klassiker – und zwischen Klassiker und Klischee ist oft nur ein schmaler Grat. Dabei trifft es das gar nicht so recht. Anders als Prousts Hauptfigur werde ich durch Geräusche und Gerüche nicht von Erinnerungen in eine endlose Romanhandlung geschwemmt. Denn das würde ja bedeuten, dass dieser Text hier plötzlich dreizehn Bände und noch viel mehr Minuten lang würde. Dann sitzen die Hörerinnen und Hörer im Herbst immer noch gefesselt am Transistor. Wie Odysseus auf dem Schiff, nur nicht mit verstopften Ohren, o nein, sondern mit weit geöffneten, gefesselt von den dramatisch sich entfaltenden Ereignissen. Aber keine Sorge, mein Madeleine-Erlebnis gleicht eher einer am Horizont der Seele aufsteigenden Fata Morgana, gepuzzelt aus tief im limbischen System gespeicherten Gefühlsmalereien, die sich aus sensorischen Elementen speisen. Dem Klatschen von Wellen an ein grün und rot gestrichenes Segelboot zum Beispiel, das bei jeder Bewegung leicht an die eingelassenen Ringe einer Kaimauer stößt, wie an jenem winzigen Hafen auf Madeira, an dem Ernesto und ich einst saßen, als wir uns erst noch kennenlernen mussten. Ein paar herrenlose Hunde in allen Farben und Größen dösten faul auf dem warmen Asphalt, und auch wir waren seltsam ungebunden in diesen Wochen dort im Januar. Eine über den kleinen Strand gespannte Leuchtreklame wünschte uns nachträglich noch immer ein frohes neues Jahr. Von Berlin gekommen und einfach aus dem Jahr gefallen, das gerade eben erst begonnen hatte, waren wir durch ein verborgenes Nadelöhr zwischen den Jahreszeiten gerutscht, denn hier währte ein ewiger Sommer.

Wer waren wir, als wir an den gemauerten Wasserstraßen entlangliefen, jenen damals durch vorangehende Waldbrände schwer geschädigten Levadas, bei jedem Schritt durch verkohlte Baumstümpfe an die Möglichkeit rutschender Hänge erinnert? Würden wir die Eukalyptusbäume heute mit der gleichen Intensität riechen, und duften sie auch, wenn wir nicht da sind? Sind wir noch immer diejenigen, die schon nachmittags vor der alten Zuckerraffinerie vom Rum schwangeren Poncha getrunken haben, und dann noch einen und noch einen, bis der Abend eine warme, windstillende Decke über die märchenhaft schöne und zugleich raue Bucht im Nordwesten der Insel legte, um danach ins Auto zu steigen, wie in ein Sternen-Taxi? Sind wir es, die laut lachen mussten, als wir oben auf dem Hügel standen und der Weg ganz steil und schmal wurde, bis man weder weiterfahren noch wenden konnte? Da war irgendwann gar keine Straße mehr, sondern nur ein winziger Schotterweg, der an einer Bergkuppe direkt in die Milchstraße überging, unter uns das schwarze, über uns das weiße Meer.

In meiner Sonnenbrille spiegeln sich momentweise Schwalben, sodass ich ihren Schimmer immer schon im Augenwinkel sehen kann, bevor sie auf mittlerer Höhe vorbeischießen. Somit ist der Eindruck des Ereignisses bereits am Brillenrand vorbeigesaust, bevor das wirkliche Ereignis überhaupt eintritt. Jedes Mal erfasst mich dabei ein vorauseilender Schreck, ein Schwalbenspiegelschreck, und dann plumpst die Sandale von der linken Zehe hinunter in eine gut gefüllte Gießkanne. Wie Eulenspiegel, der vom Seil in den Fluss fällt, genauso verdattert lugt nun die Sandale aus der Kanne hervor – der Schwalbenspiegelschreck wird zum Eulenspiegelschreck, und meine ganze gerade eintretende Wohlspannung ist dahin.

Es dürfte wohl endlich Regen geben heute Nacht, die Schwalben und der leichte Dunst in der Luft sprechen dafür. Irgendwelche Nachbarn haben Eimer an die städtische Wasserpumpe gehängt, mit denen man die Sträucher und Bäume gießen soll. »Kein Trinkwasser«, steht auf einem Messingschild, das an den Brunnen angebracht ist, aber die Bäume sollen es saufen! Die sehen arg jämmerlich aus, ihre Blätter klappern im Wind wie nach einem Reaktorunfall. Der Kleine liebt das Gießen. Für ihn ist dabei besonders wichtig, dass auch seine eigenen Füße und die Matchboxautos und Teile des Kinderwagens gegossen werden. Wenn er könnte, wenn seine Kraft und seine Eltern es zulassen würden, dann würde er den vollen Eimer nehmen, ihn ansetzen und in einem Zug bis auf den letzten Tropfen austrinken.

Ich höre jetzt, wie Ernesto drinnen das Radio anschaltet. Es läuft »La Paloma« in der Version von Freddy Quinn, und ich muss lachen, natürlich ist wieder der Sender verstellt, Kinder lieben es, an Knöpfen aller Art zu drehen. Zum Glück, denn von den Nachrichten habe ich mehr als genug. Ich kann es nicht mehr hören, das ewige Geschacher um Zahlen; Fallzahlen, Mortalitätszahlen, Dunkelziffern, Neuinfektionen, Verdopplungszahlen, die ganze Welt besteht nur noch aus diesen Zahlen. Fast 100 000 Tote gibt es nun in den USA, unter ihnen Kelly Doyle Oliver, 66, aus Hastings, die ein Faible für Autos hatte. »Had a passion for cars« wird in der *New York Times* neben ihrem Namen stehen. Und ich sehe sie vor mir, einen platinblonden Dutt auf dem Kopf balancierend, um sie herum ein flatterndes rotes Kleid mit weißen Punkten, wie sie in einem nostalgischen Pontiac einen Highway hinuntersaust. Noch nie bin ich in den USA gewesen. Nie habe ich mir in irgendeinem Diner kostenlos literweise miesen Kaffee reingeschüttet. Alles, was ich über das Land weiß, stammt aus Büchern und Filmen. Vielleicht wird es nun dabei bleiben, und ich werde niemals dorthin reisen. Die Zukunft erscheint seit Neuestem noch ein Stück ungewisser als sonst. Die Länder, die ich besser kenne, wie Italien oder Frankreich, sind ebenfalls arm dran. An eine Reise ist momentan nicht zu denken. Beziehungsweise doch zu denken, denn denken geht ja zum Glück fast immer.

Wenn ich die Augen hinter der Sonnenbrille zusammenkneife, kann ich dort am Horizont, wo Schöneberg irgendwo in Kreuzberg übergeht, das Amphitheater von Orange sehen. Seine hoch aufragende Bühnenfassade. Wir konnten es damals kaum fassen, als wir unvermittelt von dem Bauwerk überrascht wurden. Das unvorbereitete Reisen hat sicher tausend Nachteile. Man stolpert orientierungslos durch irgendwelche Orte, und ständig verpasst man die Highlights, muss sich außerdem um Übernachtungsmöglichkeiten sorgen. Doch wenn es so läuft wie in Orange, ist es herrlich. Wir waren 1500 Kilometer von Berlin durchgebrettert, wie man so schön sagt, immer abwechselnd war der eine gefahren, hatte der andere gedöst, gefahren und gedöst, ab Dijon nur noch stur Richtung Süden, bis wir irgendwann völlig erschöpft mitten in Orange aus dem VW Polo torkelten. Ich weiß noch, dass ich beim Abendessen immer noch das Gefühl hatte, auf der Autobahn zu sein, und die Empfindung einer leichten Vibration, die entsteht, wenn Gummi sich an Asphalt reibt, mich bis in den Schlaf begleitete. Am nächsten Morgen erwachten wir, und beim nichtsahnenden Morgenspaziergang, mit Kaffee im Pappbecher und einem fettigen Croissant in der Hand, standen wir plötzlich verdattert vor dem Theater. Vom Bühnenrund betrachtete ich die uralte Schauwand, die schon als Befestigungsanlage in diversen Kriegen gedient hatte, wie eine zurückhaltende Stimme im Kopfhörer erklärte. Wenn ich näher hätte rangehen können, hätte ich vielleicht sogar Einschusslöcher erkennen können. Das

Theater als Schlachtfeld. Ein Titel, wie man ihn Frank Castorf hätte schenken mögen.

Das alles war früher, als wir noch nicht an den Kleinen hätten denken können. Als wir selbst noch den Schauspielern ähnelten, die dort zu römischen Zeiten deklamierend herumgelaufen sein müssen. Zu dieser Zeit war ich in besonders schwarzer Melancholie gefangen. Ein Schatten hatte meinen Kopf von innen verdunkelt. Eigentlich ein guter Zeitpunkt, um zu schreiben, zu schreiben, zu schreiben, aber wir waren ja im Urlaub, wo alles heiter sein soll, wo der Stift zugunsten der Stoffe ruht, wo man einatmet, um erst später, also daheim, wieder auszuatmen. Schon Orange hatte es dem Schatten in meinem Kopf schwergemacht. Was die gallichte Nacht dann aber gänzlich vertrieb, war der Duft des Lavendels, der mich eines Nachmittags unvermittelt von hinten erwischte.

Wir fuhren im Auto mit weit geöffneten Fenstern über ein Plateau, zur Linken ein lila schimmerndes Feld, zur Rechten ging es steil hinab zu einem petrolfarbenen See, dazu, als wäre es noch immer nicht genug, ein strahlender Yves-Klein-blauer Himmel über den Alpen. Doch all das sah ich erst, nachdem der Duft den Schatten in meinem Kopf verjagt hatte. Der Wind stand irgendwie schief, blies die Wolken hinterm Auto her. Brachte den Duft von links unbemerkt heran. Brachte ihn geballt. Dann ein seitlicher Pass, der Duft, dieser Vagabund, stürzte durchs Fenster ins Auto hinein, machte sich breit. Wie er in mich strömte, damit ich ihn nie mehr vergessen würde. Ein Duft wie Lerchengesang. Ich rieche das wie heute.

Zur stetigen Erinnerung haben wir hier auf dem Balkon einen steinernen Bottich mit Lavendel stehen. Lavendel ist ein dankbarer Gast. Blüht und duftet trotz Hitze und Sonne, blüht auch dann, wenn er nicht gegossen wird. Blüht Tag und Nacht. Jedes Mal wenn ich hier sitze, zupfe ich ein bisschen an ihm herum, zerreibe eine der Blüten zwischen den Fingern. Platon sagt an irgendeiner Stelle, dass das Riechen eines schönen Dufts eine Lust sei, deren Abwesenheit keinen Schmerz bereite. Ich sage nicht gern, dass Platon sich hier irrt, aber mir bereitet die Abwesenheit von Lavendelduft durchaus Schmerzen. Unvorstellbar, sollte es ihn irgendwann nicht mehr geben! Unfasslich, sollte ich irgendwann nicht mehr da sein, um ihn zu riechen.

Als wir uns kennenlernten und Ernesto mich fragte, was ich denn so machte, also beruflich, stotterte ich ein wenig hilflos herum. War man mit einer einzigen Veröffentlichung denn bereits eine Schriftstellerin? Ich fand nicht. Ich fand, man müsse sich dafür zunächst auf lange Sicht beweisen. Andererseits jedoch war man mit nur einem einzigen Kind bereits eine Mutter. Dies galt mit großer Bedingungslosigkeit. Ich sagte Ernesto nichts von der Galle in meinem Kopf, nahm einen Job als Nachhilfelehrerin an und wurde schwanger. So eine Schwangerschaft ist wie eine Reise zum eigenen Selbst, bloß dass dieses Selbst gerade dabei ist, ein anderes zu werden. Das Ziel der Reise ist die Geburt. Hierauf versuchte ich, mich vorzubereiten, doch das war unmöglich. Kein Mensch konnte mir sagen, ob es eine sanfte Landung werden würde oder ob die Passatwinde den Flieger mit ihren riesigen Klauen durchschütteln würden, wie bei jener Landung auf Madeira, als Ernesto und ich uns sicher waren, dass unser Leben nun zu Ende sei.
     Ich erinnere mich auch an meine erste Flugreise nach Tunesien. Erinnere mich an furchtlos hingenommene Luftlöcher, die ich mir vorstellte wie Löcher in einem Schweizer Käse, und an den Druck auf den Ohren; an die Landung hingegen

erinnere ich mich nicht mehr, sie muss sanft gewesen sein. Nachher stiegen wir, von einem milden Abendwind umhüllt, die Treppen zum Rollfeld herab. Es war ein ganz anderer Wind als zu Hause, weich, warm, zärtlich; ich konnte es nicht fassen, in Deutschland war es Oktober und nasskalt gewesen. So eine Ankunft wünscht sich wohl jeder, also eine mit Umarmung, die einem zeigt, dass man willkommen ist. Was ich zu sagen versuche: Eine Geburt ist eine Landung, die beides sein kann, wirklich anstrengend und wirklich wunderbar, und meistens beides zugleich. Ich hatte Bücher zum Hypnobirthing gelesen – Geburt in Trance, ganz ohne Schmerz – und sie nachher aus dem Fenster geworfen. Als die Wehen mich mit furiosen Fäusten ergriffen und ich noch versuchte, aus dem Kreißsaal zu fliehen, als der Landeanflug schon längst begonnen hatte. Ich könnte nun noch etwas zur Akzeptanz von Unausweichlichem anfügen, die einen das Gebären lehrt, oder zur Mäeutik, also jener Hebammenkunst, mit der Platon seinen Gesprächspartnern geschickt richtige Einsichten entlockt, aber ich fürchte, dann entgleitet mir das Bild, und ich werde vom Strudel der Allegorie nach unten gezogen, bis auf einen unsichtbaren Grund.

Gegen Gedankenstrudel hilft bekanntermaßen Meditation. Auch, um Sorgen und Zweifeln, dem Alltag mit all seinen Lästigkeiten zu entgehen, um die Produktion der Stresshormone, den Blutdruck, das biologische Alter zu senken, wird sie eingesetzt, vielleicht also sollte ich meinen Geist lehren, sich zu leeren wie einen Kühlschrank kurz vor der großen Fahrt. Doch was tue ich stattdessen? Sitze auf dem Balkon und denke nach. Und es ist, allen buddhistischen Lehren zum Trotz, eine wahre Wohltat. Selbstbeobachtung hat mich gelehrt, dass es mindestens zwei Formen des Denkens gibt, die einander oft unkontrolliert abwechseln. Die erste ist ein eher passives Schwelgen in Bilderfluten, ein sich Treibenlassen wie auf einem Floß, das einen langsam fließenden Fluss hinabgleitet, eine Art innere Wahrnehmung. Die zweite funktioniert propositional, ist an Worte, Syntax, und logische Strukturen geknüpft, sie wertet aus, ordnet ein, analysiert und synthetisiert.

Meditation ist etwas ganz anderes, nämlich der Versuch, ein Sein ohne Denken zu erzeugen. Und wie ich hier so schneidersitzig hocke, die Sandalen, eine nass und eine trocken, wieder links und rechts an den Zehen baumelnd, während die beinahe unsichtbaren Schatten der schwerelosen Schwalben über meinen Körper huschen, und langsam wieder zurückfinde ins Hier und Jetzt – auch, weil mein wunderbares Kind seine Nase an der angelehnten Balkontür platt drückt –, merke ich, dass diese dritte Form mir fremd ist. Ja, ich würde sogar noch weiter gehen und mit Parmenides behaupten, dass ein Sein ohne Denken unmöglich ist. Zum Glück ist in mir keine Leere; vielmehr bin ich der Speicher einer ganzen Welt – und mein Balkon ist die Plattform zum Nirvana. Doch was hat dann die schwarze Galle in diesem Bild verloren? Ist sie nicht verantwortlich für die Traurigkeit, die Schwermut, die mit dem Denken unweigerlich verbunden ist? Und kann man diese Traurigkeit im wahren Sinne des Wortes »wegdenken«? Wegschreiben? Hier geht mir plötzlich das Benzin aus.

Ich spüre, wie der letzte Tropfen schwarzer Galle aus meinem Gehirn hinabrinnt. Der Poesie-Automat stottert wie ein Motor, und ich beginne, wieder schneller zu atmen, die Hand umspannt den Stift ein weiteres Mal. Mit leisen Zuckungen kratzt sie über das Papier. Ein paar einzelne Wörter tröpfeln noch heraus.

Irgendwo, irgendwann setzt der Stift einen letzten Punkt.

Hans Gerhard
Nach Jerusalem

Das Hochhaus hat die Treppen außen, an den Längsseiten des Gebäudes kleben aus grauen Stahlrohren geflochtene Türme, die Handläufe der Geländer sind gefährlich heiß, es knirscht und wankt wie auf einem Schiff, und erst wenn sie an dem roten Buchstaben ihres Aufgangs vorbei sind, wenn sie allmählich wieder zu Atem kommen, erst dann schauen sie nach rechts über die hüfthohe Balustrade, wo das Panorama entsteht, grauweiße Wohnblocks und kahle Felsen bis zum Horizont, die gelbstaubige Luft flimmert und spiegelt.

Auf der linken Seite die Türen, fünfundzwanzig Stück, über bunte, verwitterte Fliesen den Gang, diese Galerie entlang, wie nennt man einen Flur, der nur eine Innenseite hat, der Kleine sagt Balkon, eigentlich darf man keine Stühle herausstellen, viele Nachbarn tun es trotzdem, sitzen vor ihren Türen, rauchen und trinken aus winzigen Tassen oder Flaschen ohne Aufschrift, sie drücken sich an ihnen vorbei, sie müssen bis zur neunzehn, und wieder ruft der alte Mann, der vor der 22 hockt, auf einem kleinen zerschlissenen Teppich, Wie geht es Ihnen?, ruft er, auf Deutsch, das tut er immer, jeden Tag, und wie immer antworten sie, Sehr gut, danke!, und sie winken, alle drei, und er lacht, und sie schließen auf und gehen in ihre Wohnung, die eigentlich nur ein Zimmer ist und ein winziges Bad.

Der Vater liegt halb auf dem schmalen Sofa, er trägt eine Jogginghose und ein altes Hemd, der Kleine zu seinen Füßen auf der Spieldecke, komm, wir singen, der Kleine lächelt, und sie setzen an, leise, dann gemeinsam ein wenig lauter und klarer, aber nein, ruft der Vater, in die weite Welt! Weite Welt! Du singst immer weiße Welt. Aber es heißt weite. In die weite Welt hinein. Komm, wir fangen noch einmal an. Aber warum? Fragt der Junge. Warum weite Welt? Die Welt ist doch gar nicht weit. Der Vater lehnt sich zurück, er legt die Hände an die Wangen und atmet. Die Welt ist doch hier. Überall. Der Vater schüttelt den Kopf, Du meinst weit weg, aber so ist es nicht gemeint, Groß, fällt ihm ein, das bedeutet groß, die Welt ist groß. Wenn man sagen will, die Welt ist groß, dann sagt man weit. Weite Welt. Der Junge ist ganz klein, und die Welt ist ganz groß. Bitte sing noch einmal, sagt er. Der Junge schaut auf den Boden, das sieht aus wie ein Schneidersitz, denkt der Vater, aber es ist kein richtiger Schneidersitz oder doch, der Junge schaut und singt leise, aber schon das erste Wort klingt seltsam, Hänschen, fleht der Vater, er heißt Hänschen. Was singst du denn da immer? Hänschen heißt er doch. Noch mal, sagt er, Hänschen klein ging allein, in die große Welt hinein, der Junge stockt, weiter kann er jetzt nicht, sein Vater hilft, aber Mutter weinet sehr, hat ja jetzt kein Hänschen mehr, wie weiter, da besinnt … sich das Kind … kehrt zurück geschwind, hat der Junge überhaupt zugehört, er sitzt einfach nur da, den Kopf gesenkt, auf der dunkelbraunen Decke, und ist ganz, ganz still. Entschuldigung, der Vater schließt die Augen, es ist laut

auf der Straße, es ist laut hier im Haus, diese ganzen plärren-
den Fernseher, ihr Radio ist kaputt, sie verstehen kein Wort,
ich muss mich entschuldigen bei ihm, wenn er es versteht,
jetzt greift er zwischen seinen Beinen hindurch nach seinem
Sohn und zieht ihn zu sich, sie umarmen sich, drücken ihre
dünnen T-Shirts aneinander.

Ist Hänschen ein Junge oder ein Mädchen?, fragt der Klei-
ne auf einmal, das Hänschen? Ein Junge oder ein Mädchen?
Der Vater schaut kurz an die Decke, wir müssen mehr Bilder
an die Wand hängen, denkt er, ich könnte ein paar Fotos von
Hand vergrößern, abpausen und größer ziehen, im richtigen
Maßstab, ein Junge, sagt er ernst. Es ist ein Junge. Er heißt
Hans. Hänschen sagt man, damit man weiß, dass er klein ist.
Der Kleine antwortet nicht. Aber er heißt doch schon Klein,
denkt der Vater, Hans Klein klein. Ein kleiner Hans ist das,
sagt er. Hänschen … klein. Und hat der Vater auch geweint?,
fragt der Kleine. Wie kommt er darauf, fragt sich der Vater.
Hans ist doch ein Junge, immer ein Junge. Würde sich ein
kleines Mädchen anders anfühlen, auf meinem Schoß, auf
diesem Sofa, warum ist in diesem Land alles …

Hat nur die Mama geweint? Mutter, denkt der Mann,
Mutter weinet sehr. Bestimmt, antwortet er. Bestimmt hat
der Vater auch geweint. Der Papa. Der Papa hat ganz sicher
auch geweint. Der Junge nickt.

Als die Mutter spät von ihrer Arbeit in der Großküche
heimkehrt, liegen Vater und Sohn eng umschlungen auf dem
kleinen Sofa und schlafen, es ist heiß und fast vollkommen
dunkel, vorsichtig weckt sie ihren Mann, sie tragen den Kleinen in sein Bett und betrachten ihn durch das Dunkel, dass
er schon in die Schule kommt, flüstert sie, wie ist die Schule
hier?, fragt er tonlos, erst kommt keine Antwort, dann: Wie
soll es schon sein? Ganz normal. Sie tastet nach seiner Hand.

Ich wollte dir das nicht sagen, aber er wird einen neuen Namen bekommen. Alle bekommen einen neuen Namen hier, zusätzlich. Nur dass du Bescheid weißt. Er blickt auf, will protestieren, Pst, nein. Sie drückt seine Finger, sie legt seine Hand auf ihre Brust. Sie meinen es gut mit uns, sagt sie ernst. Vertrau ihnen. Der Mann sagt nichts.

Der Mann steht mit seinem Pappteller im Gemeindesaal, wie bestellt und nicht abgeholt, denkt er, ja, toll, dass sie uns einladen, toll, dass dieser Lehrer Deutsch kann, toll, ein großer Glücksfall, ich weiß, und toll, dass ich ihre Blicke kaum spüre, denkt er, toll, dass mir diese Musik auf die Nerven geht, toll, dass der Kleine zu den anderen Kindern darf, nach da oben, toll, alles toll. Er balanciert sein Brot zwischen den Fingern und versucht, das Ragout aufzugabeln, es tropft und rutscht heraus, die anderen schauen gar nicht hin. Toll, dass mein Sohn bald einen neuen Namen bekommt.

Guten Appetit, hört er und blickt auf, ein würdevoller Herr steht neben ihm, jetzt geht es also los, denkt er, das Gespräch über meinen Sohn, toll. Er hat Soße an allen zehn Fingern und kann jetzt niemandem die Hand geben, Ich hoffe, es schmeckt Ihnen bei uns, er kann nur nicken, weil sein Mund noch voll ist, bald geht es also los für Ihren Sohn, wieder nickt der Mann. Bald finden wir auch etwas für Sie, fährt der Herr fort, er ist bereits ergraut und etwas beleibt, als Einziger hat er das Jackett anbehalten. Man muss arbeiten, nicht wahr? Was haben Sie in Ihrer Heimat gelernt? Studiert, denkt der Mann, ich habe studiert. Er nennt seinen Beruf. Sein Gesprächspartner seufzt und lächelt. Sie werden etwas finden. Wer will, der wird. So sagt man doch. Nicht wahr? Der Mann schluckt und hat den Mund endlich frei. Kann, antwortet er. Kann. Wer will, der kann. Der würdige Herr lächelt etwas angestrengter. Ich bin sicher, Sie können. Ich wünsche Ihnen noch einen angenehmen Aufenthalt. Gerade hat er sich abgewandt, da erklingt Tumult von draußen, von der Treppe, und der Mann hört seine Frau, aufgeregte Stimmen, sie laufen zur Tür, da hockt seine Frau an der Wand und presst den Kleinen fest an sich, beruhigt ihn, es sind keine Kinder zu sehen, doch von oben hört man ihr Lachen, ihr Singen, die Frauen haben sich schon wieder beruhigt, eine ruft etwas nach oben, die anderen gehen heiter schwatzend zurück in die Küche, der Herr steht neben dem Mann, der zwingt sich zur Ruhe und fragt, leise, aber deutlich, Was ist hier geschehen?

Der kleine Junge ist verheult und verängstigt, auch der Vater kniet sich zu ihm, er wird sich doch nicht … nein, offenbar nicht, die Mutter sagt Sch und Sch und Sch, es wird wieder gut, der Vater steht wieder auf und wendet sich um, man geht ihm aus dem Weg, erst nach einer Weile findet er den Herrn wieder, der raucht und ein Glas in der Hand hält, bei anderen Männern stehend, Alles gut, erklärt er, alles gut, nichts passiert, alles gut. Keiner verletzt.

Die Kinder haben … König gespielt. König. Der Mann versteht nicht, der Ältere seufzt. Ein Spiel. Für Kinder. Wer ist der König. Da sind Kissen. Zu wenig Kissen. Und Musik. Die Kinder laufen. Die Musik ist aus. Ich nehme ein Kissen. Die Musik ist wieder an. Schon klar, sagt der Vater. Immer einer weniger. Ja und? Hat er verloren? Der Herr schüttelt den Kopf. Ihr Sohn … die Kinder sagen, dass er nicht König werden darf. Dass er zu den Mädchen muss. Vielleicht, weil er blond ist. Und die Mädchen haben gelacht. Er hat dann geweint. Alles gut. Er geht bald in die Schule. Er wird lernen … zu wehren. Die anderen zu wehren. Sich wehren, murmelt der Vater, sich zu wehren. Der Herr trinkt einen Schluck. Sie verstehen, sagt er. In der Schule. Er wird lernen.

Er wird seinen Namen erhalten. Alles gut. Wir werden uns darum kümmern. Ich wünsche Ihnen noch einen schönen Aufenthalt.

Er hat in ihrer Wohnung, das ist nur unser Basislager, hat er seiner Frau immer wieder eingeschärft, noch irgendwo Geschenkpapier, er kramt es aus Kartons, warum sie es mitgenommen haben, keine Ahnung, niemals ausgepackt, aber jetzt kramt er und begutachtet es, es ist gelb mit kleinen Hunden, das wird seinen Zweck erfüllen, Schlappohren und ein breites Menschenlächeln auf der Hundeschnauze, denkt er, man könnte die Schere nehmen, aber sie ist klein, mit einem richtigen Messer würde es funktionieren, aber vielleicht ist es nicht scharf genug, kann man es wetzen, oder muss man es besonders schnell an dem alten Lineal entlangziehen, dabei nur wenige der kleinen Hundekörper zerreißen, die blauen Jacken, die roten Mützen, er hat die Klebstofftülle freibekommen, Pappe hat man immer, es funktioniert, das kann man benutzen, man kann das Papier rollen und verstärken, im Schneidersitz vor dem Fenster, nachts. Er schreibt den Namen seines Sohnes groß auf das gelbe Papier und empfindet Trotz. Dann versteckt er sein Werk unter dem Bett.

Als der Vater und die Mutter morgens gleichzeitig aufstehen, präsentiert der Vater stolz die Schultüte in Gelb und mit den lustigen Hunden, er muss sie noch füllen, aber er hat Süßigkeiten organisiert, Kuchen, was nicht einfach war, und er will die Stifte und die Hefte aus seiner alten Aktentasche umräumen und verpacken, mit Zeitungspapier ausstopfen so wie früher, als sich die Menschen noch keine randvollen Schultüten leisten konnten, aber die kann er doch nicht mitnehmen, alle anderen werden keine haben, und die Farbe, und du weißt doch, wie das hier mit Hunden

ist, dieses Papier, das geht doch alles nicht, und außerdem …
sie ist doch viel zu groß. Der Mann protestiert, sie flüstern,
so laut es eben geht, in der Morgendämmerung vor ihrer einzigen Kochplatte.

Wieso, die ist so groß wie meine war, schau, und er breitet zögernd die Arme aus, schau, sie ist so groß wie … im
selben Moment wird es ihm klar, er schämt sich, aber seine Frau streichelt seine Wange, sie schweigen und legen die
Schultüte wieder unter das Bett, ich kann sie ihm ja nachher
dann geben, Ja, sagt sie, du gibst sie ihm dann, sie packt die
Stifte und die Hefte in die Aktentasche zurück, die ist auch
viel zu groß für ihn, murmelt sein Vater, aber sie wird ihren
Zweck erfüllen, und meinst du, dass er alles hat, hast du es
alles genau verstanden, die Mutter ist sich sicher, Wir tun das
Richtige, sagt sie, er wird sich besser zurechtfinden können,
er muss sich doch zurechtfinden können. Dann fängt sie an
zu weinen, und ihr Mann nimmt sie in den Arm.

Vater und Sohn verlassen die Wohnung, Mutter muss
gleich zur Arbeit, der Tag wird heiß werden, sie sind kaum
zur Tür heraus, da ruft der alte Mann vor der 22, auf seinem
Teppich: Wie geht es Ihnen, wie geht es Ihnen, und sie drehen sich um, Uns geht es gut, danke, ruft der Vater, aber der
Junge ruft etwas, das sein Vater nicht versteht, der alte Mann
antwortet lachend, begeistert, der Junge winkt, sie marschie-
ren durch das stählerne Treppenhaus, das Geländer ist noch
nicht heiß, das wird es erst später.

Der Bus ist brechend voll, sie stehen dicht gedrängt, der
Junge umklammert die alte Aktentasche seines Vaters und
schaut konzentriert nach vorne auf die ganzen Hosenbeine,
sein Vater hält ihn mit der rechten Hand fest und drückt sich
gegen eine Haltestange, man kann nicht sprechen, niemand

spricht, sie rauschen über die großen Straßen und manövrieren sich scheinbar ungelenk durch die kleinen.

Der Vater fixiert den Zettel mit der Haltestelle, doch er ist sich nicht sicher, was die lautsprecherverzerrte Stimme gerade gesagt hat, er kann sich nie sicher sein, doch da zupft der Junge an seiner Jacke, der Vater erschrickt, sie steigen rechtzeitig aus.

Vater und Sohn gehen den Bürgersteig entlang, du siehst sofort, wo es ist, hat Mutter gesagt, tatsächlich, dahinten, zwischen Läden und Hauswänden erkennt er das Tor, das rote Tor, aber das ist doch keine Schule, denkt er, da ist doch nichts, überall hohe Mauern, aber sie gehen weiter, und er sieht sie jetzt, die anderen Väter, die anderen kleinen Jungs, keine Frauen und Mädchen, denkt er, er verlangsamt seine Schritte, an die Wand dort wurde etwas geschmiert und notdürftig übermalt, dahinten vor dem Mauerwerk ein vertrocknetes Gestrüpp, dünne Zweige, verstaubte Blätter.

Auch der Junge ist langsamer geworden, mit beiden Händen umklammert er die alte Aktentasche und trägt sie vor sich her wie einen kleinen Schild. Sie halten sich im Hintergrund, der Vater sucht nach dem älteren Herrn, was macht der eigentlich genau, nun stehen sie bei den anderen, vereinzelt, endlich öffnet sich das große rote Tor langsam und knirschend, niemand erscheint, stattdessen taucht die Schnauze eines Schulbusses auf, gelb, er rollt aus dem Tor hinaus zu der wartenden Menge und hält, instinktiv greift der Vater nach der Schulter seines Sohnes, der reagiert nicht, er blickt stur geradeaus, auf die Rücken der anderen.

Der Bus parkt am Straßenrand, seine Türen öffnen sich, jetzt tritt der erste kleine Junge an die kleine Treppe heran, sein Rucksack scheint zu groß, sie tragen allesamt den gleichen, der Vater des Jungen stellt sich an seine Seite, geht etwas in die Knie, umarmt seinen Sohn, steht auf und wendet sich ab, der Junge schluckt und schluckt, oder, beherrschen, wehren, nur wenige Väter reiben sich die Augen oder beginnen zu husten, einer steckt sich umständlich eine Zigarette an.

Jetzt erscheint der ältere Herr, er übergibt dem Kleinen einen Rucksack, wie alle Jungen einen haben, der Vater muss die Aktentasche übernehmen und hält sie mit beiden Händen. Machen Sie sich keine Sorgen. Ein Geschenk. Geschenk. Der Vater antwortet nicht. Der Herr beugt sich zu dem Kleinen herab und sagt etwas, der Junge antwortet mit leiser Stimme. Der ältere Herr seufzt und richtet sich wieder auf.

Dann geht es jetzt los. Alle da. Alle 37. Es ist schön, dass Sie gekommen sind. Er bedeutet dem Kleinen, sich hinter den anderen Jungen anzustellen.

Moment, ruft der Vater. Moment. Und weiß nicht weiter. Der ältere Herr, der sich schon abgewandt hatte, dreht sich zurück. Es geht jetzt los. Die Schule. Jetzt fahren die Kinder zur Schule. Der Vater reagiert nicht. Sein Griff um den Arm seines Sohnes wird fester, fast zu fest. Sprechen Sie mit Ihrer Frau, sagt der Herr. Sie weiß. Vertrauen Sie, bitte.

Was vertrauen, fragt der Vater. Was ist mit meiner Frau? Das ist doch nicht … das ist doch nicht … Der Kleine schaut fragend zu ihm auf.

Hinter dem älteren Herrn steigen immer mehr kleine Jungen mit riesigen Rucksäcken in den Bus, alle mit kleinen versteinerten Gesichtern. Ihre Väter blicken ihnen nach, sie legen sich die Hände auf die Schultern. Es ist in Ordnung so. Alles gut. Sprechen Sie mit Ihrer Frau.

Er hat doch schon einen Namen, denkt der Vater, und er hört die Stimme seiner Frau, die ihm alles erklärt, Zurechtfinden, in Zukunft. Er schaut auf den vertrockneten Strauch, da ist nichts zwischen den Zweigen.

Es ist fertig, sagt der ältere Herr langsam. Alle sind schon im Bus. Und es stimmt – lediglich ein kleiner blonder Junge steht noch hier auf dem Bürgersteig.

Seine Lippen zittern, er schnieft. Doch als sich der ältere Herr ihm wieder zuwendet und ein paar Worte spricht, da blickt er auf, nickt langsam, und sein kleines blasses Gesicht versteinert sich genau wie das der anderen, das Tränchen, das da kullert, scheint aus einem fremden Auge getropft zu sein. Er hat doch schon einen Namen, murmelt der Vater. Der ältere Herr legt dem Jungen die Hand auf die Schulter, und sie gehen zum Bus. Reiß dich zusammen, denkt der Vater. Reiß dich zusammen.

Jetzt ist der Kleine die Treppe hochgestiefelt, aber kein Platz am Fenster ist frei, dort drängen sich die anderen Jungen, der Vater kann ihn erst erkennen, als ein Kommando durch den Bus schallt und sich alle setzen, wo sie gerade stehen, jetzt geht der ältere Herr mit einer Liste durch den Bus und hakt ab, er tritt wieder heraus, die Türen schließen sich zischend, der Motor wird angelassen. Keiner der Väter spricht ein Wort, sie blicken auf die gelbe Karosserie, die Fenster, jetzt ziehen die Jungs die Vorhänge zu, der Auspuff vibriert unmerklich. Dann fährt er langsam los, niemand winkt, sie sehen nur hinterher.

Der ältere Herr hält dem Vater eine Zigarette entgegen, der ergreift sie mechanisch und dreht sie zwischen den Fingern. Alles gut. Sprechen Sie mit Ihrer Frau. Jaja, in Zukunft, sagt der Vater und neigt den Kopf und zieht, feiner Rauch steigt auf. Er spürt seine alte Aktentasche in der Hand, ich könnte sie genauso gut loslassen und mich nicht mehr nach ihr umdrehen, denkt er. Aber er hält den Ledergriff weiter fest, seine Hand ist feucht. Alles gut, sagt der ältere Herr schließlich. Ich muss zum Büro. Ich gehe mit Ihnen zur Haltestelle.

Sie gehen schweigend. Der Vater spürt, dass sich sein Hals zusammenkrampft, aber er schluckt es hinunter. Die Haltestelle ist dahinten. Gerade kommt ein Bus, er wird ihn nicht mehr erreichen. Es kommt ein anderer, denkt er, immer. Ein weiterer.

Kenah Cusanit
Partisanenhaus

Stellen Sie sich nicht sich selbst vor.

Stellen Sie sich einen Ort vor.

Und wenn Sie anfangen, sich einen Ort vorzustellen, dann nicht in selbstentschädigender Haltung. Es wäre eine nachträgliche Freiheit, die Sie sich nähmen, für alles, was Ihnen dieser Ort über sich vorenthalten hat.

Zum Beispiel im 18. Jahrhundert.

Stellen Sie sich diesen Ort im 18. Jahrhundert vor.

Es ist nicht möglich, hier, wo später ein Haus stehen wird, ein Haus zu bauen. Es müsste eines sein, das auf Wasser schwimmt oder auf Binseninseln steht, auf sogenannten Heidchen oder Horsten, Fontane'schen Sandbänken. Es wäre eine Fischerhütte, die jedoch von mehreren Familien benutzt werden müsste aufgrund der komplexen Besitzverhältnisse,

Verpflichtungen und Nutzungsrechte, die sich »Freiheiten« nennen in diesem weitverzweigten Flusssystem der Schwarzen Elster.

Es ist nicht möglich, zwischen Preußen und Sachsen im 18. Jahrhundert ein Haus zu bauen, in einer Gegend wie einer holozänen Ablagerung. Erlen, Hainbuchen, Stieleichen, Flatterulmen, Grauweiden, Traubenkirschen, Haselsträucher und wenige Kiefern bilden den zuinnerst laubigen Märchenwald einer Gegend, die sich Schraden nennt, die sich nach einem Waldteufel oder Schreckwesen nennt und über die nächsten Jahrhunderte nach einer Begebenheit suchen wird, die das Tragen dieses Namens endlich rechtfertigt, noch aber eine Gegend ist, in der einige hundert Leute das Recht haben, Dinge zu tun, die auf so berechenbarer wie allgemeinnützlicher wie unhinterfragter Gegenseitigkeit beruhen: Pech brennen, flößen, Holz fällen zum Bauen und Verbrennen und Korbflechten, wilden Hopfen reißen, Kien graben, Haselnüsse schlagen, Unterwassergras und Schilf und Kalmus schneiden, kleine Staudämme durch die Auenflüsse ziehen, Schweine in die Eichelmast treiben, auf die Jagd gehen, Laub- und Nadelstreu für die daheimgebliebenen Gänse rechen und Tag und Nacht eine neuseeländische Anzahl Wollschafe sich selbst ihrer Waldweide überlassen, auf der sie aus der Sicht eines fernen Jahrhunderts auf überblendende Weise ungetrieben und glücklich grasen.

Das Haus müsste, wenn es an diesem Ort stehen soll, auf alluvialem Boden stehen, unberechenbar wie die Ufer eines alten mesopotamischen Flusses in seiner Konsistenz aus Flusssand, Flugsand und Dünen, wendischem Auelehm, Raseneisenstein und Flachmoortorf. Das ist kein Land, auf dem sich etwas bauen, das ist kein Land, auf dem sich etwas anbauen lässt, allenfalls auf den Sanddünen ein wenig Hafer, von dem man neben zwei Hühnern und ein paar Hellern zwei Scheffel verwendet, um einen Waldzins zu entrichten, um die Dinge im Wald zu tun, die auf so berechenbarer wie allgemeinnützlicher wie unhinterfragter Gegenseitigkeit beruhen.

Noch wollen Sie nicht anfangen, sich die größeren Wiesen vorzustellen, die auf diesem Boden entstehen sollen, weil die Verpachtung von Wiesen, wie August der Starke festgestellt hat, wirtschaftlicher ist als die Waldnutzung. Zumal das Wild im Jahr 1784, in diesem einen Jahr, erfroren oder wegen Überschwemmung geflohen ist, 400 Stück Freiwild, das andernfalls in das spinnennetzförmig angelegte Sternschneisensystem des Schradens hineingetrieben und in der Mitte, wo das Jagdhaus steht, erschossen oder aufgespießt worden wäre.

Wirtschaft scheint eine Begrifflichkeit zu sein, die ein Verhängnis mit der Bevölkerungszahl eingegangen ist und sich dieser gegenüber planmäßig verhalten muss und diese Planmäßigkeit auf alle Dinge projiziert, die ihr unterliegen, auch auf Wiesen, die fruchtbar sind, weil ihr Boden fruchtbar ist, weil der Fluss den Boden überschwemmt, weil das Grundwasser sehr hoch steht, weil der Wiesenboden der Boden eines Auenwaldes ist.

Stellen Sie sich diesen Ort im 19. Jahrhundert vor.

Es ist unwahrscheinlich, dass der Boden, der an diesem Ort noch im 21. Jahrhundert oft unter Wasser stehen wird, in der Mitte des 19. Jahrhunderts schon trockengelegt ist, Hunderte Seitenarme der Schwarzen Elster aufgefüllt und Entwässerungsgräben angelegt sind, der ertragreichste Fluss Mitteleuropas, in dem die Lachse aufsteigen, begradigt und eingedeicht ist, damit er weniger mäandernd als in Form einer Kettenreaktion abläuft, möglichst schnell von A über B nach C,

es ist unwahrscheinlich, aber kurz darauf hat Burigk der Rebell an diesem Ort ein Haus gebaut.

Burigk der Rebell, wie er hieß, war, wie es heißt, vor der
Dummheit und Ignoranz der Dorfbewohner geflohen, aus
dem einzigen Dorf des Schradens, das die Schwarze Elster
durchfließt und das sich im 21. Jahrhundert als der Ort
herausstellen wird, an dem der Zweite Weltkrieg, in einem
von allen Sinnen befreiten Versuch, Berlin zu verteidigen, in
einer letzten Ausnahmesituation endet.

Burigk der Rebell hatte sich außerhalb des Dorfes unweit
der Schwarzen Elster auf eine der Wiesen gesetzt, ein wenig
die Messlatte geschwenkt und genau an dem Ort ein Haus
gebaut, der ihm als Ackergrundstück entschädigend zuge-
sprochen wurde infolge eines der vielen preußischen Edikte
der Gemeinheitsteilung, der Bauernbefreiung, der Separa-
tion, der Flurbereinigung, der Melioration, der Aufklärung,
der Überwindung des Napoleontraumas, der vernunftgelei-
teten Ordnung, des Kant'schen Rechts auf Privateigentum,
der Naturkontrolle, der Schönheit der Geometrie und der
Gemeinheit alles organisch Geformten, ein Ackergrundstück
entschädigend für was auch immer, vielleicht für die Dinge,
die man bisher berechenbar wie allgemeinnützlich wie un-
hinterfragt im Wald getan hat und die nach der Theorie von
Adam Smith nicht intensivierbar waren.

Sie könnten in den Urmesstischblättern oder wo auch
immer im Archiv nachsehen, wann genau das Haus gebaut
wurde und welcher Burigk mit welchem Vornamen aufgrund
eines dummen und ignoranten Dorfes ein Haus an demje-
nigen Ort gebaut hat, der sich immer so bemüht hat, Ihnen
alles über sich vorzuenthalten, aber Sie sehen nicht nach.
Sie haben sich den Blick von jemandem angeeignet, der ein
Nachfahre von Burigk dem Rebellen ist, und sehen Burigk

den Rebellen ein kleines Backsteinbauernhaus bauen, offen zur Straße, einen Dreiseitenhof, mit einer Scheune, Hühnern und Gänsen, einem Stall für die Kühe und einem für die Schweine, die Kartoffeln am liebsten mit Brennnesseln essen oder mit gedämpften Birnen.

Sie sehen Burigk den Rebellen entlang der Wiese, die bereits ein Feld ist, eine Pflaumenallee zur Schwarzen Elster pflanzen und so Haus und Fluss durch einen Weg verbinden. Sie sehen ihn Apfelbäume im Garten pflanzen und Birnbäume, Dutzende Birnbäume, die in der Mitte des 20. Jahrhunderts alles von diesem Ort und diesem Haus überdecken werden, verstecken werden. Sie sehen ihn einen Holzzaun anlegen und wie er beschließt, hinter diesem Zaun nichts weiter zu tun, als sich zu entspannen und alles Rebellische an seine Nachfahren weiterzugeben.

Stellen Sie sich diesen Ort im 20. Jahrhundert vor.

Die Idee, die Welt vertikal zu roden, bis ins Miozän, und das Gerodete zu verbrennen, ist keine Idee, eher ein Programm, das nicht aufgehalten werden kann, will man nicht an der Oberfläche von Ideen bleiben, jetzt da auf der Botkrey-Wiese und der Hosten-Wiese und hinter den Schiericken und am Goldenen Born der Torf ausgetrocknet und verbrannt ist und die Schradenlandschaft planiert ist, jetzt da die Braunkohlenwerke GmbH des dummen und ignoranten Dorfes gegründet ist, aus dem Burigk der Rebell geflohen, jetzt ist es Zeit, in genau diesem Dorf des Schradens die erste Abraumförderbrücke der Welt zu erfinden und genau dort im Dorf aufzustellen, wo seine Niederung endet und eine vielleicht nicht fischfreundliche, so doch menschenfreundliche hügelige Heide beginnt, in der kein modernes Edikt es rechtfertigen könnte, den Grundwasserspiegel abzusenken, gäbe es die uralten Gesetze des Bergbaus nicht.

Bergwerksdirektor Friedrich Ludwig Rudolf Carl Emil von Delius hatte die Idee, ein der Länge seines Namens gerecht werdendes Werkzeug zu entwerfen, um eine für den herkömmlichen Bergbauverstand unzugängliche Schutzschicht abzutragen, unter der 12,5 Milliarden Tonnen schwer der Brennstoff der Lausitz liegt, mit dessen Farbe im Namen die Schwarze Elster durch den Lausitzer Schraden fließt.

Da Burigk der Rebell, wie vorgesehen, seine Fähigkeit zu Flucht und Rebellion an seine Nachfahren weitergegeben hat, besorgt sich sein Enkel Alwin, als der Zweite Weltkrieg ausbricht, eine Arbeit in der Braunkohlebrikettfabrik des Dorfes, dessen Bewohner auch er für dumm und ignorant hält. Die Brikettfabrik könnte den Ort, an dem er wohnt, vollständig zerstören, lässt ihn aber zeitgemäß ahnen, dass das eine vielleicht seinen »Boden«, das andere aber sein »Blut« betreffen wird. Die Fabrik ist für Alwin ein nahezu homöopathisches Fabrikat, ein Präparat der Versehrung, dessen stetige Einnahme ihn unversehrt lassen soll.

Die Brikettfabrik steht neben dem Tagebau und verarbeitet Kohleflöz zu Braunkohlebriketts. Neben der Fabrik steht das Kraftwerk, das im Jahr 1910 mit Hilfe desselben Rohstoffs vierhundert Glühbirnen mit Strom versorgen kann, die beginnen, das Dorf zu erhellen, aus dem Alwins Großvater geflohen war, um zwei Kilometer weiter im entwaldeten Urstromtal der Schwarzen Elster ein Versteck aufzustellen für all diejenigen, die ein Versteck benötigen und keines finden können.

Als Alwin dort wohnt, ist dieses Versteck der einzige Ort, zu dem fliehen kann, wer Grund zu fliehen hat. Der Ort ist so gut verborgen, dass ihn auch die Journalisten nicht finden werden, die aus dem 21. Jahrhundert über das Dorf berichten, aus dem Burigk der Rebell geflohen ist, und ihn in ihrer narrativen Flucht auch nicht finden können.

Immer mehr Glühbirnen erhellen das Dorf, das sich aus Dummheit oder Ignoranz oder Beleidigtsein weigert, die Nachfahren von Burigk dem Rebellen an das Stromnetz anzuschließen. Alwin wird in den letzten Wald gehen und die letzten Baumstämme fällen und sich Draht kaufen und Strommasten auf dem Weg zu seinem Haus aufstellen und es selbst an das Stromnetz anschließen. Vielleicht wird er dabei über die Assoziationen von Strom und Netz nachdenken, über das andere Fließende hinter seinem Haus, das sich nicht willkürlich strömend durch ein weitverzweigtes Netz bewegt hat und jetzt in seiner grenzenlos metaphorischen Ausdehnung sein eigentliches Unwesen treibt. Wenn Alwin mit der Anlage fertig ist, wird er sie dem Kraftwerk schenken und vier Wochen später im Zuliefererbetrieb des Kraftwerks, der Fabrik, bei einer Kesselexplosion ums Leben kommen.

Aber jetzt noch nicht. Jetzt stellt Alwin noch keine Strommasten auf, denn er hat noch zwei Wochen Krieg vor sich und die Russen, die gerade in das dumme Dorf gezogen sind und jeder gelegten Leitung folgen wie einer Fährte, die ein Tier nicht einmal im sicheren Gehege eines Zoos hinterließe.

Es gibt einen Grund, weshalb es Napoleon in diesem Teil Preußens nicht gefallen hat: Er hätte mehrere Tage gebraucht, um im Delta der Schwarzen Elster eine Strecke von einem Kilometer zurückzulegen; ähnlich im Spreewald, dessen ungleicher Zwilling am anderen Ende der Lausitz das Delta der Elster nun ist, von wo aus sich die gerodeten Tagebauschneisen schneller als gepflasterte Straßen ausbreiten, als ginge es darum, in noch größerem Rahmen als im neuzeitlichen Schraden eine große Menge Freiwild an Schneisen entlangzutreiben und es am Ende aller Schneisen einzufangen.

Und darum geht es auch.

Das weiß auch der 18-jährige Günter Grass, als er östlich des Schradens nach Stellen des Waldes sucht, um sich dort durch schwarze Erde robbend vorwärtszubewegen, um vor der Roten Armee zu fliehen und gleichzeitig seine Einheit nicht zu verlieren, um kurz vor Ende des Krieges von den Russen nicht erschossen und den Deutschen nicht gehängt zu werden. Aber das wird Grass im 20. Jahrhundert denen, die es angeht, noch vorenthalten, um es von denen, die es nicht angeht, nicht vorgehalten zu bekommen.

Grass' Einheit ist die gefürchtete zehnte SS-Panzerdivision Frundsberg unter Ernst Harmel, die zusammen mit der Führerbegleitdivision und der 344. Infanteriedivision hierhin verlegt worden ist, um Berlin zu verteidigen einschließlich des dortigen Sitzes der Braunkohlenwerke GmbH des dummen und ignoranten Dorfes.

Diese drei Einheiten sind keine drei Einheiten mehr. Es sind 20 000 Menschen, die der Logik hitleresker Befehle folgend zwei Wochen vor Ende des Krieges die Rote Armee aufzuhalten versuchen, während die Rote Armee auf dem Weg nach Berlin auch Franzosen, Flamen, Wallonen, Norweger, Dänen und Zwangsrekrutierte vom Balkan, aus denen unter anderem das Deutsche Heer besteht, an Schneisen entlang wie Freiwild vor sich hertreibt, bis zum Jagdhaus treibt, in einen sogenannten Kessel hineintreibt und in einen zweiten Kessel, und die den kreuz und quer laufenden letzten Teil dieses deutschen Heeres nur über offene Landschaft entkommen lassen will, ein Feld oder Ähnliches, wo es sich besser erschießen und aufspießen lässt.

Stellen Sie sich diesen Ort im 21. Jahrhundert vor.

Grass weiß nicht, wie er dieser Treibjagd entkommen ist. Er weiß nicht, weshalb und wie er zwei Tage früher als der Rest der auf 600 Mann reduzierten SS-Division Frundsberg dem ersten und auch dem zweiten Kessel entkommen ist. Er weiß nicht, wie die Dörfer heißen, die er auf seiner Flucht durchquert hat. Er weiß nicht, ob er nicht doch seiner SS-Einheit hinterhergelaufen ist gemeinsam mit schlesischen Flüchtlingen, fliehenden Dorfbewohnern und anderen Soldaten anderer versprengter Einheiten.

Grass weiß nicht, ob er wie der Rest seiner Division den Führerbefehl ignoriert hat und sich in entgegengesetzter Richtung auf den Weg gemacht hat in das einzige Dorf mit einer intakten Brücke im Umkreis von Dutzenden Kilometern, das einzige Dorf mit einer Brücke über die Schwarze Elster zur Dresdner Elbe, das Dorf, aus dem Alwins Großvater vor der Ignoranz und Dummheit seiner Dorfbewohner geflohen war.

Grass weiß es nicht.

Grass glaubt, dass er vorher von einem Granatsplitter verwundet wurde, bevor seine Einheit sich in das Dorf und den Schraden hineinkämpfte und Soldaten der Roten Armee überraschte, die im Dorf auf die ihnen eigene Weise den Dingen nachgingen, denen Soldaten der Roten Armee in Dörfern wie diesem gemeinhin nachgingen.

Der Nobelpreisträger weiß es bis ins 21. Jahrhundert nicht.

Sie wissen es auch nicht, aber Sie erfahren aus einer Dokumentation im Fernsehen, dass sich einige Bewohner des Dorfes, aus dem Ihr Vorfahr vor Dummheit und Ignoranz geflohen ist, dieser SS-Einheit angeschlossen hatten. Sie erfahren, dass diese Einheit keine SS-Einheit mehr war, sondern eine Anzahl irgendwoher geflohener und irgendwohin fliehender Menschen in Besitz von ein paar Panzern; eine Anzahl Menschen, die jeden in diesem dummen und ignoranten Dorf tötete, der nicht in dieses dumme und ignorante Dorf gehörte, die jeden russischen Offizier tötete, jeden russischen Soldaten, jeden polnischen und angeblich plündernden Fremdarbeiter, jedes dahergelaufene Tier und jeden der gerade befreiten Zwangsarbeiter, die aus dem dreißig Kilometer entfernten Arbeitslager Mühlberg auf dem Weg gewesen waren zur einzigen intakten Brücke der Schwarzen Elster und ebenjene Brücke in genau dem Augenblick betraten, als sie auf diese Anzahl Menschen trafen.

Sie erfahren, dass die Soldaten der Roten Armee in gebührendem Abstand zu dieser irgendwie noch immer Berlin verteidigenden Einheit in das Dorf zurückkehrten und es anzündeten und – da es offensichtlich ein Dorf war, in dem Partisanen hausten – jeden Bewohner dieses Dorfes, der sein Haus zu löschen versuchte, eine Habe hinausbringen oder die auf dem Dachboden versteckte Tochter informieren wollte, mit viel Phantasie in der Ausgestaltung töteten.

Sie erfahren, dass 724 Gebäude niederbrannten und 155 Menschen starben, viele Selbstmord begingen oder es versuchten, wie der Vater, der seine Familie erschoss, als sie sich auf dem Friedhof versammelt hatte, der auch auf seine kleinste Tochter, der auf einen Säugling schoss und der so oft danebentraf, dass für ihn, nachdem er alle Familienmitglieder erschossen hatte, keine Kugel übrig war.

Sie erfahren im 21. Jahrhundert in einer Dokumentation im Fernsehen, dass Mitte des 20. Jahrhunderts die Russen sich an einem Partisanendorf rächten für alles, was ihrer Ansicht nach gerächt werden müsste, aber bis zum Ende des Jahrhunderts niemand in diesem Dorf die sowjetische Freundschaft in Frage stellen durfte und deshalb niemand über irgendetwas sprach.

Auch Sie stellten im 20. Jahrhundert keine Fragen, die Sie sich durch flüchtiges Denken selbst beantworten konnten. Sie waren überzeugt, dass neben den Eigentümlichkeiten der Dorfbewohner es die Hässlichkeit der DDR-Architektur gewesen sein musste, die Burigk den Rebellen aus dem Dorf getrieben hatte, und dass die Bewohner aus Dummheit und Ignoranz ihre Häuser in dieser Architektur gebaut hatten und es diese Architektur dieses Ausmaßes daher nur in diesem Dorf gab und keinem anderen, das Sie je kennengelernt hatten.

Sie erfahren im Fernsehen nicht, wie es der Rest des Partisanendorfes geschafft hatte, gerettet zu werden. Offenbar ist es keine gute Idee, in das Endszenario des Zweiten Weltkriegs eine Rettungsaktion einzubauen und so den Plot der Dokumentation zu gefährden, der Geschichte, der Moral.

Oder hatten es die Interviewten verschwiegen? Oder hatten sie es vergessen zu erzählen?

Sie könnten sie noch einmal fragen, aber sie sind dement oder gestorben, und Sie haben lange darauf gewartet, dass sie dement werden oder sterben, um nicht fragen zu müssen.

Sie könnten den Dokumentationsrahmen verlassen und wie jemand, der genervt ist von der eigenen Vorstellung, die Personen befragen, die nicht vorgestellt wurden. Personen, die nicht vorgestellt werden, beantworten Fragen stets zuvorkommend, überwältigt von der Tatsache, gefragt zu werden, auch wenn sie nichts zu erzählen haben, außer:

Dass es Wochen dauerte, bis der erste russische Offizier auf einem Pferd außerhalb des Dorfes in der Nähe eines dunklen Flusses ein Haus und einen Hof entdeckte, umgeben von hochgewachsenen Birnbäumen und wild umherlaufenden Tieren: Hühner, Gänse, Kühe, Schweine, Schafe, Ziegen, die Alwin mit Hilfe der Partisanen täglich in der prähistorischen Weite des Schradener Urstromtals einfing und die seine Frau jeden Tag in einem Waschkessel zu einer Suppe kochte, in der das Gegenteil der Suppe eines Krieges steckte: Unmengen Fleisch.

Unmengen Fleisch für Unmengen Partisanen, das hatte sich bis zum Schwarzen Meer herumgesprochen. Unter ihnen waren inzwischen auch heimkehrende Soldaten und Flüchtlinge aus Odessa, die sich bei Burigks, wie seitdem der Ort genannt wird, versteckt hielten und die immer, wenn die Kinder in den Grauweidenbüschen der Straße vor »Reitern!« warnten, die Pflaumenallee hinaufliefen und sich im Damm der Schwarzen Elster versteckten, in den sie Gänge gegraben hatten und der endlich – denn vor Überflutungen schützte er noch immer nicht – einen Sinn ergab.

Es gab an diesem Ort keine einzige Vergewaltigung. Es gab mehr zu essen, als es jemals zu essen gegeben hatte. Es fiel nur ein Schuss, und dieser traf einen deutschen Soldaten, der neu im Partisanenhaus eingetroffen war und der nicht wusste, dass eine Scheune für einen Soldaten noch nie ein gutes Versteck gewesen war; der aus irgendeinem Grund die Hausordnung nicht gekannt hatte inklusive detaillierter Anweisungen zur Flucht vor berittenen russischen Offizieren; oder der vergessen hatte, danach zu fragen.

Alwin zuckte mit der Schulter, vermittelnd, dass er keine Ahnung habe, wie dieser junge Mann in seine Scheune geraten war. Er solle sich umdrehen, sagte der russische Offizier und richtete seine Waffe auf Alwin, und Alwin lachte und sagte, er müsse ihm schon in die Augen sehen, wenn er ihn erschießen wolle. Dass Alwin das auf Russisch sagte, hat

Ihnen dieser Ort am längsten vorenthalten, und auch dass beide einige Sekunden lang nichts sagten und dann auch der russische Offizier zu lachen anfing, die Waffe herunternahm und Alwin die Hand gab.

Stellen Sie sich diesen Ort jetzt vor.

Gehen Sie durch das Dorf wie ein Kind, das im 20. Jahrhundert auf dem Grundstück Burigk des Rebellen aufgewachsen ist. Neben den Eigentümlichkeiten der Architektur fällt Ihnen noch etwas anderes auf: Sie werden von den Bewohnern gesehen, aber nicht angesehen. Diesen Blick des Gesehen- und Nichtangesehenwerdens führen Sie auf deren Dummheit und Ignoranz zurück – Dummheit und Ignoranz sind die einzigen Informationen über das Dorf, die Ihnen nie vorenthalten wurden.

Es ist ein Blick wie eine stumme Geste des Nichteinverstandenseins, die über den Bewohnern wie über der Landschaft gleichermaßen beleidigt zu liegen und seit Jahrhunderten ihre Wahrnehmung zu prägen scheint, als wären sie nicht froh, vor etwas bewahrt worden zu sein, als wären sie vielmehr sehr wütend darauf, dass jemand sie bewahrt hat, und als hätte jemand, der sie dumm und ignorant fand, nicht das Recht dazu gehabt.

Hans Christoph Buch
Afrikanische Spiele

Nach einer wahren Begebenheit

I

Am 24. Dezember 1970 reiste ich nach Guinea ein, das unter Sékou Touré vom tropischen Paradies zur Hölle geworden war, wo das Volk trotz reicher Ernten und wertvoller Bodenschätze Hunger litt. Den Spuren meines Vorbilds Graf Sanderval folgend, hatte ich mit dem Fahrrad die Sahara durchquert und präsentierte mich an Heiligabend, aus Bamako kommend, im Grenzort Nafandji, um die Einreiseformalitäten zu erledigen und ein Visum zu beantragen. Der am Dorfausgang gelegene Grenzübergang bestand aus leeren Ölfässern, französisch Bidons genannt, und einem zerschlissenen Transparent mit der Aufschrift WELCOME TO GUINEA HOME OF THE BIG ELEPHANT. Ich wusste, dass Sékou Touré von seinen Untertanen als Elefant verehrt wurde, der alles niedertrampelt, was ihm im Weg steht, und dass die Landeswährung im Volksmund Syli hieß, das Malinkewort für Elefant, obwohl es in Guinea außer in Wildreservaten keine Elefanten mehr gab. Da niemand zu sehen war, lehnte ich mein mit Gepäck beladenes Fahrrad an eine Öltonne und ging auf eine im Hintergrund sichtbare Hütte zu, vor der eine Ziege angepflockt war, umgeben von pickenden Huhnern, die flügelschlagend wegstoben. »Hühner fressen Würmer, Menschen fressen Hühner, Würmer fressen Menschen«: Dieser Haiku ging mir durch den Kopf, als eine Frau mit nacktem Kind, das an ihrer schlaffen Brust saugte, aus der Tür trat und mir mit stummem Augenaufschlag zu warten beschied. Eine Fliege kroch über die Wange des Säuglings und tat sich an aus dem Mundwinkel quellender Muttermilch gütlich. Als ich mich umdrehte, war mein Fahrrad samt Gepäck verschwunden, und ich bereute es, das Rad nicht abgeschlossen zu haben, während ein guineischer Grenzsoldat, ein Sergeant, wie mir schien, mir den Lauf seiner MP in den Nacken schob und mich zu einem Geräteschuppen dirigierte, der sich als Arrestzelle entpuppte. »Wo ist mein Fahrrad, wo ist mein Gepäck?« – »Sie sind illegal, unter Missachtung der Visum- und Zollvorschriften, nach Guinea eingereist und haben kein Recht, mir Fragen zu stellen!«

## 2

Mein Vorbild Aimé Olivier Comte de Sanderval kam 1840 in Lyon zur Welt. Nach dem Abitur am Lycée Saint Louis konstruierte er an der von seinem Onkel gegründeten École des Arts ein Fahrrad mit Nabe und Speichen, das robuster und leichter zu handhaben war als die bis dahin üblichen Velozipede aus Holz. Im Sommer 1865 radelte er mit dem selbstgebauten Drahtesel zu seinem in der Auvergne lebenden Onkel und von dort nach Avignon. Zusammen mit einem Schulkameraden machte er in Paris eine Fahrradmanufaktur auf, die er nach dessen Ausscheiden allein weiterführte. Wer zu früh kommt, den bestraft das Leben: Die Fahrradfabrik ging pleite, und Sanderval beschloss, sich auf eigene Beine zu stellen und zugleich einen lang gehegten Kindheitstraum zu verwirklichen. Mit Empfehlungsbriefen von Ferdinand Lesseps, dem Erbauer des Suezkanals, durchquerte er die Sahara auf den Spuren des Wüstenreisenden René Caillé und gelangte über Labé, Timbo und Boké ins Bergland Fouta-Jallon, dessen Herrscher ihn unter seine Fittiche nahm. Sanderval bekam Land zugewiesen und ließ Münzen schlagen mit seinem Porträt, bis das Vordringen französischer Truppen seine Pläne durchkreuzte und der Almamy genannte Sultan ihm seine Gunst entzog. Er schlug sich nach Conakry durch, damals ein unbedeutendes Fischerdorf, heute die Hauptstadt von Guinea, und lebte in einem selbstgebauten Lehmhaus, das dem Palast eines Fulbe-Fürsten nachempfunden war. Luis I., König von Portugal, erhob Sanderval in den Adelsstand, und fortan residierte er in einem wie ein Tropenhelm geformten Pavillon im Zentrum Conakrys, der jetzt das Nationalmuseum beherbergt. Daran musste ich denken, während ich, angekettet an ein aus Sklavenzeiten stammendes Fußeisen, dem Meckern der Ziege und dem Gackern der Hühner lauschte, das langsam erstarb. So hatte ich mir das Weihnachtsfest nicht vorgestellt. Der Muezzin rief die Gläubigen zum Gebet, und statt des deutschen Lieds »O Tannenbaum« hörte ich das Surren der Mücken, die sich im Dunkel auf mich stürzten, während ich mich, von Juckreiz gequält, auf einer als Pritsche dienenden Matte wälzte.

3

Früh am Morgen brachte die Frau des Sergeanten mir das Frühstück, bestehend aus Ziegenmilch, in der tote Fliegen schwammen, dazu Mais- oder Maniokbrei: ein Festmahl im Vergleich zu dem Fraß, den ich später in Camp Boiro vorgesetzt bekam. Aber ich will den Ereignissen nicht vorgreifen. Der Sergeant löste meine Fußfessel, führte mich zur Latrine und wartete pflichtschuldig vor der Tür, während mein Darm sich grummelnd entlud. Statt einer Klopapierrolle reichte er mir ein zerfleddertes Schulheft und forderte mich auf, meine Personalien zu notieren: Name, Nationalität, Geburtsdatum, Wohnort, Beruf, Familienstand, Vornamen der Eltern und Großeltern und so fort. Der Sergeant sprach nur gebrochen Französisch, und mit Händen und Füßen machte ich ihm klar, dass ich kein Verbrecher war und den Grenzposten angesteuert hatte, um ein Visum zu beantragen. Falls man mich weiter meiner Freiheit beraube, verlangte ich die Einschaltung eines Anwalts und die Benachrichtigung der Botschaft oder des deutschen Honorarkonsuls in Kankan, der meinen Besuch erwartete. Solange man mein Fahrrad und mein Gepäck unter Verschluss halte, sei ich nicht bereit, irgendwelche Papiere zu unterschreiben.

Der Sergeant sagte sinngemäß, er könne auch andere Saiten aufziehen: Ich würde es bald bereuen, jede Schuld zu leugnen, statt das Verfahren zu beschleunigen durch Nennung der Auftraggeber und Hintermänner des konterrevolutionären Komplotts. Trotzdem hatte meine Verteidigungsstrategie Erfolg, denn ohne dass ich darum bat, lockerte der Sergeant das Fußeisen und händigte mir meinen Kulturbeutel aus, mit dessen Hilfe ich mich in ein zivilisiertes Wesen zurückverwandelte. Nur das Rasierbesteck fehlte, mit dem ich mir die Pulsadern hätte aufschneiden können.

Die Feiertage verstrichen, während ich, gepeinigt von Hitze, Hunger und Durst, in Fieberträumen verschneite Wälder, kühles Bier und Christstollen vor mir sah. Am dritten Tag hatte ich eine Erleuchtung: Ich verlangte Bleistift und Papier, was ich auch bekam, und schrieb in bestem Schulfranzösisch einen Brief, den der Sergeant dem Dorflehrer vorlegte, um ihn auf Malinke, Susu oder Fulbe übersetzen zu lassen. Das Examen fiel zu seiner Zufriedenheit aus, der Sergeant steckte den Brief in einen Umschlag, den er mit Spucke befeuchtete, schwang sich auf den Sattel meines Fahrrads und fuhr mit unbekanntem Ziel davon. Danach habe ich weder ihn noch mein Fahrrad je wiedergesehen: Ein wie ein Raubtierauge blinkendes Rücklicht, das in der Dämmerung verschwand, ist meine letzte Erinnerung an den Drahtesel, der mich sicher bis hierher getragen hatte.

Das von mir verfasste Schreiben hatte folgenden Wortlaut: »An den Elefanten Guineas, Vorkämpfer der Einheit Afrikas, Vorsitzenden der Staatspartei, Führer der Revolution und Regierungschef Sékou Touré:

Exzellenz!

Der Unterzeichner, ein unbescholtener Bürger der Bundesrepublik, hat auf den Spuren des Grafen Sanderval, der das erste Veloziped erfand, mit dem Fahrrad Westafrika durchquert. Als Tourist, Botschafter des guten Willens, der Völkerfreundschaft und des Friedens radelte ich über Timbuktu, Mopti und Bamako zur Grenze zwischen Mali und Guinea, die ich zwecks Erledigung der Einreiseformalitäten überschritt. Seitdem hält man mich gegen meinen Willen im Grenzort Nafandji fest, unter dem Vorwand, gegen Visa- und Zollbestimmungen verstoßen zu haben. Mein Fahrrad wurde ohne Begründung konfisziert, und wegen Wasserknappheit, unzureichender Ernährung und mangelnder Hygiene fürchte ich um meine Gesundheit und um mein Leben.

Verehrter Herr Staatspräsident! Ich appelliere an Ihre Großmut, lassen Sie einen Unschuldigen nicht länger in der

Wüste schmoren und sorgen Sie dafür, dass man mir mein Fahrrad und mein Gepäck zurückgibt. Anderenfalls behalte ich mir rechtliche Schritte vor!

Zur Person: Ich bin 36 Jahre alt, wohnhaft in Kleve, ledig, Bierbrauer von Beruf.

Mit vorzüglicher Hochachtung – Adolf Merx«

## 4

Am nächsten Morgen wollte ich von der Frau des Sergeanten wissen, wohin ihr Mann aufgebrochen sei und wann er zurückkommen werde. »Das weiß ich nicht«, sagte sie und fügte hinzu, dass afrikanische Ehemänner häufig von zu Hause wegliefen und ihre Familien mittellos zurückließen. Durch ihre Worte ermutigt, bat ich Aischa – so hieß die Frau des Sergeanten –, mir beim Abstreifen der Fußfesseln zu helfen. Mit Hammer und Meißel – den Schlüssel trug mein Kerkermeister bei sich – gelang es uns, die Kette zu sprengen, und fortan lebten wir zusammen als Mann und Frau – mit vertauschten Rollen: Ich fegte die Hütte, schöpfte Wasser aus einem Ziehbrunnen, fütterte die Hühner und melkte die Ziege, während Aischa den Fahnenmast mit der schlapp herabhängenden Flagge und den geschlossenen Schlagbaum bewachte, der kinderleicht zu umgehen war. Auch ich hätte fliehen können, aber ohne Fahrrad war ich aufgeschmissen im Niemandsland zwischen Mali und Guinea, durch das nachts Hyänen streiften, während tagsüber die Sonne herabbrannte.

Nach anderthalb Wochen – ich hatte aufgehört, die Tage zu zählen – näherte sich in einer weithin sichtbaren Staubwolke ein olivgrüner Lastwagen, dessen Beifahrer, ein Offizier in Tarnuniform, mir Handschellen anlegte. Ich nahm in der Fahrerkabine Platz, eskortiert von Soldaten, die auf die

Laderampe kletterten. »Sovjetskaja technika samaja lutscha-
ja na mire«, sowjetische Technik ist die beste der Welt, rief
der Chauffeur in gebrochenem Russisch, während der Lkw
durch ein ausgetrocknetes Flussbett bretterte und mich bei
jedem Schlagloch gegen das Dach katapultierte. Statt ins na-
hegelegene Kankan, wo ich den deutschen Honorarkonsul
zu treffen hoffte, ging es auf direktem Weg nach Conakry,
eine Höllenfahrt, die statt zwölf Stunden zwei Tage dauerte,
weil die sowjetische Technik weniger zuverlässig war als ihr
Ruf. Wir hangelten uns von einem Radwechsel zum nächsten
und rollten bei Einbruch der Dämmerung mit ratterndem
Auspuff in Conakry ein, wo mein Bewacher mir eine Augen-
binde überstülpte. Durch den Stoff hindurch sah ich einen
Posten, der das Gewehr präsentierte, und fand mich wieder
unter einer Dusche, wo ich Staub und Schweiß in den Aus-
guss spülte. Ich zog ein sauberes Hemd und eine frisch ge-
bügelte Hose an, und eine nach Parfüm duftende Sekretärin
führte mich ins Arbeitszimmer des Präsidenten, der sich bei
meinem Eintritt erhob und mir mit ausgebreiteten Armen
entgegenkam.

5

»Willkommen in Guinea, dem Land der aufrechten Menschen«, sagte Sékou Touré. »Sie haben viel durchgemacht,
und ich kann mir lebhaft vorstellen, wie Ihnen zumute ist.
Wie wär's mit einem kühlen Bier?«

Es handle sich um ein Missverständnis, fuhr er fort, während seine Sekretärin mir eisgekühltes Beck's kredenzte – oder
war es Radeberger, Made in East Germany? Es handle sich
um ein Missverständnis, erklärte der Staatspräsident, verursacht durch den Übereifer eines Grenzwächters, der noch nie

von Eddy Merckx gehört habe, dem größten Radrennfahrer aller Zeiten. Der Mann werde streng bestraft und an einen sicheren Ort gebracht, wo er in Ruhe über seine Fehler nachdenken könne.

»Der Sergeant hat mich korrekt behandelt«, warf ich ein. »Wichtiger als seine Bestrafung ist mir die Rückgabe meines Fahrrads. Auch meinen Rucksack will ich wiederhaben, damit ich die Radtour fortsetzen kann!«

»Eddy Merckx«, wiederholte der Staatspräsident sinnend. »Wie gern hätte ich die Tour de France mitgemacht!«

Mein Gepäck betreffend, fügte er nach einer Pause hinzu, brauche ich mir keine Sorgen zu machen – er habe Größeres mit mir vor. »Sie sind Braumeister von Beruf, nicht wahr? Wie schmeckt Ihnen unser guineisches Bier – nicht schlecht, oder?«

Ich erwähnte das bayrische Reinheitsgebot von 1516, demzufolge Bier nur drei Ingredienzen enthalten dürfe: Hopfen, Malz und Hefe. »Genau das wollte ich hören«, sagte Sékou Touré. »Ich ernenne Sie mit sofortiger Wirkung zum Direktor der Staatlichen Brauerei. Ihr Vorgänger, ein Elsässer, ist mit der Devisenkasse nach Paris getürmt.«

Auf dem Weg zur Tür wollte er wissen, ob ich verwandt sei mit Karl Marx oder Eddy Merckx? »Weder noch – mein Vorname Adolf weist darauf hin, dass ich im Dritten Reich zur Welt kam und Mitglied der Hitlerjugend war.«

»Tant mieux – desto besser!« Bis heute rätsele ich, was Sékou Touré damit hat sagen wollen.

6

Die folgenden Wochen und Monate waren die schönste Zeit meines Lebens. Ich brachte die Brauerei auf Vordermann und ging mit gutem Beispiel voran, indem ich die Kupferkessel polierte, bis sie glänzten wie Gold. Mein Arbeitseifer sprang auf die Belegschaft über und hob die Arbeitsmoral: Gute Behandlung und regelmäßige Entlohnung bewirkten mehr als Druck von oben zur Erfüllung des Fünfjahrplans. Mein Vorgänger hatte seine wechselnden Geliebten aus der Portokasse finanziert, während ich mit nur einer Favoritin vorliebnahm, die mich an Wochenenden auf Angeltouren begleitete. Das war mehr als nur ein Vorwand für Sex: Ich reparierte das von meinem Vorgänger hinterlassene Motorboot und fischte Barrakudas, die wir am Strand einer vorgelagerten Insel grillten. Der gegrillte Fisch lockte Neugierige an, unter ihnen Mitarbeiter der sowjetischen und der amerikanischen Botschaft, die ich mit Bier bewirtete. Zu diesem Zweck schaffte ich einen mit Dieselöl angetriebenen Kühlschrank auf die Insel. Die Diplomaten waren froh, der Hitze und dem Lärm der Stadt zu entkommen, und dankten für Speis und Trank mit Informationen aus der Gerüchteküche. Um den Regierungschef gnädig zu stimmen, kreierte ich ein spezielles Starkbier, das ich ihm zu Ehren Syli-Pils nannte und das die Firma Tuborg später als Elefanten-Bräu vermarktet hat. Das Starkbier war so beliebt, dass die Belegschaft, um die Nachfrage zu befriedigen, Sonderschichten einlegen musste. Obwohl er mich häufig in der Brauerei besuchte, machte Sékou Touré keine Anstalten, mir mein Fahrrad zurückzugeben; diesbezügliche Fragen beantwortete er gar nicht oder ausweichend. Das hätte mich stutzig machen müssen, denn während wir fachsimpelten über Eddy Merckx und die Tour de France, braute sich ein Orkan zusammen, der sich mit Donner und Blitz über mir entlud.

7

Am Kai von Kaloum – so hieß die Landzunge, auf der das Regierungsviertel lag – wartete ein Dienstwagen mit laufendem Motor. Der Chauffeur teilte mir mit, dass sein Chef mich zu sehen wünsche. Ich stieg nichtsahnend ein, aber der Wagen bog von der Asphaltstraße auf einen Schotterweg ab und deponierte mich am Eingang eines Militärlagers schräg gegenüber vom Präsidentenpalast. In meiner Erinnerung steht Sékou Touré am Fenster seines Arbeitszimmers und sieht, wie das mit Mennige gestrichene Tor sich hinter mir schließt; dann kehrt er mir den Rücken zu und lässt die Jalousie herab.

Mein Tascheninhalt wird protokolliert, Ausweise und Armbanduhr, Geldbörse und Gürtel, Schuhe und Socken konfisziert. Statt Hemd und Hose streift man mir ein Nachthemd über, und meine Oberarme werden fest verschnürt. Flüche, Fußtritte, Faustschläge hageln auf mich herab, und man sperrt mich in eine Wellblechbaracke, deren Mobiliar nur aus einem Eimer zur Verrichtung der Notdurft besteht. Bevor ich in der Hitze die Besinnung verliere, denke ich darüber nach, wer mich denunziert haben könnte und warum. Das Ganze muss ein Missverständnis sein, denn ich bin mir keiner Schuld bewusst. Mein Verhältnis zu Sékou Touré könnte nicht besser sein, die Belegschaft der Brauerei vergöttert mich, und meine russischen wie amerikanischen Freunde werden, da bin ich mir sicher, alle Hebel in Bewegung setzen, damit ich freikomme.

Was in meinen superschlauen Überlegungen nicht vorkam, war die Handelsvertretung der DDR, deren Mitarbeiter meinen Aufstieg zum Intimus des Präsidenten mit Neid und Missgunst beobachteten. Ein von der Zentrale entsandter Stasioffizier ersann einen Plan, der, abgesegnet von Erich Mielke und Markus Wolf, in die Tat umgesetzt wurde: Demzufolge war ich zusammen mit dem Honorarkonsul der BRD und Leiter eines SOS-Kinderdorfs Drahtzieher einer Verschwörung portugiesischer Söldner mit deutschen Ex-Nazis zum Sturz von Sékou Touré. In der dem Staatschef vorgelegten Kurzfassung des Papiers ist von vergiftetem Bier die Rede, mit dem der Präsident ermordet und Guinea entvölkert werden soll. All das erfuhr ich erst nach meiner Entlassung aus Camp Boiro und nach dem Ende der DDR, als ich in meine von der Gauck-Behörde zugänglich gemachte Stasiakte Einblick nahm.

## 8

»Wir wissen alles über Sie«, sagte der das Verhör leitende Halbbruder des Präsidenten, Ismaël Touré, dem ich mehrfach auf diplomatischen Empfängen begegnet war. Er trank eiskaltes Elefanten-Bier, während ich kurz vor dem Verdursten stand. »Ihre Mitverschwörer haben bereitwillig ausgesagt und die Mitwisser des Komplotts beim Namen genannt; manchmal mussten wir unsanft nachhelfen, aber es gibt Methoden, mit denen man selbst verstockte Typen zum Reden bringt! Wir wissen alles, wie gesagt, aber ein paar Mosaiksteine fehlen uns noch, und Sie sollen dazu beitragen, die Lücke zu schließen!

Wie oft haben Sie die Grenze von Mali nach Guinea mit dem Fahrrad überschritten, und wo halten Sie Ihr Fahrrad versteckt?

Wer war und ist die Nummer eins der Verschwörung – Sie selbst oder SS-Sturmbannführer Seibold, der Honorarkonsul der Bundesrepublik?

Wie haben Sie Nachrichten an Seibold übermittelt: per Funk oder Kurier, und welchen Geheimcode haben Sie benutzt?

Wie viele Tonnen Waffen haben Sie nach Guinea geschmuggelt, an wen wurden diese verteilt, und auf wie viele Millionen Dollar beläuft sich der durch Devisenvergehen von Ihnen verursachte Schaden?

Hier sind Papier und Bleistift. Gestehen Sie Ihre Verbrechen, damit Gnade vor Recht ergeht. Wir können auch andere Saiten aufziehen!«

Diesen Satz hatte ich schon einmal gehört.

Nicht vier Tage – vier Jahre verbrachte Adolf Merx im Foltergefängnis Camp Boiro, weil er sich standhaft weigerte, ein Geständnis zu unterschreiben, wonach er in einen Putschversuch portugiesischer Söldner verwickelt war, bei dem ein ost- und ein westdeutscher Diplomat ums Leben kamen. Sein Mithäftling Seibold, Honorarkonsul der BRD und Leiter eines SOS-Kinderdorfs, der weder Nazi noch SS-Mann gewesen war, erlag bald nach seiner Verhaftung den Folterungen mit Elektroschocks. Ein französischer Staatssekretär handelte in Geheimgesprächen mit Sékou Touré die Wiederaufnahme diplomatischer Beziehungen aus und sorgte für Adolf Merx' Freilassung, die daran zu scheitern drohte, dass Merx vor der Ausreise die Rückgabe seines Fahrrads verlangte. Dessen Verbleib ist bis heute ungeklärt.

Jannic Han Biao Eedenen
Bayreuth / Jakarta

Die Blechbläser treten auf den Balkon und spielen das Gralsmotiv, aber ich bin abgelenkt von einer Frau, die Katarina
Barley sein könnte, pastellfarbenes Abendkleid, neben ihr ein
Mann in Smoking und weißen Sneakers, kurz schaut sie mir
ins Gesicht, zögert, geht weiter, vielleicht hielt sie mich für
wen, der ich ganz sicher nicht bin. Durch den Treppenaufgang steigen wir wie gut gekleidete Herdentiere, vorbei am
oberen Parketteingang, vorbei an Loge und Balkon, bis hinauf in die Galerie, wo es sich staut. Ganz vorne ein schwitzen-
der Mann im hellen Leinenanzug, die Kontrolleurin zeigt auf
sein Ticket, dann die Treppe hinunter, dann, mit der flachen
Hand, bedeutet sie verschlungene Wege durchs Festspielhaus.
Er ist am falschen Aufgang, vielleicht sogar auf der falschen
Seite. Resigniert lässt er seine Karte sinken, nickt, schaut zur
Treppe, wo sein Blick hundertfach erwidert wird, er macht
sich schmal, zwängt sich zwischen einem Mann mit schief
sitzender Fliege und einer älteren Frau vorbei, wer weiß, ob
er rechtzeitig hinüberfindet, bevor sie die Türen schließen.
Innen gleichmäßiges Raunen, die Luft ist warm und stickig,

der Boden knarzt, die Stühle auch, alles ist hier aus Holz, das Gebäude ein einziger Klangkörper, endlich finde ich meinen Platz und setze mich, muss aber sofort wieder aufstehen und einen Mann mit runder Drahtgestellbrille und Maschinenhaarschnitt passieren lassen, eine Frau im engen roten Kostüm, das Dekolleté von Spitze eingefasst. Unten schon das dumpfe Schlagen der Türen.

Im Album eine alte Aufnahme von mir, darunter die saubere Handschrift meiner Mutter: Oktober 1990 im Park unterhalb des Festspielhauses. Ich trage Turnschuhe mit Klettverschluss, Jeanshose, Jeansjacke. Ich bin umgeben von Herbstlaub, zerre an einem Ast, der noch lebt, grüne Blätter an seiner Spitze. Irgendwo da oben wird Wolfgang Wagner über den Besetzungsplänen für die nächste Saison gebrütet haben, ich war beschäftigt mit der Vegetation.

Von der Galerie fotografiere ich das Publikum, die meisten Köpfe grau und weiß. Rechts und links ragen Wände in den Saal, die nichts tragen außer runden Lampen an geschwungenen Halterungen, davor der schwarz schimmernde Vorhang. Das Foto schicke ich meinem Vater per WhatsApp. Sofort zwei blaue Haken daran, er ist online, obwohl es in Jakarta früher Morgen sein muss. Toll, schreibt er. Ich war nur draussen mit rad gefahren als ich zur arbeit bin. Dann schicke ich es meiner Mutter per iMessage. Sie schreibt: Was ist das?

Seit fünfundzwanzig Jahren bin ich nicht mehr in Bayreuth gewesen. Wenn ich durch die Straßen gehe, erkenne ich kaum etwas wieder, nur manchmal eine Kreuzung, manchmal einen Straßenzug, plötzlich weiß ich, an dieser Ampel stand ich oft an der Hand meiner Mutter, die Beratungsstelle, in der sie arbeitete, musste hier in der Nähe gewesen sein, oder: hier hatte mein Vater sein Taekwondo-Training, bis ihm jemand während einer Übungskata unvermittelt das Bein wegzog, aus Spaß, mein Vater brach sich die Rippen, oder: der Treppenaufgang an der Luitpoldschule, ich mit Schultüte und Scout-Rucksack, grinste stolz in die Kompaktkamera meiner Mutter, oder: das Mietshaus, in dessen Erdgeschoss wir wohnten, oben saß immer eine alte Frau am Fenster, die Arme auf ein Kissen gestützt, sie begann wütend zu krächzen, wenn man es wagte, das Fahrrad in den Hof zu stellen.

Der Typ neben mir schaltet sein Handy aus, lässt es in die Innentasche seines Jacketts gleiten, ich weiß nicht, wie er es fertigbringt, darunter noch eine Weste zu tragen, im weißen Hemdkragen eine Fliege, die Haare schiffsrumpfartig über die Stirn gegelt. Langsam verglimmen die Leuchter, es wird dunkel, überall Husten, Krächzen, dann die Streicher. Der erste aufsteigende Melodiebogen, das zarte Zurücksinken, kurz darauf die Holzbläser wie eine einheitliche Front, und dann wieder der aufsteigende Melodiebogen vom Anfang, jetzt aber getragen vom gesamten Orchester und höher und lauter und fast gleißend, schon jetzt sich der Transzendenz entgegenschraubend, und – Lärm an der Galerietür. Es scharrt, das Holz knackt, ein Mann ächzt, dumpfes Geraune. Sitzflächen werden hochgeklappt, schlagen gegen die Lehne, Flüstern, Rascheln. Tschuldigung, sagt jemand. Sit here, sit here, jemand anderes. Ah!, macht es, nur halb unterdrückt. Fast ist die Ouvertüre vorüber, als sich hinter mir ein Sitz herunterklappt und ein Körper hineinfällt. Es knarzt noch, sonst scheint es endlich vorüber zu sein, nur ein wütendes Gemurmel, das sich beinahe ortlos im Raum zu halten scheint, ja, es tut mir leid, sagt die Frau hinter mir, der Schiffsrumpf neben mir dreht sich. Schnauze!, zischt er, rückt sich die Fliege zurecht. Frechheit! Unten wieder das Gralsmotiv, es klingt jetzt anders, zaghaft, ermattet und schwach.

In der Innenstadt bleibe ich stehen, bestaune die Fassade, wegen der Wagner überhaupt nach Bayreuth kam, damals eine Ruine, er hatte von einem leer stehenden Operngebäude erfahren, zierlich und überbordend der Barockschmuck, wie hätten hier seine blassen Gralsritter auftreten sollen, sein lebensmüder Tristan, wie hätte hier auch nur eine Walküre reiten können? Deswegen das Festspielhaus am anderen Ende von Bayreuth, schnell erbaut, billig umgesetzt, der provisorische Holzboden liegt bis heute, die Bestuhlung nur einmal erneuert. Ich gehe weiter, erkenne plötzlich die Kreuzung wieder, den Prachtbau hinter mir habe ich damals vermutlich kaum wahrgenommen, die Eisdiele an der Ecke dagegen schon, ich weiß noch genau, wie die Theke damals aussah.

Unverschämt!, schimpft er, als er aufgestanden ist, sich die Fliege zurechtgerückt hat, ein Schweißtropfen rinnt ihm aus dem Schiffsrumpf. Sie wissen doch, wie lange man hier hoch braucht in die Galeere! Hier so spät noch reinzupoltern, mitten in die Ouvertüre! Frechheit! Die Signierstunde, sagt die Frau, einem ältlichen Herrn nachtrippelnd, der sich vor ihr durch die Sitzreihe schiebt, sie sei halt so spät drangekommen bei der Signierstunde. Er schnaubt. Ja, dann müssen Sie halt draußen bleiben! Dass man Sie noch eingelassen hat! Er spuckt beim Sprechen, dreht sich, sieht mich an, damit ich ihm zustimme. Die Frau hat sich inzwischen aus der Tür geschoben, drängt sich in eine Nische, in der sonst die Kontrolleurin steht, wie um sich zu verstecken. Der Mann mustert mich, schaut sich wieder nach der Frau um, findet sie, wirft ihr einen stechenden Blick zu, schüttelt demonstrativ den Kopf. Unverschämt! Und das hier! In Bayreuth!

Unten stehen sie vor den Blumenrabatten und machen Selfies, das Festspielhaus im Rücken. Ich habe Durst und bin etwas hungrig, aber eine Limo kostet acht Euro, das Bier elf, die Brezeln neun, auf der Toilette trinke ich aus dem Wasserhahn. Am Waschbecken neben mir erkenne ich einen, der in meiner Nähe sitzt. Kurz nickt er mir zu, dann lässt er Wasser in seine Handfläche laufen, setzt den Mund hinein. Später steigt er vor mir die Treppe hinauf, die Anzughose spannt um sein Gesäß, in den Knien ist sie ausgeblichen und dünn. Ein Stipendiat, nehme ich an.

Drinnen wieder der Schiffsrumpf, ob man schon die Autogrammkartenjägerin gesichtet habe. Noch nicht, sagt jemand von weiter unten. Oje, macht er, wirft die Hände in die Luft, nicht schon wieder! Man lacht. Dann schließt sich die Galerietür, die Frau nirgends zu sehen, der Schiffsrumpf freut sich, richtet sich die Fliege und steigt über seine Holzlehne hinweg, lässt sich in ihren Sitz fallen, grinst dabei, eine Perlenbehangene grinst zurück, von der Brüstung her ein gereckter Daumen. Das Licht verlischt, das Vorspiel zum zweiten Akt, düster der Bass, dann die Bläser heroisch, aber ich bin nicht bei der Sache, habe die Frau vor Augen, wie sie sich in die Nische zwängt, ihr Gesicht, ängstlich und beschämt. Jetzt der Vorhang, Klingsors Zaubergarten, und ich grüble, weil was wenn die Frau zehn Jahre auf ihre Karten warten musste, zehn Jahre, um ein Mal im Festspielhaus zu sitzen, und zugleich eine glühende Verehrerin von Stephen Gould oder Lise Davidsen oder wer auch immer unten Signierstunde hatte, und sie zu spät zurück auf der Galerie, und so ein feiner Herr mit Fliege macht sie zur Schnecke, dass sie sich nicht mehr in den zweiten Akt traut, ich hätte etwas sagen sollen.

Unter dem Schallplattenspieler meiner Eltern gab es, neben Udo Lindenberg, Tracy Chapman, Stevie Wonder und so weiter, drei LPs mit klassischer Musik: »Die vier Jahreszeiten« von Vivaldi, »Boléro« von Ravel und ein Album von André Rieu, es hieß *Strauß & Co.* Mein erster Musiklehrer roch nach Schnaps, er ließ uns das ganze Jahr über Schlager singen. Und der sticht, sticht, sticht. In der Oberstufe dann eine junge Referendarin, plötzlich die »Winterreise«-Vertonung von Schubert und »Stabat Mater« von Pergolesi, die Sonatenhauptsatzform habe ich nie verstanden.

Es regnet, mit schwingenden Armen geht der Mann über den Parkplatz, bis er mir seinen Bauch zuwendet, hier, sagt er, ich muss seinen Schirm halten, der Griff ist gummiert. Mit der Hand fährt er durch alle Taschen seines Smokings, dann findet er die Fernbedienung in der Hosentasche, die Kofferraumklappe öffnet sich geräuschlos, darin ein Warndreieck, eine Flasche mit Autoglasreiniger, eine in Plastik verpackte Warnweste und ein Aktenkoffer, die Schlösser stehen offen, er muss den Deckel nur anheben. Also »Parsifal«, ja? Er blättert durch die Karten. Ich hab einmal Galeere und einmal Parkett, ziemlich weit vorne, Reihe zwanzig, er schaut mich an, aber Sie sehen mir eher nach Galeere aus, er streckt mir die Karte vor die Brust. Hundertzwanzig, sagt er noch. Auf der Karte steht: vierzig.

Wagners Grab liegt unter Efeu, umstellt von Birken und Buchen, eingehegt von hohen Rhododendronbüschen. Immer wieder kommen Menschen herüber, bleiben stehen, andächtig, nicht alle wirken wie Museumsbesucher, die sich in Wahnfried auch die Originalpartituren ansehen wollen, den Steckbrief, der ihn nach dem Dresdner Maiaufstand ins Exil trieb, oder die Bibliothek, die er dabei zurückließ, verpfändet an Brockhaus, seinen Schwager, für 500 Taler. Darunter auch das meiste Material seiner Quellenstudien, die Balladen von Tannhäuser und seinem Bußgang nach Rom, Wolframs »Parzival«, Gottfrieds »Tristan«. Vielleicht deshalb die große Freiheit, mit der Wagner seine Prosaentwürfe und Textbücher schrieb, er konnte halt nicht mehr nachsehen, musste gucken, was er transportiert bekam, während er mit gefälschten Papieren am schweizerischen Grenzbaum stand.

Mein Vater allein im Wohnzimmer, es ist dunkel, nur der Fernseher schickt flimmerndes Licht in den Raum, der Ton sehr leise, dumpf die Stimme des Journalisten, die Kamera wackelt, das Bildmaterial grobkörnig und grell. Etwas brennt, rennende Menschen, und davor das Gesicht meines Vaters, angestrahlt vom Schirm des Apparats, starr vor Angst, er hatte nicht bemerkt, dass ich in der Tür stand, Pyjama und zerwühltes Haar, und heute weiß ich nicht mehr, wann das war, um was es ging, Hoyerswerda 91 oder Rostock-Lichtenhagen 92 oder Jakarta 98.

Ein Mann in abgetretenen Lederschuhen, schwarzer Anzughose, kurzärmeligem Bürohemd, auf dem Kopf ein Strohhut wie Hermann Hesse. Daneben seine Frau, weiße Bluse, weiße Handtasche, zwei Finger an der dünnen Perlenkette. Er unbeweglich, den Blick starr auf die Grabplatte gerichtet, sie ein wenig unruhig, sie guckt zu ihm, dann wieder aufs Grab, in die Büsche, wo Wagners Hunde liegen, noch einmal zu ihm, wieder aufs Grab, irgendwann auf die rückwärtige Hausfassade, auf den großzügigen Auslucht darin, in dem Wagners Flügel steht, manchmal meint man, einen Ton zu hören, vielleicht hat sich jemand an die Tasten gewagt, bevor die Museumswärter es unterbinden konnten.

Ein junger Typ in Dreiviertelhose und New Balance Sneakern, er verschränkt die Hände vorm Bauch, verharrt ohne jede Regung, dann kommt ihn seine Freundin holen, Birkenstockflipflops, bläulich schimmerndes Top, sie hat genug, schaut nicht mal aufs Grab.

Ein ältlicher Mann, die Glatze glänzt, immer wieder wischt er sich den Schweiß mit einem Stofftaschentuch herunter, quietschend kommt der Rollator seiner Frau neben ihm zu stehen, sie wagt nicht, ihn anzusprechen, zieht aber behutsam an seiner beigen Weste, er soll endlich kommen, nehme ich an, die ausgestellte Andachtshaltung scheint ein eher männliches Fach zu sein.

Später eine Frau im schwarzen Kleid, ein eifrig sabbernder Boxer neben ihr an der Leine, er humpelt kränklich, scheint aber sonst sehr unbeschwert, schnüffelt an einer Bank, pinkelt in den Rhododendron, die Frau sieht sich um, ich stehe abseits zwischen Buchen, bleibe unbemerkt, sie bückt sich, ich sehe es deutlich, ein Ästchen Efeu verschwindet in ihrer Tasche.

Den Siegfried-Anbau hat Wagner selbst nie gesehen, sein schwuler Sohn ließ ihn sich errichten, direkt neben der Wahnfried-Villa, um dort mit Winifred einzuziehen, der 18-jährigen Waise aus England, die seine Mutter ihm besorgt hatte, damit er ein bürgerliches Eheleben vortäuschen und einen Stammhalter hervorbringen konnte. Als Siegfried tot war, schlief dort Adolf Hitler, nur eine Tapetentür trennte sein Schlafzimmer von dem Winifreds, das Badezimmer teilten sie sich. Draußen ein unscheinbares Betondach, von schmalen Säulen getragen, an den Grenzwall des Anwesens geschmiegt, es ist das Teehäuschen, in dem der Führer mit Winifred gemütlich in der Sonne saß, mit Blick auf das Wagnergrab. Ich finde kein Schild, keine Hinweistafel, die das dem Museumsbesucher erklären würde, es gehört zum Arkanwissen der Eingeweihten. Gegenüber bleibt einer stehen, grauer Haarkranz um lichtes Deckhaar, gespanntes Karohemd, einen Finger auf die Überdachung gerichtet, zwei im Promovendenalter dicht neben ihm, sie hören zu, gespannt, sie nicken, Wagnerianernachwuchs. Später umstellen sie einen Glaskasten, Dresden im Mai 1849, Abbildungen von Sempers Barrikaden, ein Gewimmel von bewaffneten Freiwilligen, irgendwo unter ihnen muss Wagner gewesen sein, im Pulverdunst.

Auf Arte eine Dokumentation über Indonesien, Suharto kommt nicht gut weg. Mauerfall, Asienkrise, endlich die Unruhen im Mai 98, die *reformasi*-Transparente, die Demonstrationen, blecherne Megaphonstimmen, ein Mann im weiten Hemd springt auf das Dach eines Militärwagens, dann die Ansprache des Sultans von Yogyakarta, Suharto tritt ab. Es wirkt wie ein fröhliches Demokratiefest, darüber die warme Stimme des Sprechers: Das indonesische Volk nimmt sein Schicksal in die Hand. Von den brennenden Häusern der chinesischen Minderheit, von den Vergewaltigungen, von den Plünderungen, von den Graffiti an den Läden, die verschont werden sollten, *milik pribumi*, einheimisches Eigentum, von all dem: kein Wort.

Bösartig war Wagners Antisemitismus vor allem, wenn er neidisch war, damals, als er noch keinen Zugang zum jugendlichen Bayernkönig hatte, dem er sein Festspielhaus aufschwatzen konnte, als er noch hungrig in Paris saß und furzte vor lauter Kohlsuppe, als die Welt seine Genialität, von der er längst überzeugt war, einfach nicht sehen wollte, weil sie ihre Augen nicht vom begnadeten Giacomo Meyerbeer nahm, dem erfolgreichen Opernkomponisten. Dem Wagner sich in kriecherischen Briefen andiente. Und der ihm einfach kein Geld leihen wollte. Später, als Wagner längst auf dem Grünen Hügel in Bayreuth residierte, hielt er sich zurück, wenn es um seine Sympathie für die erstarkende antisemitische Bewegung ging. Radikaldemokratisch und antikapitalistisch und judenfeindlich war Wagner überall, nur nicht an der Abendkasse.

Im Erdgeschoss des Siegfried-Anbaus schmale, längliche Bildschirme, die schräg aus dem Boden hervorlugen, darauf Schwarz-Weiß-Aufnahmen, gereckte Arme, Runen, Fahnenmeer. Der Nationalsozialismus, doziert eine Stimme, wäre nicht denkbar gewesen, wenn er nicht auf die Wagner-Ideologie hätte zurückgreifen können, der Begriff des Gesamtkunstwerkes habe eine entscheidende Rolle gespielt, dann eine Schnittfolge von Leni Riefenstahl, sie wirkt immer noch, das Flugzeug, das sich nähert, die symmetrischen Massen.

Wahlwerbung für Prabowo Subianto, Suhartos Schwiegersohn. Vier indonesische Popstars, einer in Chucks, Baggypants und Iron-Maiden-Shirt, einer in einfacher Militärjacke und langen Haaren, eine in einem seltsam deplatziert wirkenden Abendkleid, zuletzt Ahmad Dhani, der bekannteste von ihnen, in der Uniform Heinrich Himmlers. Zur Melodie von »We Will Rock You« schwenken sie eine Garuda-Statuette, Indonesiens Nationalsymbol, sie singen: Indonesien erwache.

Ich wohne im Gasthaus Zum Brandenburger, Dusche und Toilette auf dem Gang, an den Wänden ausgeblichene Bilder von Gänsemagd und Fachwerkhaus, das WLAN-Signal ist schwach, aber sobald die Monteure und Lkw-Fahrer einmal abgereist sind, die sonst tagsüber bei geöffneter Zimmertüre auf ihren Betten sitzen, in Unterwäsche auf ihre Handys starren, aufblicken und mir nachsehen, wenn ich zum Frühstück trotte oder mich müde aus der Stadt aufs Zimmer schleppe, sobald ihre Stimmen in den Hof wandern, die Türen ihrer Transporter und Zugmaschinen schlagen, sobald die schweren Motoren anspringen, sich ihre Reifen langsam auf die Straße wälzen, kommt das Internet wieder in Gang. Abends liege ich im Bett, es ist spät, ich sollte schlafen, aber im Browser vierzehn Tabs offen, ich scrolle durch eine indonesische Propagandaschrift aus den 1990ern, die Juden seien schuld an Suhartos Misere, die CIA und die Chinesen, sie steckten hinter der kapitalistischen Maschine, sie zögen die Fäden.

Die Amerikaner hatten tatsächlich ihre Finger im Spiel, allerdings in der vorherigen Revolte, in der Suharto an die Macht kam, nicht in der, die ihn zum Rücktritt zwang. Und es brauchte dafür keine CIA, es war ein einfacher Botschaftsmitarbeiter, der Suhartos Junta mit einer Liste von Namen versorgte. Alsbald füllten sich die Lager, auf Buru und anderswo. Für die Bundesrepublik war Reinhard Gehlen involviert, erst Wehrmachtsoffizier, dann Gründungspräsident des Bundesnachrichtendienstes, sein Nachfolger brüstete sich noch 1968 im Parlamentsausschuss, man habe den indonesischen

Geheimdienst damals effektiv unterstützen können, mit Geld, Gerät und Expertise. Eine halbe Million, verschleppt und ermordet.

Amfortas, ergraut, von Narben gezeichnet, lebensmüde schmiegt er sich in den Sarg, tötet den Sünder mit seiner Qual, verlangt er, aber keiner hört auf ihn. Endlich Parsifal mit dem verloren geglaubten Speer. Amfortas wankt, ist erlöst, Gurnemanz muss ihn stützen, und Parsifal, herrlicher als je, breitet die Arme aus. Enthüllt den Gral, öffnet den Schrein, singt er, wie es in der Partitur steht, aber vom Gral keine Spur, stattdessen legen sie den Speer in den Sarg, jenen Speer, der Jesus zwischen den Rippen steckte. Amfortas löst die Kreuze, die ihm an einer einfachen Schnur um den Hals hingen, gibt sie hinzu, es nähern sich die Übrigen mit einer Buddhastatue, einem Buch, man weiß nicht welches, einer Menora, einer Gebetskette, einem Schal und so weiter. Am Ende verschwinden sie alle im Nebel, der durch die Kirchenruine bricht, von irgendwo ein Chor, zart, verklärt: Höchsten Heiles Wunder, Erlösung dem Erlöser. Die Bühne ein Trümmerfeld, leer und wüst, die Saalbeleuchtung glimmt auf, obwohl das Orchester noch spielt, gemeinsam geben Bläser und Streicher die letzten fragenden Töne ins Auditorium. Der Vorhang offen, er fällt nicht, ratlose Stille, der Saal jetzt hell erleuchtet. Jemand räuspert sich, jemand hustet, erwartungsvoll blicken die Requisiten ins Publikum. Als könnten sich die Menschen dort erheben, schweigend, verzaubert, als lösten sie ihre Diamantstecker aus den Ohrläppchen, als zögen sie ihre Siegelringe von den Fingern, als nähmen sie ihre Knöpfe aus 585er Gold mit Saphireinsatz aus den Manschetten, legten sie andachtsvoll in den Sarg, um Parsifal in den lichten Nebel nachzufolgen. Aber dann brüllt einer. Bravo!

Schlägt seine Hände aufeinander. Bravo!, ein anderer. Nach und nach Applaus, zögerlich erst, bald aber immer sicherer, erleichtert fast.

In Glodok stehen sie noch heute, die ausgebrannten Ruinen, aus den Mauern ragen Lianen zwischen Stromleitungen hervor, die Fassaden sind vergittert. Nur die Front der Glodok Plaza wirkt, als sei nie etwas geschehen, am Eingang ein großes Display, darauf ein höflicher Gruß, *selamat bergabung*, herzlich willkommen.

Ich erinnere mich, wir saßen im Auto, als meine Tante erzählte, das Fenster stand einen Spalt weit geöffnet, zuckend zog der Rauch ihrer Nelkenzigarette hinaus, die Glut nicht mehr zu sehen, ein Turm von Asche darauf. Sie sprach leise, sah dabei zur Ampel, die einsam ihr Licht auf den Asphalt warf, you know, sagte sie, we hid under the bed, when they came, we could hear them in the streets, shouting and crying, and they were looking for us.

Marica Bodrožić
Das befristete Dasein
der Gleichgültigen

Der Rücken hat Augen. Aber das weiß niemand, und so denken alle, dass die Zeit nur nach vorne fließt, dass sie wegfließt und sich nur in der Irisflucht mit dem Raum verbindet. Aber die Farben stellen Fragen. Jede Farbe ist eine Leiter. Die Bäume können beim Nachdenken helfen. Ihre Wipfel sind mit dem Rücken verbunden, verwoben mit dem allumfassend Schauenden, in dem die Farben eingeschmolzen auf unser Verstehen warten. Manchmal liegt im Park ein Mann unter einem Baum, wenn ich durch die Stadt gehe, um mir die Menschen anzusehen, entdecke ich ihn. Er blickt zum Himmel, und die Wolken schauen wissend zurück, weil sie ihn kennen. Ich aber muss erst nachdenken. Habe ich ihn hier schon einmal gesehen? Hat er gerade seine Wohnung verloren oder einen neuen Blick gewonnen? Ich weiß es nicht, aber ich könnte ihn etwas fragen, mit ihm ins Gespräch kommen und sehen, ob wir die gleiche Sprache verstehen oder wie viele Sprachen uns möglich machen. Ich kann auch vollkommen still an Mann und Baum vorbeigehen, ohne von ihnen Notiz zu nehmen. Was geht es mich an, das Schicksal und der flimmernd blaue Himmel?

Das blaue Farbzelt ist Kulisse auch für meine selbsttätigen Pfingstträume, denen sich meine Füße angeschlossen haben, deren merkwürdige Verformung mit den Jahren zunimmt, ohne mich zu fragen. Aber die Füße sind zuerst im Stand des Wissens gewesen und haben versucht zu berichten. Fest der Ernte, Fest der Früchte, ich weiß jetzt, dass eure Festlichkeit den Urgrund bildete für das, was später die weiße Taube in meiner Gedankenwelt möglich machen sollte. Ich habe die Ernte schon kennengelernt, deswegen weiß ich, dass sie das erste Bild für alle Verheißung ist. Doch bloß nur vom Magen kommenden Hunger habe ich keinen. Ich bin rücklings verwandt mit der Jakobsleiter, mit einem Sehen ausgestattet, das mir nicht mehr erlaubt wegzusehen. Jetzt, da der heilige Tod auf das Ganze aufmerksam macht und so auch sagt, dass wir sterblich sind, ist es nicht mehr pathetisch auszusprechen, dass ich das Leben liebe. Ein Leben, das im Tod sichtbar wird, erhebt Anspruch auf klare Gleichungen. Nur sprechen die Gleichungen mit ihren klaren Farbflügeln zu sehr unterschiedlichen Menschen. Hier und dort gibt es Leute, die versuchen sogar in diesen Zeiten, einen Baum in einen Reisekoffer zu stecken, und den Koffer wollen sie mit nach Hause nehmen und ihn in den Keller stellen, ihn irgendwo abstellen, um ihn ihr Eigentum zu nennen. Besitz ist verführerisch. Wir nennen ihn Normalität. Die Farben rücken in den Hintergrund, scheinbar verlernen sie dann das Atmen. Es gibt Menschen, die plötzlich in dieser abgedunkelten Lungenlage behaupten, dass Pferde immer jemandem gehören. Ich habe diesen Satz kürzlich tatsächlich gelesen und möchte nicht verschweigen, dass er mich geohrfeigt hat. Und ich habe mich nach dieser Ohrfeige gefragt, wie man bloß auf so etwas kommen kann. Vielleicht weil es schon eine ganze Weile Menschen gibt, die ein Pferd tatsächlich noch nie gesehen haben, weder mit dem

Rücken noch mit der Iris, und es mit den Fingerkuppen ja vielleicht auch nie berührt haben. Die Fingerkuppen sind ein einziger im Himmelsgleichklang atmender Engelsaugenverschlag. Lasst sie uns lesen. Diese Flügel verlangen nach dem neuen Alphabet. Manchmal halte ich sie aber kaum aus und muss die Augen schließen, um sie zu sehen.

Doch zurück zu den Pferden. Es gab eine Zeit, in der sie ihr Jahrhundert der weichen Blicke mit uns teilten, es war jene wildschöne Zeit, in der sie sich selbst gehörten und auch die Augen von Marilyn Monroe sie sehen konnten, die voller Erstaunen waren über diese Mähnen, über dieses Fell, über diese Erhabenheit – auch mich brachten sie um den Verstand, sodass ich auf meinen städtischen Erkundungen am liebsten die Bäume an ihrer Stelle umarmt hätte. Jetzt ist schon lange eine andere Zeit, ein Jahrhundert ohne die Liebe der Pferde waltet im Stillen. Und Menschen denken in Filmen und im Leben, sie könnten tatsächlich folgenlos den Gedanken denken, dass Pferde doch immer jemandem gehören. Ein anderer Satz, der mir ebenso zusetzt, hat etwas mit Amseln zu tun. Er ist giftiger, als die Ohrfeige es war. Ich habe diesen giftigen Satz nicht vergessen können, weil das Gift versucht hat, meine Sprache anzugreifen. Ich konnte aber, weil ich zum Glück noch schnell genug war, ein Gespür für die Vögel zu entwickeln, einer Vergiftung meiner Worte und den Atempausen zwischen ihnen zuvorkommen. »Amseln lügen.« So geht der Satz, von dem ich hier berichte. Ein Mensch, der in den Amseln lügende Wesen wittert, der hat vielleicht schon alles verloren, was man als Mensch überhaupt haben kann, es ist ja wenig, was die Natur einem zuweist, und das wenige ist so beschaffen, dass es Anteil hat am Stern der Erlösung. Dem Mann, der auf dem Boden einer Bank liegt und über den alle hinweggehen, um sich ihr Geld für was auch immer nach Feierabend abzuheben, kann ich das nicht erzählen, er ist nicht mehr mit Augen und Sprache hier. Ich habe davon gelesen, dass der Mann da stundenlang hilflos auf dem Rücken lag, und die Augen seines Rückens konnten nur zur Kälte des Bodens, ein Steinboden war es, Kontakt aufnehmen. Die erkaltete Iris der Geldabhebenden war nur mit der eigenen Angst beschäftigt. Es hieß zur Rechtfertigung, der Mann habe den Eindruck eines Betrunkenen gemacht, und man habe befürchtet, von ihm überfallen zu werden. Da hat der Mann noch gelebt, und vielleicht hat er versucht, sich zu drehen, um zu sehen, ob ihm jemand helfen, ihn aufstützen, zum Arzt bringen oder wenigstens einen Rettungswagen rufen würde. Aber das kann niemand mehr im Einzelnen erfahren, und die Augen der Verheißung sprechen nicht in der äußeren Sprache des Lebens.

Was wir wissen, ist dies: Der Boden einer Bank ist kalt; ein Mensch braucht Wärme; das isolierte Ich im Angstsingular ist ein effizientes Messer. Franz Rosenzweig sagt etwas über die Liebe, die stärker ist als dieses Messer. Ich will so leben, wie er denkt. Er sagt, die Liebe mache die Welt zur beseelten, nicht eigentlich durch das, was sie tue, sondern weil sie es aus Liebe tue. Und wenn einer gar nichts tut, schläft dann die Liebe, oder was macht sie sonst noch alles, oder ist sie tot, weil Totsein ja Nichtlieben ist? Das befristete Dasein der Gleichgültigen, mein Innenbild, wird es einmal zum Tragen kommen? Wann? Der Hinweis aus dem Innenland: Wenn du nicht helfen willst, leg dich einen Moment lang wenigstens in Gedanken dazu und zähle die Geldscheine im Kopf, helfen sie dir beim Leben? Ich weiß, die Augen, die in uns zum Blicken kommen, müssen durch die innere Zeit reisen. Wie schade und schaurig und erschütternd, dass das Erwachen nicht schneller geht, als es geht. Aber nichts lässt sich abkürzen, jedenfalls nicht, solange die Uhren von außen ticken, die Zeit abarbeiten und wir die Einladung nicht annehmen, diesen trüben dumpfen Ablauf der Zeit zu durchbrechen, und diese Setzung nicht einmal bei einem sterbenden Menschen erleben können. Ist es jetzt sichtbar geworden, das befristete Dasein der Gleichgültigen?

Nach dem Jahrhundert der Wölfe kam dieses leere Jahrhundert der Gleichgültigen, und nun sind wir alle umstandslos in dieser einen und weit verfugten Zeit erwacht. Wir haben vielleicht Roten Klee zu Hause und eine Zimmerlinde und ein Bett und einen Tisch und schon die ganze Zeit auch ein Schicksal, das uns liest, weil wir sein Buch sind, Seite für Seite, offenbarte Buchstabenküste. Aber wir haben uns, der in der Bank auf dem Boden verstorbene Mann hat es uns mit seinem Tod erzählt, die Zeit in unserer Gemütlichkeitszone eingeteilt, gedacht, dass auch sie uns gehört wie die Pferde, deren inneren Tod und das verdunkelte Leben ihrer Wildheit wir in Kauf genommen haben, wie wir alles in Kauf genommen haben, wie wir alles in Kauf nehmen, weil wir denken, dass uns alles gehört, dass wir alles kaufen, haben, archivieren können. Doch die inneren Lebensstunden wehren sich. Es ist die Zeit der Zeit, die sich aufbäumt. Jetzt, da wir plötzlich in diesem wild ausschlagenden Jahr eine Zeitenwende erleben, will das Schicksal nicht von uns ablassen, es will eine neue Rechnung aufstellen, neue mathematische Gleichungen in den Raum geben. Getümmel, Getümmel, im Tal der Entscheidung. Und auch der Raum sagt, jetzt ist es meine Zeit, die Überzeit kommt zum Tragen. Ich gebe mich nicht mehr her, Zeit, die ich bin, muss neu wachsen. Die Sonne hat auch schon neue Augen bekommen.

Ich habe aber mit dem Spiel aus meiner Kindheit lange noch vor dem Umbruch aufgehört. Die Sonne ist jetzt sehr stark, weil die Flugzeuge ihr die Sicht nicht mehr verdecken. Natürlich sehe ich jetzt erst recht nicht mehr direkt in die Sonne, wie ich es in der Zeit der kleinen Jahre stundenlang auf dem Stall tat, in dem das großäugige Pferd wohnte, das sich meiner annahm, als alle Menschen, zu denen das Fatum mich auf die Erde geschickt hatte, der Himmel weiß wohin entrückt waren und die Tiere das in meinem inneren Leben vollendeten, was die Menschen mir entzogen. Die Tiere nahmen Anteil, und ich spürte es schon an ihrem Atem, der eine sonderbare Brücke zu mir und meiner Zuversicht baute, dass sie noch Hoffnung hatten, an uns glaubten, dass sie denken konnten, dass in ihrem Atem und Blick noch etwas übrig war vom alten Zusammenhang. Nun schaue ich Jahrzehnte später auf diesen Zusammenhang zurück, während die Farben sich reinigen und die Tiefe der Dinge nachwächst, und die Tiere wohnen darin in der Mitte und haben, unserer auf sie gerichteten Wut zum Trotz, noch immer die Hoffnung nicht verloren, und sie selbst können sich noch daran erinnern, dass sie niemandem gehören.

Manchmal denke ich, die Tiere machen einfach alles mit, was wir von ihnen verlangen, damit der Wille, sie zu beherrschen, an ein Ende kommt, sich ausschöpft und wir sie in Ruhe liegen und leben lassen auf dem Planeten, der auch ihnen gehört. Einmal erschien in meiner Innenwelt das Bild dafür, und ich sah hinter einer Rauchsäule, dass ein unermesslich großes, hoch angelegtes Gitter Menschen und Tiere voneinander trennte. Ich nahm gleich an, dass wir alle Tiere dieser Welt hinter Gitter gesteckt hatten, und sah mich in allem bestätigt, was ich bisher über ihr Schicksal in Erfahrung gebracht hatte. Aber irgendetwas an der Art, wie das Gitter angebracht war, beschäftigte mich, es war fein gewoben, sodass nicht einmal die Hand eines kleinen Kindes, ja nicht einmal ein Kleinkindfinger durchgepasst hätte, und aus irgendwelchen Gründen beunruhigte mich das zutiefst und mehr, als das Gitter selbst es tat.

Ich ging ein paar Schritte, atmete durch und trat dann von innen zu dem Bild in Kontakt und bat es um Hilfe. Es kam leider keinerlei Erläuterung. Aber dann, eines Tages, als die Welt der Welt in die Innenwelt fiel, trat das Ausmaß der Einzäunung so stechend klar zutage, dass ich in den ersten Stunden in eine Verweigerungshaltung ging und von dem Gitterzaun keinerlei Mitteilung empfangen wollte. Das Bild blieb davon unberührt, und beharrlich sagte es, einmal um Hilfe gebeten, habe es keinen Grund mehr zu schweigen. Ich musste also das Sehen doch noch auf mich nehmen. Und so wuchs das Vermögen meiner Iris, die mir schließlich eines Tages eine Vergrößerung des Bildes in Farbe zeigte. Ich sah, dass die Tiere am Rand des Gitters standen und nicht sie, sondern wir Menschen umzäunt waren. Sofort fiel mir der Mann in der Bank wieder ein, der gestorben war, während die Leute nach Feierabend ihr Geld abhoben und danach etwas zu Abend aßen und Freunde trafen und eine amerikanische Serie schauten. Ich selbst durfte also bei alledem zusehen und war anfangs im Bild weder bei den Tieren noch bei den Menschen zu finden. Ich sah zu meinem eigenen Erstaunen, wie ein Vogel sieht. Unter mir verwob sich die Welt der magnetischen Linien, und wie die Zugvögel die Erde spüren, die dem Menschen zum aufrechten Gang verholfen hatte, spürte ich, wie ausnahmslos alle Menschen miteinander verbunden waren. Die Vertikale sah gleichsam mit Bewusstsein zu mir zurück, ich war ein Kompass, ein Magnetfeld, ein Auge und ein Mensch zur gleichen Zeit. Die Vertikale sagte, jetzt fange das andere Denken an, jenes, das selbst denkt und sich nicht ablenken lässt von den äußeren Sonden der Sprache. Ich nahm das hin, weil ich das Innere liebe. Das Sehvermögen der Tiere strahlte über das umgitterte Feld hinaus, in dem die Menschen sich in Freiheit wähnten. Die Tiere sahen uns und den Himmel darüber und den Wind darin, ihre Augen waren wie die Töchter Jerusalems. Die Menschen hingegen sahen aber noch nicht einmal die Umzäunung, die ihr Leben bestimmte. Dabei war die Sonne so hell wie noch nie. Meine alte Sehnsucht nach einer Vereinigung von Zeit- und Raumgenossenschaft war so stark, dass ich die Augen schließen und nach innen sehen musste. Als ich wieder bereit war, Mensch und Tier zu betrachten, war das offenbarte Bild verschwunden. Die Vögel flogen kundig vorbei wie schon seit Jahrhunderten. Meine Ohren hatten sich in der Zwischenzeit auf eine Art geweitet, dass der Sinn des Tons mir hörbar wurde. Auch mein Gleichgewichtssinn hatte sich neu justiert, und ich verstand, dass das in den anderen Menschen etwas auslösen und sich alles Spätere meiner Kontrolle entziehen würde. Wenigstens konnte ich barfuß zurück in die Menge, die sich als Menschheit über Hügel, Täler und städtische Straßen bewegte und dachte, ihr gehöre alles und für immer. Dabei tat es jetzt weh zu fühlen, wie fern sich die Menschen auch bei allernächster Nähe waren.

Anfangs hatte ich noch gedacht, etwas aus dem erlebten Bildbereich zur Sprache und so auch ins Denken der Menschen zu bringen, es zu ihnen wie den allerkleinsten Vogel in der Hand hinzutragen. Aber nun wusste ich, dass Dauer und Ablauf der Erfahrungen nicht abzukürzen waren. Die Innenwelt versuchte jetzt, da alle auf ihre Wohnungen zurückgeworfen waren, als Pantherzeit aus Rilkes Gedicht zu den Leuten zu sprechen. Aber selbst die Toten in Europas Süden ließen erst einmal niemanden aufhorchen. Die Bankomaten, die Geschäfte, die Kaffeehäuser, alles war wichtiger als jener Bildbereich, der in seiner Wahrheit etwas zu erzählen und zur Veränderung beizutragen hatte. Ich selbst war so mit meinen schlaflosen Nächten beschäftigt, dass ich erst gar nicht bemerkte, wie sich das Gitter im Bildbereich, zu dem ich hin und wieder auch untertags Kontakt aufnehmen durfte, nach allen Seiten hin verstärkte. Das Schicksal webte an einem neuen Norden. Es war die Kompassarbeit der Not, die das mit sich brachte, was der Norden immer macht – die Richtung, die Himmelsrichtung vorgeben, von der alle anderen abhängen. Ich fing eines nachts an, mich leidenschaftlich für das Wort Kompass zu interessieren, und fand heraus, dass es vom italienischen *compasso*, Zirkel, Magnetnadel, kam. Nun ging es innerhalb der vergitterten Welt um die Schifffahrt der Seele. Ich war bereit, alles zu lernen. Im Bildbereich ergaben sich ein paar kleinere Veränderungen, denen ich folgsam nachspürte, aber wie einst auf dem offenen Meer war auch die Sonne von Bedeutung, die Sterne, die Landmarken, die Strömungen, der Wellengang und die Wassertiefe spielten wieder eine wichtige Rolle. Die nautische Praxis des Bewusstseins war den Tieren überhaupt nicht neu. Mich versetzte dieses mit Alphabeten, Sternenwelten und Venuslichtern durchsetzte Element des Denkens in großes Staunen. Ich las Rilkes Panthergedicht viele Male, und als das befristete Dasein der Gleichgültigen sich als wahrhaft befristet erwies, fing ich an, für die Toten zu beten. Die Erinnerungsbäume waren mit kleinen Zettelchen bestückt, auf dem Papier trafen Gebete anderer auf die Äste und Blätter des aufgrünenden Frühlings. Ich konnte wieder atmen. Hinter und vor dem Gitter tauschten sich die Machtverhältnisse aus. Meine Zeit, meine Welt, vergiss die Vögel und die Bäume nicht, sie sind hingestrecktes Sonnenleben, es vermittelt. Dennoch, einige wehren sich, wie so oft werden auch jetzt wieder Schuldige gesucht. Wer hat wieder unsere Brunnen vergiftet? Als die Pest im Mittelalter ausbrach, brauchte man und fand die Hauptschuldigen für den Schwarzen Tod. Die Töchter Jerusalems leben aber noch immer im Hohelied der Liebe, die uns allen gehört. Und sind wir jetzt weiter nach den üblichen Anklagen in uns gereist, sind wir nautisch bewanderter? Das Hohelied kann selbst denken. Muss aber angesprochen werden. Was haben die Moose, die Algen, die Sümpfe, die Gletscherbildungen, die ältesten Gesteinsschichten der Welt, das Nordlicht, das Pawel Florenski in sibirischer Gefangenschaft erlebte, mit mir heute zu tun? Ist das, was geschieht und was einst geschah, von mir getrennt? Die nautische Wirkweise der Handlungen und Gedanken spricht dagegen. Das Wasser ist das Element der Reise.

Ich reise ins dunkle Herz des Lebens und sehe, die Gleichgültigen sind ursprünglich, wie das Wort selbst, etwas anderes gewesen. Sie waren anders gemeint. Gleich und gültig hieß: Etwas besaß die gleiche Gültigkeit. Es war genauso gültig wie das andere. Jetzt ist die ursprüngliche Bedeutung, in der unser Respekt vor der gleichen Gültigkeit des anderen anklingt, in ihr Gegenteil gekippt. Respekt reicht eben nicht. Es bedarf anderer Tiefen. Gültig ist uns zudem bloß nur unser Bedürfnis, zu unserem Ziel zu gelangen, Singularreisender zu sein, um jeden Preis. Ob der andere auf dem Boden einer Bank dabei stirbt oder nicht, das ist uns gleich, wir nehmen es hin. So wie wir alles hinnehmen, bis der Bildbereich uns zwingt, die Umzäunung zu sehen, in der wir leben. So betrachtet war also der Mann, der auf dem Boden jener Bank starb, gesund, und die, die über ihn hinweggingen, müssen allem Anschein nach mehr als bloß krank gewesen sein. Oder ist das eine und das andere schon so weit vergangen, dass wir es vergessen können, dass wir sagen müssen, es hat überhaupt nichts mehr mit uns zu tun, und wir müssen es nicht mehr durchdenken? Vielleicht ist das, was Pawel Florenski darüber schrieb, überzeitlich wahr, und das Vielleicht und die Frage sind zu streichen. «Das Vergangene ist nicht vergangen, es bleibt ewig irgendwo erhalten, es fährt fort, wirklich zu sein und zu wirken.« Mit Blick auf Eis und Algen schrieb er das. In sibirischer Gefangenschaft, während andere Dichter in Europas Welthauptstadt Paris davon träumten, die kommunistische Idee welthaltig zu machen. Pawel Florenski wurde, während diese Dichter mit ihrem geduldigen Papier lebten, nach jahrelanger Gefangenschaft in Sibirien eines Morgens erschossen. Die Grenzen, von denen er in einem Brief aus der Gefangenschaft an seine Familie schrieb, verschwimmen auch heute noch und schlagen Schneisen im Bewusstsein, umfloren meine Gedanken: «Nur in Büchern scheinen die Grenzen der Persönlichkeit deutlich gezogen, in Wirklichkeit ist alles und sind alle so eng verflochten, dass es nur eine annähernde Trennung mit kontinuierlichen Übergängen von einem Teil des Ganzen zu einem anderen Teil des Ganzen gibt.« Die Zeit selbst ist jetzt wassergleich aufgesprenkelt in viele Teile. Die Tiere haben ihre heilige Art, sie ganz zu sehen, diese Versprenkelungen. In uns öffnen sich Tore, und der Raum spricht mit nachdrücklicher Sanftmut zu der Zeit. Der Raum weiß, dass unsere unzureichend ausgebildete Fähigkeit zur Nähe die Folge bewusst ausgelassener Verbindungen ist. Die Zeit hat viele Arme, sie breitet sie aus in der Nacht, wenn wir schlafen, können wir sie spüren und zulassen und wissen, auch das Fellrot der Füchse in den frühen Morgenstunden versucht, uns zu wecken und zu vermitteln, von Zeit und Raum das wirkliche Reisen zu erlernen. Wir brauchen immer unendlich lange, um aus den Träumen Sätze zu pflücken, ich weiß das allzu gut, es ist mir selbst immer so ergangen, wenn die Nachtbilder mit mir ihre Bücher teilten.

Nun aber sind Tote zu beklagen. Nun sprechen die Erinnerungsbäume. Nun ist es Zeit, dass Zeit ist und Erinnerungsbäume auch in der Stadt gepflanzt werden. Die Vögel werden kommen und Andacht halten und zeigen, dass sie nicht lügen können, wie wir lügen – so zielgerichtet und kalt und klar. Nun sehen wir auch das Seelenschiff, mit dem die Toten ins Jenseits gelangen. Es ist das Schiff auf den Gewässern, die wir unser Leben nennen. Es ist hier und dort, das Schiff, das die Fracht übergibt an den Ort des Ursprungs, wo alle Bilder leben. Das hat mit den Bäumen zu tun. Die Wipfel wissen alles. Es sind auch Pferde auf dem Schiff, eine Wortwaage und eine allerkleinste Blume reisen mit. Ich sehe, dass viele Menschen sich vor der Blume verbeugen. Manche, die meisten eigentlich, schauen aber nur zum Mast hinauf, der Wind weht, die Blume bleibt ungesehen. Einige, die nahe Menschen an den Totenfluss Styx verloren und das Leiden, vor dem alle sich fürchten, überstanden haben, legen sich auf den Rücken und lassen die Wurzeln der Bäume mit den Wirbelsäulenaugen sprechen. Dabei wird nichts mit Worten gesagt. Das Gesagte wäre jetzt nicht das Empfundene. Die stellen wieder einmal keine Forderungen, sie treten mit großen Augen in den umzäunten Bereich, in dem der Mensch seine Gefangenschaft für Freiheit hält. Und sie legen ihre warmen Köpfe in die Hände all jener, die ihnen begegnen und die bereit sind, von der kleinen Blume zu lernen. Wie sehen diese Hände aus, die sich so öffnen? Die Fingerkuppen wissen alles über uns, diese mitwachsenden Bücher, die mich nun schon fast fünfzig Jahre auf dieser Erde in Tiefe und Höhe und Weite und Nähe fortwährend erstaunen. Es ist Juni. Die Linden blühen. Du musst dein Leben ändern. Die Mauersegler fliegen dir voraus.

Jochen Schimmang
Heimkehr eines
Badegastes

Zuerst wirst du die Tür hinter dir zuziehen und bei der Etagennachbarin wie immer den Zweitschlüssel abgeben, damit sie deine Balkonpflanzen gießt und deinen Briefkasten leert. Du wirst ihr sagen, dass du dich auf eine etwa einwöchige Reise an die Küste begibst und ihr selbstverständlich wie schon zweimal vorher die besten belgischen Pralinen mitbringen wirst. Deine Etagennachbarin ist Ende dreißig und arbeitet bei einer Bank, in einer Position, die du für dich »die obere mittlere Ebene« nennst. Ihr kennt euch, seit sie vor acht Jahren hier eingezogen ist und du sie in den ersten Tagen mit Kaffee und anderen Lebensnotwendigkeiten versorgt hast. Sie ist rot gelockt und hat blassblaue Augen. Es wundert dich, dass du dir ihre Augenfarbe gleich am ersten Tag merken konntest, während du bei manchen Menschen, mit denen du viel enger verkehrst oder verkehrt hast, noch heute manchmal unsicher bist. Deine Etagennachbarin lächelt dich wie immer freundlich an, wobei das Lächeln für einen Moment auch ihre blassblauen Augen leuchten lässt, und wünscht dir eine gute Reise. Es macht ihr Freude, freundlich zu sein, weil sie auf ihrer Arbeit nicht immer Gelegenheit dazu hat. Soweit du weißt, arbeitet sie im Privatkundengeschäft in der Leitung der Kreditabteilung.

Den Weg zum Hauptbahnhof wirst du mit der S-Bahn machen (eine Station), obwohl du an diesem schönen Spätsommertag auch zu Fuß gehen könntest, gleichsam über die Hinterhöfe und den Eigelstein. Aber du magst nicht deinen Trolley mit dem leichten Gepäck in den dir vertrauten Straßen hinter dir herziehen, weil du dieses Angebergeräusch hasst. Also siehst du von der Hochbahn aus, gleich an der Tür stehen bleibend, noch einmal die vertraute Kurzstrecke, während du zum wiederholten Mal dein Online-Ticket mit den Reservierungen überprüfst, obwohl du die Verbindung und die Wagen- und Sitzplatznummern längst gespeichert hast. Eine Marotte, die sich abzugewöhnen nicht mehr lohnt.

Du wirst langsam die Treppe zu Gleis sechs hochsteigen, den Trolley nicht ausgefahren, sondern am kurzen Griff in der rechten Hand, und wirst oben auf die nächste Anzeigetafel zugehen. Die Aufforderung »Bitte beachten Sie die geänderte Wagenfolge« wird dich nicht überraschen; überrascht hätte dich ihr Fehlen. Es freut dich, dass der ICE schon bereitgestellt ist und du sofort deinen Platz in der ersten Klasse okkupieren kannst. Bis zur Abfahrt des Zuges sind es noch knapp zehn Minuten, und du hoffst, dass die DB Fernverkehr AG sich an ihren Plan hält.

Dann wirst du aufatmen, als der Zug sich in Bewegung setzt, deine Ohren mit dem hervorragenden Silikonprodukt der Firma *WellNoise* verstöpseln und dem Trolley das einzige Buch entnehmen, das du mit dir führst. Es handelt von einem Mann, der in Köln einen Zug besteigt, um nach Ostende zu fahren, und nach 170 Seiten auch dort ankommt. Du weißt, dass du das Buch bei deiner eigenen Ankunft in dreieinhalb Stunden nicht zu Ende gelesen haben wirst. Du hast es schon seit jeher gehasst, wenn andere sagten, sie hätten ein Buch »verschlungen«. Als sei das Lesen ein Fressakt, ein kannibalischer womöglich. Du erinnerst dich, dass es einmal sogar das Ende einer Freundschaft bedeutete, als jemand diese Wendung dir gegenüber benutzte und das Widerliche daran nicht einsehen wollte. Du wirst in dem Buch, das du gut kennst, hier und da einzelne Passagen lesen und immer wieder aufblicken, zum Beispiel jetzt, als der ICE durch den Bahnhof von Horrem rast und an den dort auf einen anderen Zug Wartenden vorbeiwischt, kleine Figuren wie aus einem Modellbaukasten für Spielzeugeisenbahnhöfe.

Dann wird der Zug das erste Mal halten, im Aachener Hauptbahnhof. Zwei neue Fahrgäste werden in deinen Großraumwagen einsteigen und ihre reservierten Plätze einnehmen. Sie werden dich nicht behelligen, sondern ihre Laptops aufklappen, sobald sie sich eingerichtet haben. Du wirst, als der Zug fünf Minuten später wieder anfährt, an den Aachener Buchhändler denken, mit dem du bis zu seinem überraschenden Tod öfter zu tun hattest. Hager, immer in Schwarz, strenger Blick, ein Hohepriester der Literatur. Obwohl das Jahrzehnte zurückliegt – der Buchhändler ist nicht älter als fünfzig geworden –, gehört er zu den Toten, mit denen du dich ab und zu noch immer reden hörst. Während der Zug Fahrt aufnimmt, memorierst du die Liste der Toten, auf die dasselbe zutrifft, wobei du jeweils deine eigene Stimme und die andere gleichermaßen klar vernimmst. Ihr sprecht also wirklich miteinander, das bildest du dir nicht ein. Du hörst wahrhaftig Stimmen, aber es macht dir keine Angst. Du weißt, dass die Stimmen verschwinden werden, wenn das Gespräch beendet ist. Die Liste der Toten, mit denen du auf diese Weise verkehrst, beginnt mit deinem Vater und umfasst ausschließlich Männer, weil die Frauen, die du näher gekannt hast, alle noch leben oder aber, wenn sie verschwunden sind, ihre Stimme nicht hinterlassen haben.

Auf der Strecke von Aachen nach Liège wirst du die Augen nicht von dem mitgeführten Buch heben, damit keine Wehmut aufsteigt. Früher stellte sich auf dieser Strecke das »historische Gefühl« ein, wie du es für dich genannt hast, wenn der Zug sich durch die engen Täler mit den Trümmern und Schrotthaufen vergangener Zeiten quälte, vorbei an den blinden oder zerschlagenen Fenstern toter Fabriken, die vielleicht noch immer träumten von der großen Vergangenheit, und unausweichlich hob bei diesem Anblick eine Stimme an, weder deine eigene noch eine dir bekannte, und begann die Litanei von den Menschen, die ihre eigene Geschichte machen, aber nicht aus freien Stücken, sondern unter unmittelbar vorhandenen, gegebenen und überlieferten Umständen, denn »Die Tradition aller todten Geschlechter lastet wie ein Alp auf dem Gehirne der Lebenden«, sagte die Stimme und verstummte dann.

Doch bei dieser Fahrt wird die Stimme stumm bleiben, denn auf der neuen Trasse folgt nach der Hammerbrücke kurz hinter der Grenze bis nach Soumagne ein Tunnel auf den anderen, so wie früher oberirdisch ein Viadukt auf den anderen. Der Blick auf die bizarre Fels- und Trümmerlandschaft von oben ist durch den nur jeweils kurz unterbrochenen Tunnelblick ersetzt worden, die Geschichte durch ein System von Röhren. Also wirst du die Augen entweder geschlossen halten oder sie auf die Seiten des Buchs richten und vielleicht lesen: »Der Zug rollte durch den dunklen Abend nach Westen; ich saß alleine auf der grünen, schmalen Polsterbank eines belgischen Abteils«, während du selbst im Ersteklassepolster eines deutschen ICEs sitzt, von dem Buch aufblickst und beobachtest, wie einer der beiden neuen Fahrgäste im Abteil mit einer sehr entschlossenen Geste seinen Laptop zuklappt.

Bei Chênée wird der Zug wieder auf die alte Trasse wechseln, und du weißt, dass er nun gleich in Liège einfahren wird. Du hast dich immer geweigert, die Stadt mit dem deutschen Namen Lüttich zu benennen, seitdem du sie das erste Mal besucht hast, geschweige denn mit dem flämischen Luik, denn für dich ist sie die französischste Stadt des Landes. Früher ist die Stadt der Zielort deiner kleinen Fluchten gewesen, bis du den anderen entdeckt hast, zu dem du jetzt unterwegs bist. Du hast die Stadt immer bewundert wegen ihres ungeheuren Überlebenswillens nach dem Niedergang der schweren Industrie, dieser nicht zu erstickenden Lebensfreude, und vielleicht bist du vor allem deshalb immer wieder hierhergekommen, um dir ein bisschen von dieser Vitalität zu leihen.

Du wirst, während der Zug sich dem Bahnhof Liège-Guillemins nähert, einen Augenblick lang versucht sein, die Fahrt hier zu unterbrechen. Sobald aber der Zug in den Bahnhof einfährt, wirst du davon Abstand nehmen, weil es nichts mehr gibt, an das du anknüpfen könntest. Der neue Bahnhof aus Stahl, Glas und weißem Beton mit seinem geschwungen Dach, den du zum ersten Mal siehst, hat nichts mehr von jener Schmuddeligkeit und gleichwohl fröhlichen Tristesse von früher, die nur noch – wie lange noch – gegenüber zu finden ist, dort, wo das alte Stadtviertel beginnt.

Zudem wird sich hier auf deiner Höhe jenseits des Ganges ein neuer Fahrgast in einem ungewohnt hellen Anzug niederlassen, der, nachdem er sich eingerichtet hat, keineswegs seinen Laptop aufklappen, sondern einer eleganten Aktenmappe aus Schweins- oder Rindsleder ein Gallimard folio mit dem Titel *La Verité sur Bébé Donge* von Georges Simenon entnehmen und zu lesen beginnen wird. Du wirst sofort wissen, dass dieser Mann in Bruxelles-Nord aussteigen und in einem der europäischen Häuser verschwinden wird, um hinter Glas und Stahl seiner europäischen Arbeit nachzugehen. Abends nach Dienstschluss wird er nach Liège zurückfahren, wie jeden oder fast jeden Werktag. Auf seinen Pendlerfahrten, stellst du dir vor, liest er nach und nach das Werk des größten Sohns seiner Heimatstadt. Nicht die göttliche und nicht die menschliche Komödie, sondern die bürgerliche Tragödie des 20. Jahrhunderts.

Er hat allerdings kaum vierzig Minuten Zeit für seine Lektüre, dann wird allgemein Bewegung in den Wagen kommen, der Geräuschpegel steigt, ein Reden, ein Nicken, ein Armrecken, ein Aufgähnen, ein Einpacken; Laptops werden verstaut und Reißverschlüsse geschlossen, die Herren und Damen erheben sich nach und nach und betreten den Gang, nur dein Nachbar auf der anderen Seite des Ganges verpackt die Wahrheit über Bébé Donge, natürlich eine Tragödie, erst im allerletzten Moment in seiner schweins- oder rindsledernden Tasche und erhebt sich als Letzter. Du kannst den Wunsch nicht unterdrücken, ihm zum Abschied freundlich zuzunicken und kurz die Hand zu heben, und ohne sichtbare Überraschung nickt und winkt er zurück.

Du wirst, kaum dass die Brigade der Europaarbeiter das Abteil verlassen hat, in dem du jetzt mit einem älteren Ehepaar allein bist, deinen eigenen leichten Mantel überziehen und das Buch in deinem Trolley verschwinden lassen, und wenige Minuten später wird der Zug in Bruxelles-Midi einfahren. Du hast hier eine halbe Stunde Zeit, das ist die kritischste Phase deiner Reise. Du erinnerst dich an einen Sonntagmorgen vor vielen Jahren, als du mit einer Freundin über den Marché du Midi gezogen bist und ihr die einzigen Touristen auf diesem Markt wart, Exoten in einer für euch exotischen Welt. Heute hast du keinen Blick für die Straßen und Plätze draußen. Heute wirst du in der Halle bleiben und warten, dass die Zeit vergeht und der IC 535 nach Ostende einfährt. Als das der Fall ist, freust du dich ein weiteres Mal an dem eleganten Signet der Belgischen Eisenbahnen, dem großen B in einem liegenden Oval, das Henry van de Velde entworfen hatte, ein Inbild von Vollkommenheit, wie es nur wenige gibt. Nicht Perfektion, Perfektion ist Technik und Können, Vollkommenheit ist absichtslose Schönheit.

Du wirst also die Welt der Hochgeschwindigkeit endgültig verlassen und in einen der vertrauten Wagen der Belgischen Eisenbahnen einsteigen. Du hättest denselben Zug schon in Liège oder sogar noch früher nutzen können, er startet in Eupen, aber es ist dir wichtig gewesen, die wirkliche Reise ans Meer erst im Zentrum des Landes zu beginnen. Eine Zäsur zu machen.

Statt auf der »grünen, schmalen Polsterbank« aus dem Buch, das du mit dir führst, wirst du jetzt in einem blauen Polstersessel sitzen, am Fenster, und das Buch aufschlagen. Vielleicht an der Stelle, an der ein Mann namens Johann schwer zu finden ist, weil von ihm Adressen in verschiedenen Städten existieren und weil er in seinem angeblichen Hauptwohnsitz gleich mit drei Nummern im Telefonbuch steht, und ist doch selten unter einer zu erreichen. Du erinnerst dich jetzt an die glühende Freude, die du immer dann empfunden hast, wenn niemand wusste, wo du warst, eine Freude, die schon in der Kindheit begann. Deine geliebten Verstecke, zuerst kleine Winkel, der Raum unter einer Kellertreppe, eine Höhle unter einem Bahndamm, dann entlegene Ecken der Stadt, verlassenes Gelände, schließlich die Städte und Hotelzimmer, von denen keiner wusste. Am Ende hast du begriffen, dass zu den besten Verstecken die Straßen selbst zählen, die öffentlichen Plätze, die Bahnhofshallen, Flughäfen, Fähren.

In Gent-Sint-Pieters wird sich ein Mann mittleren Alters neben dich setzen, der dir kurz zunickt und dann ein schon recht zerlesenes Exemplar der Zeitung *De Standaard* aus der Innentasche seines Trenchcoats zieht. Du bewunderst einen Moment lang die Eleganz, mit der er die zerknitterte Zeitung an den richtigen Stellen wieder auf Länge zieht, bevor er dort weiterliest, wo er bei der Einfahrt des Zuges aufgehört haben mag. Er will dich erkennbar nicht stören, aber du hörst dennoch auf zu lesen und schaust aus dem Fenster, wo im flachen Land zuweilen tüchtige bunte Gewerbeflächen auftauchen und wieder verschwinden. Kurz vor Brügge hörst du, wie die Zeitung neben dir leise zusammengefaltet wird, und gibst deinen Fensterblick auf, damit dein Nachbar dir zum Abschied zunicken kann. So viel Höflichkeit von beiden Seiten, denkst du, muss sein.

Du weißt, dass es nun nur noch eine knappe Viertelstunde bis zur Ankunft sein wird. Mit jedem Meter kommt das Meer näher und gerät das Landesinnere in deinen Rücken, verschwindet und ist nicht mehr von Interesse. Mit jedem Meter näherst du dich deinem Königsversteck, vertraut und fremd zugleich, wie es sich gehört. »Im Universum ist niemand zu Hause«, hast du vor ein paar Wochen noch einmal gelesen und dich gewundert, wie du den Satz beim ersten und zweiten Lesen übersehen konntest. Vielleicht weil er beim ersten und zweiten Lesen noch zu klar, zu einfach und zu erschreckend war.

Du wirst den alten Bahnhof, an dem gerade wieder Umbauarbeiten stattfinden, zusammen mit dem Strom der anderen Reisenden verlassen, unter denen sich Pendler ebenso wie spätsommerliche Badegäste befinden. Du wirst dich draußen noch einmal umdrehen und das alte Bahnhofsgebäude betrachten, das du zum ersten Mal vor mehr als fünfzig Jahren gesehen hast. Beinahe gesehen hättest, denn es war dunkel, und der Tross, mit dem du unterwegs warst, trottete schläfrig der Fähre nach Dover entgegen. Es hat weitere fünfzehn Jahre gedauert, bis du diesen Bahnhof wirklich gesehen und die Stadt als dein Königsversteck entdeckt hast. In der Glas- und Stahlkuppel über dem Empfangsgebäude prangt van de Veldes B im liegenden Oval, auf das du einen zärtlichen Blick wirfst.

Dann wirst du deinen Trolley vom Bahnhofsvorplatz bis zum Visserskaai hinter dir herziehen, bis du ihn wieder an der kurzen Leine nimmst, um den Lärm zu vermeiden, und dich nach rechts wendest, den ganzen Kai hinunter an den wegen der Tageszeit spärlich besetzten Café- und Restaurantterrassen vorbei, bis du nach zehn Minuten links in die vertraute, leicht abschüssige Straße einbiegst, das Meer jetzt im Rücken, und am Ende der Straße, Hausnummer eins, die Hotellobby betrittst. Der Rezeptionist wird dich beim zweiten Hinsehen wiedererkennen und als einen beinahe vertrauten Gast empfangen. Er wird sich vielleicht erinnern, wie du dich bei einem früheren Aufenthalt einmal über die Engländer beklagt hast, die sich immer mit nasser Badehose in die Sauna setzen.

Du wirst dein Zimmer beziehen und dich, wie immer, wenn du in einem Hotel ankommst, für eine Stunde ins Bett legen und lesen, mit allen verfügbaren Kissen als Kopfstütze. Zuerst wirst du dich an der Dialogpassage erfreuen, in der es ums Rennen geht, wer damit angefangen hat und warum man nicht aufhören kann. Dann wirst du, der Ordnung halber, doch auf die letzte Seite blättern, das Frühstück im Hotel, der nachlassende Sturm, die heranrollende Brandung, und der Erzähler, der hinter schon nassen Scheiben mit anderen Gästen vor seinen Croissants sitzt und ins näher kommende Meer schaut. Dann klappst du das Buch endgültig zu, döst eine Weile und gehst in die Sauna, die pünktlich um fünf geöffnet hat; noch gehört sie ganz dir, keine Engländer, keine Niederländer, Wallonen, Franzosen oder Deutsche, nur du allein.

Nach zwei Gängen und zwei Ruhephasen – die elegant geschwungenen Liegen sind gelbgrün, und die Fototapete rechts davon zeigt einen lichten Birkenwald in frühlingshafter Frische – verlässt du den Saunabereich in dem Moment, als eine sehr schöne Frau und ihr beinahe ebenso schöner Mann ihn betreten, und fährst mit dem Lift in dein Zimmer zurück.

Dann wirst du, als könntest du nicht anders, deinen eigenen Spuren in dieser Stadt folgen, deinen Mechanismen, eingeübt über Jahrzehnte, und früh wie immer am Abend essen gehen, selbstverständlich am Visserskaai. Als der beinahe erste Gast bekommst du einen Platz direkt am Fenster, mit Blick auf die Promenade und einen Ausschnitt des Strandes, auf die Suchenden und Zögernden, die vor jeder Speisekarte stehen bleiben, auf die letzten Strandläufer auf dem Weg in ihr Hotel, und auf die ersten Hundeführer des Abends. Während du auf dein Essen wartest – es ist immer entweder Moules-frites oder Sole Meunière, heute Abend das zweite –, füllt sich das Restaurant schnell mit Paaren, Familien, Freundeskreisen. Fast alle, auch das ist dir nichts Neues, studieren das Menü mit leuchtender Hingabe, und dafür, auch dieses Mal noch, liebst du sie. *Der Mensch* mag eine furchtbare, eine armselige Gattung sein, nicht der Rede wert, aber *die Leute*, einige, vielleicht sogar viele von ihnen, sind es wert, geliebt zu werden.

Die Abenddämmerung hat noch nicht einmal begonnen, als du das Restaurant verlässt. Du entscheidest dich dagegen, wie früher noch einen Gang auf den westlichen Strekdam zu machen, obwohl diese sehr eigenartige westeuropäische Spielart des südeuropäischen Corsos dich immer glücklich gemacht hat. Du gehst stattdessen den Visserskaai und die Promenade Albert I. auf der Meeresseite entlang, sehr weit, und beobachtest die letzten Badegäste, die ihre Sachen zusammenpacken, und die ersten abendlichen Strandläufer.

Die Theorie, dass das Leben, alles Leben, ursprünglich aus dem Wasser kommt, dem Meer, hat dich sofort überzeugt, als du zum ersten Mal darüber gelesen hast, du musst achtzehn oder neunzehn gewesen sein. Du hast immer gehofft, dass es eines Tages dorthin zurückkehren, dass sich am Ende eine graue Fläche über allem schließen möge, wobei diese Vorstellung nie etwas mit Tod oder Vernichtung zu tun hatte, sondern eher mit dem Bild von einem bereits schlafenden Kind, das man zudeckt.

Dann kehrst du auf der stadtzugewandten Seite der Promenade in dein Hotel zurück. Der Rezeptionist ist ein anderer als bei deiner Ankunft; der Nachtdienst hat schon begonnen. Er ist zugleich verantwortlich für die Bar in seinem Rücken, die die ganze Nacht geöffnet hat.

Du wirst dann in dein Zimmer gehen, den Wecker stellen und dich ins Bett legen; es ist jetzt halb zehn. Du bedauerst einen Moment, nicht noch ein zweites Buch mitgenommen zu haben, Gedichte vielleicht, ein Gedicht wäre jetzt gut, vielleicht aus dem Genre der Landschaftsmalerei. Du hörst noch eine Weile den Möwen zu, und dir fällt wieder ein, dass du nie überzeugend erklärt bekommen hast, wann Möwen eigentlich schlafen.

Um halb vier wird der Wecker klingeln. Du wirst sofort aufstehen, dir das Gesicht waschen, dich anziehen und den Umschlag gut sichtbar auf dem Bett platzieren. Dann wirst du mit dem Lift nach unten fahren und dich darauf vorbereiten, dem Nachtportier zu erklären, dass du nicht schlafen kannst und einen Gang ans Meer machst. Der Nachtportier ist jedoch gerade hinter der Bar beschäftigt, und du kannst unbemerkt das Hotel verlassen.

Draußen fröstelt dich etwas in deinem Trenchcoat, der nicht für die Nacht gemacht ist, aber du gehst umso schneller die hundert Meter zur Promenade und dann nach links zu der Stelle, die du ausgesucht hast. Niemand ist unterwegs, auch die Ostender Gangster, falls es sie geben sollte, schlafen. Über dir nur vereinzelte Möwenrufe.

Dann steigst du hinab zum Strand. Selbstverständlich hast du vor der Abreise den Gezeitenkalender studiert. Da du nie ein guter Schwimmer warst, musst du dich nicht wie einst Virginia mit einem Feldstein beschweren. Einmal bleibst du zu früh stehen, kein Zögern, sondern eine falsche Berechnung. Dann gehst du weiter, bis deine Füße beginnen, ihren Halt zu verlieren, kämpfst noch einen Augenblick um festen Stand, schaust in die näher kommende Brandung und schließt die Augen.

Anna Katharina Hahn
Ausflug im Liegen

Beim Aufwachen sind alle wieder fort. Im Zimmer ist es still. Nur vom Gang her höre ich eilige Tritte, dazwischen rollen die Flüsterreifen eines Bettes, das rasch geschoben wird, ohne irgendwo anzuecken. Jetzt raschelt es aufdringlich. Langsam drehe ich den Kopf in Richtung Nachttisch. Tatsächlich, sie haben eine Vase aufgetrieben, für ihren Strauß aus dem Rundum-Sorglos-Kiosk im Foyer unten. Er steckt noch in durchsichtiger Folie.

Weg darf ich nicht. Will ich auch nicht. Endlich mal ausruhen. Platt. Scholle. Fix und foxi. Wann kommt das schon vor? Selten bin ich allein. Nur eine Fliege summt hinter den Lamellen der Jalousie, ich höre ihre Flügel an der Scheibe, der Chitinleib knistert beim Stoß gegen das Glas.

Müßiggang. Ich werde in nächster Zeit keinen einzigen Gang antreten. Erst einmal liegen, dann vorsichtig herumtappen, damit nichts wieder aufreißt. Eigentlich ist das nichts für mich. Alle sagen, ich könne nie stillsitzen. Das stimmt sogar. Vielleicht liegt es daran, dass die anderen es zu gut können, das Stillsitzen. Weil ich sowieso erledige, was zu tun ist, verlässlich und fix, mit Hummeln im Hintern. Praktisch für sie alle, für meinen Mann, für die Mädchen, selbst für meine Freundinnen, denen ich die leeren Teller wegreiße, bevor sie selbst auf die Idee kommen könnten, etwas aufzuräumen.

Jetzt hat es mich eben erwischt, ich liege, ich muss liegen, noch eine ganze Weile. Verdonnert zum Däumchendrehen und Maulaffenfeilhalten. Ein Nichtsnutz. Beklagen will ich mich nicht. Natürlich freut sich niemand über eine Operation. »Aber das ist doch völlig normal, in Ihrem Alter.« Die Ärztin trug ein geflochtenes Scooby-Doo-Bändchen am linken Handgelenk. Ihr Gesicht war glatt, das Haar so dunkel und glänzend, dass ich mir problemlos vorstellen konnte, sie habe das neonfarbige Ding gestern Nachmittag zusammen mit ihren Schulfreundinnen gebastelt und dabei gekichert. Als sie meinen Blick bemerkte, lächelte sie: »Von meiner Tochter. Sie besteht darauf, dass ich ihre Geschenke bei der Arbeit trage.«

Müde bin ich, schaffe es kaum, mich zu rühren. Tatsächlich fühle ich mich hölzern wie eine Marionette. Die Glieder sind an Fäden geknüpft, aber im Augenblick sind alle meine Puppenspieler nicht da. Ich darf herumliegen, mich hängenlassen.

Die Frau eines ehemaligen bayerischen Ministerpräsidenten bekam von ihrer erwachsenen Tochter überschwängliches Lob dafür, dass sie bereits in aller Frühe immer wie aus dem Ei gepellt anzutreffen war. Bei mir funktioniert das heute nicht. Zipfelnder Morgenrock, müde Brüste unter einem hinten offenen Klinikhemd, bloße Füße, die Pantoffeln stehen unter dem Bett. Ich will so bleiben, wie ich bin. Du darfst! Das ist nicht nur Margarinewerbung aus den Achtzigern, das ist mein Motto für heute. Ich darf. Basta.

Das Bettlaken habe ich bis zum Kinn hochgezogen. Wenn ich zu Hause wäre, könnte ich nackt sein, es ist so heiß hier drinnen. Aber ich schäme mich, hier kann jederzeit die Schwester hereinkommen, ein Pfleger, eine Ärztin. Für den Fernseher hat mein Mann zwar bezahlt, aber ich habe keine Lust, zwischen den verschiedenen Programmen herumzuzappen und am Ende doch nichts Vernünftiges zu finden. Ich liege unter dem dünnen Stoff. Das Sonnenlicht wird nicht nur halb ausgesperrt, sondern durch die heruntergelassene Jalousie auch in helle Streifen geschnitten, die sich über das Bett verteilen. Wenn ich mich bewege, raschelt meine Decke fast wie Papier. Sie wurde gestärkt und gemangelt. Nach einer Nacht voller Umhergewälze wird sie still sein, aber gerade hört sie sich frisch und geschwätzig an.

Einmal im Monat fahre ich mit einem vollen Wäschekorb zur Heißmangel, lasse die vorher eingesprengten Stücke zwischen den heißen Riesenwalzen durchlaufen, atme ihren Duft nach verdampfendem Wasser und Waschmittel ein und dahinter den leisen Brandgeruch von versengtem Stoff.

Das Laken bedeckt mich ganz, es wirft Falten über meinen Körper und seinen Umriss. So werde ich aussehen, wenn ich tot bin. Was für dumme Gedanken. Anscheinend bekommt mir das Alleinsein doch nicht so gut. Schnell wende ich den Kopf wieder den Blumen zu. Unter der Knisterfolie auf dem fahrbaren Nachttisch leuchten weiße Narzissen und die glänzenden dunklen Blätter des Kirschlorbeers. Ein schöner Strauß. Ausgerechnet diese beiden Pflanzen. Mit meinen Zehntklässlern habe ich letzte Woche genau die beiden Abschnitte aus Ovids *Metamorphosen* übersetzt. Narcissus und Daphne. Ein ertrunkener Jüngling, der in eine Blume, eine fliehende Nymphe, die in einen Baum verwandelt wird. Beides geschieht, weil sie sich mit Apoll einlassen, dem ungeduldigen, strahlenden, dem schönsten aller Götter. Zum Teufel, ich möchte mich auch gerne verwandeln. Aber nicht in eine

Pflanze, die man ausreißen, nicht in einen Baum, den man fällen kann.

Unter dem weißen Stoff ragen meine Füße hoch wie spitze Gipfel in der Ferne, die sich in Richtung der Schienbeine verjüngen, niedriger werden, als längliche Hügel auslaufen und erst an den Knien wieder kleine Bergkuppen ausbilden, die sanft abfallend in die Oberschenkel übergehen und sich in der breiten Ebene meines Bauches vereinen, vor dem der Schamhügel aufragt als letzter Aussichtspunkt. Eine Landschaft. Gebirge verschieben sich, Berge stürzen ein, wenn ich ein Bein anziehe. Vielleicht lohnt es sich, in ihr umherzuwandern, gerade jetzt, wo ich mich nirgends hinbewegen kann. Ein Ausflug im Liegen. Den Blick durch die Gegend schicken als einsamer Spaziergänger. Eine andere Möglichkeit bleibt mir ja gerade nicht.

Im Vorgespräch hatte mich die Ärztin gewarnt, dabei in einer Maskerade des Bedauerns die Brauen hochgezogen und ihre Unterlippe vorgeschoben wie ein enttäuschtes Kleinkind. Ihr Satz: »Mit dem Urlaub wird es in diesem Sommer nichts«, hat mich trotzdem getroffen. Wir wollten ans Meer. Buchen jedes Jahr schon im Januar, natürlich auch, weil es dann billiger ist, aber vor allem, weil wir dann mehr Zeit haben, uns darauf zu freuen. Auf das Geräusch der Wellen, die laut sind, ohne jemals so im Kopf zu hämmern wie der Verkehr vor unserem Haus, auf das Gefühl, wenn der graue, pudrige Sand unter den ersten, noch unsicheren Schritten nachgibt.

Ob ich mich traue, diesen anderen Weg zu gehen? Jetzt gleich? Diesen Ausflug im Liegen? In ein geheimes Land, das niemand anderes kennt, niemand je genauer erforscht hat? Auf einmal habe ich Herzklopfen, als wollte ich mich in einen Urwald aufmachen oder in eine Wüste. In einem alten

Reisebericht wäre jetzt die Zeit zum Aufbruch, kurz nach Sonnenaufgang. Nach einer harten Nacht im Freien wäre der Wanderer am Beginn seiner Reise, erschöpft, aber glücklich, den herrlichen Blick über die gesamte Gegend zu haben, die er noch durchqueren muss. Das Laken wird weggeschoben.

Den Kopf lasse ich außen vor. Mein Gesicht studiere ich täglich genau, um es einzucremen, Haare auszuzupfen, die an den falschen Stellen wachsen, violette Schatten und Fältchen zu überschminken, mit den Jahren verlorene Farben neu aufzutragen. Davor habe ich heute Ruhe, der Kopf darf nur träumen.

Am Horizont, hoch im Norden, kann der Wanderer meine beiden Füße sehen. Schon seit einiger Zeit spüre ich sie deutlicher als die meisten anderen Körperteile. Sie machen sich durch ihre Schwere bemerkbar, schwellen an und quellen aus Schuhen, die ich früher bequem fand. Unter dem rechten Großzeh springt ein Hallux valgus vor, als bilde sich dort die Knospe für einen sechsten Zeh. Immerhin habe ich die Nägel lackiert, schokobraun und glänzend. Gegen meine verhornten Sohlen komme ich kaum an. »Du hast Holzfüße«, haben die Mädchen immer gesagt und sie mit den Fingerspitzen angetippt, als sei das eine Mutprobe. Ihre Füße waren rosig und weich wie Marzipan, und wenn sie heißen Sand betraten, fingen sie an zu jammern. Niemand scheint Füße zu mögen. Im Internet wimmelt es von Bildern, in denen die angeblich grauenhaften Quanten berühmter Filmschönheiten zu sehen sind. Allenthalben muss Hornhaut abgehobelt, gefeilt und weggeätzt werden. Nur um die Füße der Männer hat sich noch niemand bemüht. Ich wackle mit den Zehen, sie sind so lang und beweglich, dass ich mit ihnen einen Bleistift halten und meinen Namen schreiben kann. Wen gehen sie eigentlich etwas an, außer mich?

»Das ist der Daumen, der schüttelt die Pflaumen, der liest sie auf, der trägt sie nach Haus – und der Kleine, der isst sie alle auf!« Ein Zauberspruch für die Hand, jeder Finger bekommt eine Aufgabe. Für die Füße fällt mir kein Reim ein. Als Kind fand ich mich toll, da war noch alles richtig, jedes Bein hatte einen Namen, Hampel und Strampel, Füßchen Übermut und Füßchen Tunichtgut, ein bisschen dämlich, aber nicht verkehrt. Kaum zu vergleichen mit dem, was später kam.

»Du mit deinen dicken Hacken.«

»Die hat vielleicht Krautstampfer!«

Dabei will ich meine Beine nicht vorzeigen, ich will sie spüren, den heißen Wind aus einem U-Bahnschacht an ihnen entlangstreichen lassen, wenn ich in Sommernächten durch die Stadt laufe, wenn ich mit dem Fahrrad eine steile Straße hinunterjage. Das fühle ich nicht in Hosen, das geht nicht in langen Röcken!

»Hinten Lyzeum, vorne Museum.«

»Ab fünfzig sollte der Rock die Knie bedecken.«

Der Wanderer läuft weiter.

Mein Nabel ist tief wie ein Krater, man kann ihn mit Bier füllen, mit Brausepulver. Ein Mann, neben dem ich oft aufgewacht bin, hat immer eine weiche graue Fluse darin gehabt, wie für einen Vogel, der sein Nest polstert. Erst als unsere Mädchen geboren wurden, sah ich, dass Nabel auch blinde weiße Glotzaugen sein können, die sich aus der Leibesmitte stülpen. Beide Kinder tragen diese Kügelchen auf ihren flachen Bäuchen, und es hat sie früher oft gewurmt, dass sie ihre Finger nicht hineinbohren konnten, so wie das bei ihrem Vater oder mir problemlos geht.

Der Weg geht nach Süden. Hier fallen nur zwei unauffällige Hügel auf. Meine Brust, die ich kaum beachte, wenn ich mit ihr allein bin. Soll ich sie mir wirklich anschauen? Eigentlich habe ich nichts gegen sie.

»BMW: Brett mit Warze«

Sie macht mir keine Mühe, stört nicht beim Laufen, hüpft nicht verräterisch herum, braucht keinen Halter und schmerzt selten. Unauffällig und harmlos, nicht einmal hässlich. Zwei kleine karamellfarbene Tütchen mit rotbrauner Spitze. Kaum zu glauben, aber sie waren gut genug, zwei Kinder fett von Milch werden zu lassen.

»Ob Sie überhaupt stillen können, mit Ihrem Konfirmandenbusen?«

»Zwei Titten, ein Loch und einen Herzschlag, mehr braucht man nicht.«

Auf der linken Titte sitzen zwei himbeerrote Flecken. Blutschwämmchen heißt so etwas, kommt mit dem Alter, genau wie die zarten Gespinste an den Knöcheln. Immerhin habe ich keine Krampfadern, nur Besenreiser. Wer denkt sich bloß diese Namen aus? Und diese Sprüche?

»Der Herr schuf sie im Zorn, wo's Bröschle sitzt, isch vorn.«

Immerhin kann ich leicht über meine Brüste auf den Bauch sehen, der Blick ist nicht verbaut. Mein Bauch, unter dessen bleicher, leicht zerdellter Decke all das verschlungene Gedärm liegt, kunstvoll ineinandergerollt, gefügt wie ein lebendiges dreidimensionales Puzzle, in dem die Ärztin mit dem bunten Armband gründlich herumgefuhrwerkt hat. Meine Bauchdecke war einmal flaches Gelände, eine Ebene mit goldenem Flaum, unter der die Rippen sichtbar angeordnet lagen, aus der spitz die Hüftknochen hervortraten. Davon ist nichts mehr übrig. Es gibt eine weiche Wölbung, von der das Hohe Lied begeistert sagen würde: »Meine Liebste, dein Bauch ist wie ein Weizenhaufen.« Frauenzeitschriften sehen das anders. Im Arztbrief stand »präadipös«. Der Vater meiner Kinder sagt nichts dazu, er knetet alles, was herunterhängt, mit seinen großen Händen, wenn er im Bett hinter mir liegt. Manchmal habe ich den Eindruck, er lässt mir den Speck an Bauch und Hüften nur durchgehen, weil seine eigene Plauze durch diese weichen Röllchen vor mir sicher ist.

Der Reisende hält sich nicht länger auf der Bauchdecke auf. Außer ein paar silbrig schimmernden Dellen hat sie nicht viel zu bieten. Unter dem Nabel laufen sie hinunter zum Schamhügel, eine breite Linie, die mich an den kaffeebraunen Streifen erinnert, der sich über den prallen Schwangerschaftsbauch zog wie die Naht über eine Melone, vom Nabel bis zum Ansatz der Schamhaare. »Zur Mitte, zur Titte, zum Busch, husch!« Ein Trinkspruch aus der Kegelclique, er verrät unser Alter, wir sind alle in den Siebzigern oder etwas früher geboren, und ich vermute, die meisten von uns haben sich »da unten« nicht rasiert, höchstens die sogenannte Bikinizone. Der Schamhügel, noch ein kleiner Aussichtspunkt in dieser seltsamen Gegend. Wenn der Wanderer auf seiner Karte nachsieht, werden ihn die zahlreichen Ortsnamen für dieses Gebiet verwirren.

»Private parts« sagt man in England, private Regionen, und trotzdem sind die Namen dafür öffentlich. »Rot ist die Liebe, schwarz ist das Loch, Mädchen, sei tapfer, rein muss er doch.«

Als Kind habe ich diesen Spruch nicht verstanden. Jemand hatte ihn mit Filzstift und in Druckbuchstaben auf die Innenseite eines Betonreliefs geschrieben, mit dem das moderne Grundschulgebäude verziert war, schwarz auf orangefarbenem Grund. Unsichtbar für einen Erwachsenen. Loch. Fut. Möse. Fotze, mit F oder Vogelvau. Mit V sah das Wort noch gemeiner aus. Falsche Namen für etwas, das nur mir gehört. Pflaume, Spalte. Muschi, wenn es zärtlicher sein soll. Müscheli, wenn es ein Schweizer ist, der sich darüber auslässt. Dann dieser Trend, von Vagina zu sprechen, obwohl doch die Vulva gemeint ist. Was für eine lächerliche Verwirrung, als bezeichnete ein Mann seinen Penis als Hodensack.

Lady Chatterley und ihr Lover nennen ihre »private parts« Lady Jane und John Thomas. Charlotte aus *Sex and the City* spricht von ihrer Vulva als Rebecca. Mein Mann und ich haben auch Namen dafür, die niemand anders kennt. Jedes Liebespaar sollte das tun. Im Benennen liegt eine große Freiheit. Und alles ist besser als Loch.

Die Wanderung ist anstrengend. Ich rieche meinen Schweiß und den starken Dunst des Verbands, der um meine Leiste liegt. Jod, Desinfektionsmittel und der in der Wärme aufgeweichte Klebstoff der Pflasterstreifen.

Jeder Ort dieser still hingebreiteten Landschaft hat seinen eigenen Geruch. Lakritz, schmelzender Zucker, der talgige Tierduft, wenn man sich mit den Fingern durch das ungewaschene Haar fährt. Wie korngebacken und köstlich die Haut an Armen und Knien nach einem Tag in der Sonne riecht, weiß jedes Kind, das sich zusammenrollt und mit der Nase die eigenen Beine berührt. »Du stinkst, du!« kommt erst später.

»Was sagt ein Blinder im Fischgeschäft?« – »Hello girls!«

Ich weiß nicht, weshalb ich geglaubt habe, ich müsse mich nach dieser Operation leicht fühlen wie eine Seifenblase. Wahrscheinlich hat das Gewebehäufchen, das solche Schmerzen verursacht hat, höchstens hundert Gramm gewogen. Der Wunsch, weniger zu wiegen, nachdem es herausgeschnitten wurde, ist albern. Ich spüre schon jetzt, durch den Nebel der Medikamente, wie dumpf und heiß der Schmerz pochen, mich schwer und taumelig machen wird, eine brodelnde

Masse gekochter Nadeln. Später dann eine lange Narbe. Sie geben sich keine Mühe, wenn der Schaden dir nicht direkt im Gesicht steht. Ich habe ein paar wulstige weiße Narben, die sich aus der Haut meiner Arme und Oberschenkel stülpen. »Schlechtes Heilfleisch«, hat die Ärztin gesagt. »Mal sehen, wie sich das entwickelt.«

Liest man in Reiseführern nach, werden dort fast immer die Ureinwohner erwähnt. Die Ersten, die ihre Spuren in die Landschaft eingeschrieben haben, mit ihren Höhlen und Gräbern, Äckern und Weinbergen, Waldrodungen und Stadtmauern.

Die Impfnarbe, kreisrund und unregelmäßig, ein eingesunkener heller Vollmond im sommerlichen Karamell meiner Schulter. Sie wurde mir noch vor der Grundschule verpasst. Ich erinnere mich an das dunkelgrüne Mantelkleid meiner Mutter, ihre hohen Korksandalen und das Maiglöckchenparfüm für Fahrten in die Stadt. Sie führte mich an der Hand durch das Gesundheitsamt. Ich fand sie schön und groß und fühlte mich ganz und gar beschützt. Sie las mir die Plakate an den riesigen Glastüren der langen Bürogänge vor: »Schluckimpfung ist süß. Kinderlähmung ist grausam.« Der Junge mit den beiden Krücken schien über den für mich unlesbaren Schriftzug zu schwanken, er blieb gesichtslos, von hinten fotografiert, und schleppte sich mühevoll vorwärts, ganz in Grau, Schwarz und krümeligem Weiß – ein Schreckensbild, das mir geblieben ist wie die Spur der Impfpistole.

Manche Hinweise auf frühere Verletzungen sind so unscheinbar, dass keiner sie jemals bemerkt und nach ihnen gefragt hat. Die immer wieder von Neuem lustvoll aufgekratzten Mückenstiche an den Armen und Schienbeinen, an deren Stelle jetzt ein erhabener weißer Punkt sitzt. Die mit den Linien unter dem Handgelenk verwachsenen Scharten von einem Fahrradsturz. Eine Reihe zart violett schimmernder Vertiefungen in der Kniekehle, wo der geliebte Rauhaardackel der Nachbarin plötzlich zugebissen hat. Meine beste Freundin und ich hatten das Tier regelmäßig nach der Schule ausgeführt. Wenn er nicht weiterwollte, stemmte er die krummen Beine energisch in den Boden und machte keinen Schritt mehr, eigensinnig wie alle Vertreter seiner Rasse, aber gutmütig. Der alte Hund duldete sogar, wenn wir ihn im Puppenwagen herumfuhren, und ließ sich stundenlang die weichen Ohren umklappen. Ob er auf einmal genug von uns hatte, ob etwas im Gebüsch ihn erschreckt hatte, Fuchsgeruch, Wieselgeschrei, das erfuhren wir nie. Aus heiterem Himmel ging er auf uns los, sodass wir die Leine fallen ließen und genau das Falsche taten, indem wir kreischend die Flucht ergriffen. Die ältere und kräftigere Freundin erklomm als Erste ein Sandsteinmäuerchen, ich zog mich noch daran hoch, als das wütende Tier mein Bein packte. Der Schmerz, das Blut, die Aufregung, als wir heulend nach Hause zurückkehrten, dies alles hat sich nicht so tief in meinem Gedächtnis abgesetzt wie die versteinerte Miene der Nachbarin. Leinenlos und staubig sei der arme Hund vor ihr gestanden, mit eingekniffenem Schwanz. Wir hätten ihn gequält, und mit dem Gassigehen wäre es aus und vorbei. Meine Eltern verboten mir den Umgang mit dem Dackel, wenn auch aus anderen Gründen. Mein bisheriger freundschaftlicher Verkehr mit der Nachbarsfrau fand ein abruptes Ende. Das stets geöffnete Gartentor wurde abgeschlossen. Nebenan sah ich den zusammengerollten Leib des Hundes auf den Wegplatten in der Sonne, aber mein alter Freund hob nicht einmal den Kopf, wenn ich am Tor stand und ihm meine verpflasterte Kniekehle zeigte.

Gibt es einen Rastplatz, einen Ort, wo man ausruhen kann? Hat diese Landschaft einen Mittelpunkt? Der einsame Wanderer schaut zurück. Viel Sonne hat das Gelände hinter ihm bisher nicht bekommen. Nur stellenweise lassen sich die Jahreszeiten an den veränderten Farben der Haut ablesen. Der milchige Schatten der Armbanduhr nach den ersten Stunden im Freien, wenn ich die winterlich vermummten Beete und Kübel vom Tannenreisig befreie, wenn die Wildbienen anfangen, sich um die leeren Niströhren des Insektenhotels zu scharen. Die verblasste Tätowierung auf dem linken Oberarm. Eine Nixe, seemännisch und sexy. Keine Beine, dafür ein prachtvoller Schuppenschwanz. Sie kann sich davonmachen, mit ein paar Flossenschlägen. Ihr Lächeln ist selbstbewusst und gleichgültig. Ich drehe mich vorsichtig auf die Seite, bette den Kopf auf die Armbeuge, ganz nah am Gesicht der Meerfrau, und schließe die Augen.

Jackie Thomae
Carolinka

Später sollte es mir so vorkommen, als hätte ich den gesamten Sommer über auf diesen Pool gestarrt. Er war überdimensioniert, die Art von Pool, in der man morgens eine bäuchlings darin treibende Partyleiche erwartete, einen Popstar vielleicht, einsam und umgeben von zu großen Dingen.

Von Tag drei an machte ich es zu meinem Morgenritual, das Frühstück auszuliegen. Ich stellte mich schlafend, hörte Alexander und Carolina klappern, murmeln und zwitschern und ernährte mich von gechlortem Leitungswasser, bis sie zum Strand aufbrachen. Ich mochte es nicht, als dritte Person neben einem verliebten Paar zu liegen. Und verliebte Paare über dreißig stießen mich ab. Noch schlimmer fand ich meinen eigenen Körper, ich wollte ihn nicht an einem Strand neben meinem Vater und seiner neuen Freundin präsentieren, die ihren Körper als ihren Tempel bezeichnete.

Ich lese lieber, sagte ich.

Gut, sagte Alexander, bis später. Wir bringen Melonen mit.

Melonen?

Als würde ich in diesem Bunker von Ferienhaus hocken und sechs Stunden lang auf Melonen warten. Die es im Übrigen auch im Kühlschrank gab, eingepackt und angegammelt, denn sie gehörten zu den bevorzugten Opfergaben, die Carolina ihrem Tempel zuführte.

Pech für mich, wenn sie sich für einen Tag am Pool entschieden.

Dann lagen sie in meiner Nähe, schmierten sich gegenseitig mit Sonnencreme ein und flüsterten, während ich ein Buch las, das man gemeinhin Schmöker nannte, und dabei alles aß, was es in diesem Haus schon vor unserer Ankunft gegeben hatte: Cerealien, Fertigtortilla, Madeleines, Eis.

Es würden unsere letzten gemeinsamen Ferien sein, hatte Alexander verkündet, ohne es zu begründen. Hatte er gemeinsam mit meiner Mutter beschlossen, dass seine Vaterpflichten mit meinem sechzehnten Geburtstag erfüllt waren? Wollte er mir auf diese Art mitteilen, dass er alles mit mir versucht hatte und jetzt wirklich am Ende war mit mir und seinem Latein? Wieso sagst du das dauernd, fragte ich ihn irgendwann, als wir allein waren. Ich dachte, dass du ab nächstem Jahr lieber was mit deinen Freunden machst. Interrail oder so, sagte er. Ich hatte zu dieser Zeit niemanden, mit dem ich lachend durch Europa hätte fahren können. Ich lehnte meinen Kopf an seine warme Schulter, bis Carolina aus dem Auto stieg und zwei große, teuer aussehende Tüten schwenkte. Ich war Shopping. Morgen kommst du auch, ja?

Das Haus gehörte dem Vater eines Freundes von Alexander, der sich das Grundstück in den Siebzigern gekauft hatte. Für 'n Appel und 'n Ei, sagte der alte Typ, der täglich den Pool sauber machte, noch zu Francos Zeiten, fügte er jedes Mal hinzu, als wäre das der ultimative Hinweis auf eine Topimmobilie. Der Typ erzählte uns auch, wie gern er in der

Fremdenlegion gewesen war, bevor er sich hier niedergelassen hatte. Ein grässlicher Mann, ein Mörderer, sagte Carolina, die manchmal Deutsch und Englisch verwechselte. Der Vater des Freunds meines Vaters hatte Wert darauf gelegt, sich ein möglichst deutsches Haus zu bauen. Holzvertäfelt und winddicht stand es auf diesem spanischen Berg wie ein Skihotel im trockenen Gras.

Nichts passiert hier, sagte Carolina jeden Abend, woraufhin Alexander sich genervt das Gesicht rieb. Unten in der Stadt gab es einen Club, der so legendär war, dass man ihn ohne einen lästigen Teenager aufsuchen musste, denn um Mitternacht dort wieder zu verschwinden hätte das Gegenteil einer legendären Nacht bedeutet. Aber ich war da, und es gefiel mir, dass ich dem Vergnügen im Weg stand. Bis Alexander irgendwann die Nerven verlor. Wir gehen heute Abend aus, sagte er in der Mittagshitze, was hältst du davon?

Hinter ihm sprang Carolina vom Poolrand auf die Luftmatratze und von der Luftmatratze auf der anderen Poolseite wieder auf die heißen Terrakottafliesen. Mein Vater hielt seinen Blick angestrengt bei mir. Ich schaute von meinem Buch auf, hob träge die Achseln und ließ sie oben, während Carolina ihren Stunt wiederholte und sich diesmal dabei noch eine Zigarette anzündete. Gute Idee, sagte ich schließlich, hob den Daumen und schaute wieder in mein Buch. Super, sagte Alexander, genau in dem Moment, in dem Carolina wieder auf der rechten Poolseite herauskam, rauchend, schimmernd und glücklich in ihrem Tempel.

Vor dem Club gingen wir in ein Restaurant und aßen eine riesige Fideuà – eine Paella, aber mit Nudeln statt Reis, Alexander und Carolina auf der einen Seite des Tischs, ich allein auf der anderen. Der Wein und ihre Muttersprache ließen Carolina aufdrehen. Ich habe vergessen, ob sie aus Panama,

Nicaragua oder El Salvador kam, jedenfalls kam sie aus Mittelamerika und sagte ständig, wie sehr ihr Spanien gefehlt hatte im kalten, unfreundlichen Deutschland. Die Liebe, die sie jedem muffigen Kellner entgegenschleuderte, ging automatisch von der Liebe ab, die ansonsten meinem Vater zugestanden hätte, was ich sowohl lustig als auch gemein fand. Ab und zu zwinkerte sie mir zu, als wären wir Freundinnen. Leider heute mit nur einem Mann unterwegs, doch es wäre nur eine Frage der Zeit, bis sich das ändern würde. Es sollten noch Jahre vergehen, bis ich mich halbwegs so wohl in meiner Haut fühlte wie diese Frau, doch an diesem Abend tat sie so, als wäre ich wie sie. Als würde man sich nach uns beiden umdrehen, wenn wir einen Raum betraten. Eine komplett verlogene, letztendlich aber nette Geste, die ihr nicht schwerfiel.

Wenn ich hinter ihnen im Auto saß, sah ich, wie Carolina über die Witze meines Vaters lachte, so laut, dass es ihm nicht geheuer zu sein schien. Wie sie ihm beim Fahren über den Oberschenkel strich, anstatt ihn zu maßregeln, wie sie im Takt wippte und schnippte, als wäre er ein Star-DJ, dabei hatte er nur den Radiosender gewechselt. Ab und zu drehte sie sich zu mir um und zwinkerte mir zu. Phantastisch, oder? Ja, Carolina, ich bin die Tochter eines Superhelden.

Mit ungefähr sechs Jahren hatte ich begriffen, dass meine Mutter meinen Vater eher duldete als liebte. Als ich acht war, schaffte sie es nicht einmal mehr, in meiner Gegenwart ihre Geringschätzung zu kaschieren, wenn er etwas sagte oder tat. Als ich zehn war, zog er aus. Und zog ein bei der Frau, die vor meiner Mutter seine Freundin gewesen war. Hat sie elf Jahre lang in ihrem schicken Penthouse gehockt und darauf gewartet, dass er zu ihr zurückkommt, fragte ich mich, wenn ich die beiden besuchte.

Immer wenn mein Vater verstanden hatte, wie alt ich wirklich war, was ich durfte, konnte, wusste und was offenbar noch nicht, waren unsere drei gemeinsamen Wochen wieder vorüber. Gute Wochen an ausgewählt guten Orten, die wir manchmal mit seinen jeweiligen Freundinnen verbrachten, manchmal mit einer Gruppe seiner Freunde. So oder so, die Erwachsenen lieferten mir die perfekte Soap. Als wäre ich unsichtbar, schlich ich zwischen ihnen umher und hörte mir an, was ihnen an ihren sogenannten Freunden nicht passte.

*Wir zahlen genauso viel wie sie und schlafen in einer Art Abstellkammer.*

*Ich verbringe hier übrigens mehr Zeit in der Küche als zu Hause.*

*Gibt's kein anderes Thema als ihren Job? Jedes Frühstück fühlt sich an wie ein Meeting.*

*Nächstes Jahr bitte ohne Kinder.*

*Donnerwetter, ist der fett geworden!*

Einmal hatte ich das Schlafzimmer über der Veranda. Nächtelang stiegen der Geruch der Mückenkerzen und Zigaretten, das Gelächter und die Gespräche zu mir auf. Ich hörte die Bezeichnung »das bocklose Kind«, dann ein Kichern, dann eine Stille, in der man sich wahrscheinlich über Gesten und Grimassen fragte, ob ich mithören konnte. O ja, das bocklose Kind war noch wach.

Nach einem Sommer in Dänemark, der im Streit mit den Leuten endete, die das Haus gemietet und überbelegt hatten, beschloss mein Vater, mit mir allein zu vereisen. Wenn ich später an diesen Urlaub zurückdachte, tat mir mein Vater so leid, dass ich mich gerne bei ihm für diese Wochen mit einer einsilbigen, gerade sitzengebliebenen Fünfzehnjährigen entschuldigt hätte. Im Jahr darauf tauchte Carolina auf.

Ich bin fast vierzig Jahren alt, sagte sie oft in ihrem starken Akzent, der mich morgens nervte und der mir abends gefiel, und erst viel später verstand ich, dass sie vermutlich ihren letzten Aufruf hörte, dass sie meinen Vater dazu auserkoren hatte, der Vater ihres Kindes zu werden. Damals sah ich nur ihre Energie, sah, wie sie bei jedem noch so banalen Handgriff fast vibrierte, und wurde davon noch müder, als ich es sowieso schon war. Seit meinem dreizehnten Lebensjahr hatte ich jede Art von Leistung verweigert. Nach Möglichkeit saß oder lag ich herum. Niemand hinderte mich daran. Die Wellen schlechten Gewissens, die von meiner Mutter ausgingen, waren launisch wie sie selbst, manchmal ebbten sie völlig ab, um dann umso heftiger aufzubranden: Armes Kind, wieso armes Kind, heute lässt sich jeder scheiden, sie hat, was sie braucht, sie hat mehr, als ich je hatte, sie soll sich zusammenreißen, was ist nur los mit meiner Kleinen?

Das schlechte Gewissen meines Vaters sendete während der Sommerferien auf einer stabilen Frequenz: Das ist meine Tochter, die ich seltener sehe, als es gut wäre. In dieser kurzen Zeit erzieherischen Einfluss auf sie zu nehmen wäre deshalb nicht nur unangebracht, sondern, man kann es nicht anders sagen, komplett für den Arsch. Stattdessen werde ich probieren, ihr ein paar positive Gefühle und Erinnerungen in Verbindung mit mir zu verschaffen.

Abgesehen davon, dass er mir gern von seinen erfolgreichen Freunden erzählte und mir jedes Jahr brandneue Laufschuhe und das jeweils teuerste Gerät zum Abspielen von Musik während des Joggens, das nie stattfand, schenkte, ließ er mich in Ruhe. Niemand konnte sagen, was aus mir werden würde, am wenigsten ich selbst.

Dass ich so wenig tat, bedeutete nicht, dass ich nichts wollte. Mich selbst als Erfolgsfrau mit zwei bis drei wunderschönen Kindern und einem ebenso erfolgreichen Mann zu sehen war kein Problem für mich. Essend, lesend und fernsehend malte ich mir die Details meines künftigen Glücks aus. Und fand in jenem Sommer ein makelloses Role Model. Nicht Carolina. Sie hätte es sein können – so schön, wie sie war, so lustig, wie sie sein konnte, so lässig, wie sie kochte, so cool, wie sie zwischen Spanisch, Englisch und Deutsch hin und her schaltete. Wäre sie nicht so verzweifelt um meinen Vater herumgetanzt. Carolina war okay, aber mein Vorbild würde sich niemals derart ins Zeug legen und so wenig zurückbekommen.

Katrinka war anders, Katrinka war souverän. Ich begegnete ihr in meinem Schlafzimmer, dem Kinderzimmer, in dem ich allein in einem Stockbett schlief, in bunter Flanellbettwäsche. Auf dem kleinen Regal neben mir standen die Bücher, die unsere Vorgängerferiengäste zurückgelassen hatten. Einige hatten sich überschätzt, wie man an den dicken, fast unberührten Klassikern sehen konnte. Meine Wahl fiel auf einmal Dick und einmal Dünn. *Stille Tage in Clichy* hieß das dünne Buch, dessen Titel mir gefiel, weil ich hoffte, es handele von einer Person, die Paris Paris sein lässt und ihre Tage lieber liegend im Vorort Clichy verbringt, also von einer Person wie mir selbst. Unter Niveaugesichtspunkten, die ich kannte, die ich besonders gut aus den Sommerferien mit meinem Vater und seinen Bekannten kannte, weil man sich in diesen Wochen in diesen Häusern über praktisch nichts anderes unterhielt als über den eigenen vortrefflichen Geschmack, war es auf jeden Fall das vorzeigbarere Buch. Als ich es am zweiten Vormittag neben meine Sonnenliege legte, sagte mir der mörderische Poolcleaner, er habe es in meinem Alter verschlungen. Wegen Index und so, du weißt Bescheid. Als ich ihn ansah, machte er eine obszöne Geste und zwinkerte mir zu, woraufhin ich das Buch wieder an seinen Platz stellte. Sex in Buchform, sehr gern, aber eine Empfehlung von diesem Mann kam mir so vor, als müsste ich es nackt auf seinem durchgeschwitzten Laken lesen, während er grinsend draußen vor dem Fenster auf und ab ging, den Kescher in der Hand, mit dem er die Blätter und Insekten aus dem Chlorwasser fischte.

Das andere Buch, das dicke, versprach mit seinen goldenen Riesenlettern auf Schwarz und Pink, das man es lesen konnte, wie man einen Becher Häagen-Dazs-Eis löffelte. Ich lag am Pool und erlebte, dass man auf fremdes Glück zurückgreifen konnte, wenn das eigene gerade nicht erreichbar war. Wenn ich aufschaute, sah ich abwechselnd ins Gesicht meines Vaters, der sich Sorgen machte um die Berichte, die ich meiner Mutter liefern würde, und in Carolinas, die bei meinem Anblick so stark zwischen Mitgefühl und ihrer eigenen Agenda hin- und hergerissen wurde, dass sie mir fast leidtat. Mir geht's gut, keine Sorge, ich lese, sagte ich und freute mich, wenn sie erleichtert ihrer Wege gingen.

Katrinka, meine neue Ferienfreundin, stammte aus Prag. Ihre Schöpferin, ebenfalls Tschechin, machte sich wenig Mühe zu verschleiern, dass es sich bei der Heldin um eine nur leicht abgewandelte Version ihrer selbst handelte. Als Skiläuferin im tschechoslowakischen Olympiateam verließ Katrinka den Ostblock nicht irgendwie, sondern per Ski. Im Westen angekommen, wurde sie nicht etwa Taxifahrerin oder Haushaltshilfe, sondern sofort Model. Und dann, in Kitzbühel, tauchte dieser Mann auf. Ein amerikanischer Milliardär, der von Sekunde eins an verstand, dass er es nicht etwa mit einer der vielen Goldgräberinnen zu tun hatte, sondern mit einer ihm ebenbürtigen Königin im Fendi-Hosenanzug, um die selbst er zu kämpfen hatte.

Schwitzend und mit schmerzenden Waden, denn es war der Sommer, in dem ich mir zum ersten Mal die Beine epilierte, wogegen sich meine Haut mit Tausenden von eingewachsenen Haaren wehrte, träumte ich von Kitzbühel, einem Ort, an dem ich in einem schicken Skioverall herumlaufen könnte, den ich nur ausziehen würde, wenn ein gut aussehender Tycoon in mein Hotelzimmer käme, nachdem er sich die ersten dreizehn Nächte seines Aufenthalts nach mir verzehrt hätte.

Und? Wie ist sie so?, fragte meine Mutter mich am Telefon. Supernett, sagte ich. Ich glaube, ich werde nach den Ferien wieder mehr Sport machen.

Das ist gut, mein Schatz, sagte meine Mutter, das freut mich zu hören.

Ich war so besessen von Katrinka, dass ich nicht sofort verstand, dass sie sich nach Carolina erkundigt hatte. Nach zwei Tagen und Nächten war ich bei Band zwei angelangt. Katrinka, mittlerweile eine feste Größe der New Yorker High Society, war mit ihrem zweiten Milliardär verheiratet, und ich hatte entschieden, dass ich lieber nach Sankt Moritz als nach Kitzbühel wollte.

Vielleicht fahren wir auch mal Ski, schlug ich vor und nannte ein paar Orte.

Mal sehen, ich bespreche das mit Alexander, gibst du ihn mir mal, Süße, sagte meine Mutter, deren Sympathie für das Phantom Carolina-Katrinka beim Stichwort Sankt Moritz hörbar abgeflaut war.

Im anschließenden Gespräch mit meinem Vater wurde auch geklärt, dass man mich unter Aufsicht mit in einen Club nehmen könne.

So standen wir irgendwann in der Schlange, ich in einem Kleid von Carolina, das mir zu klein war, was mir nichts mehr ausmachte, als ich ein paar wuchtige englische Mädchen in noch engeren Schläuchen sah, deren Beine auch nicht wohlgeformt oder braun waren und die sich bewegten, als würde dieser Club mitsamt aller sich darin befindlichen Männer nur auf sie warten. Eine nicht wirklich glamouröse, aber immerhin greifbar nahe Variante der Katrinka-Power, die mich kurz ansteckte, auch weil Carolina meinen Vater freundlicherweise dazu gedrängt hatte, mich Wein trinken zu lassen. Vorfreudig bebend stöckelte ich am Türsteher vorbei. Drinnen verloren wir uns sofort. Die Air-Condition war auf Minusgrade gestellt, und trotz der Schlange draußen war der Club leer. Was wir hier veranstalteten, war ein Kompromiss. Ich durfte mit, dafür mussten mein Vater und Carolina gehen, bevor es gut wurde. Was sollen Leute in ihrem Alter auch in einem Club? Die noch unfairere Frage, warum Leute in ihrem Alter sich noch verlieben sollten, unterdrückte ich und flirtete mit einem Spanier, der vielleicht zehn, vielleicht fünfzehn Jahre älter war als ich. Ich verstand, dass er ein Boot hatte. Katrinka hatte eine Yacht, die *Lady Katrinka* hieß. Ich stellte mir vor, dass dieser harmlos aussehende Typ auf seinem Boot jähzornig werden und mich ins Mittelmeer stoßen würde. Katrinka würde in kräftig-eleganten Zügen durch das Wasser gleiten, bis sie eine zufällig vorbeikommende Yacht mit hilfsbereiten Bekannten aus dem Geldadel erreicht hätte, ich dagegen war eine schlechte Schwimmerin, zahlte meinem Verehrer den nächsten Gin Tonic und begab mich auf die Suche nach meinem Vater und seiner Freundin.

Ich fand sie nebeneinandersitzend in einem Séparée. Die angestaute Vorfreude schien ihren Peak im Restaurant erreicht gehabt zu haben. Bettschwer hingen sie in den Polstern, umringt von jüngeren Leuten, und brüllten sich abwechselnd in die Ohren. Zwischendurch saugte Carolina an ihrem Strohhalm, als würde man sie dabei filmen, während mein Vater an seinem Bier nippte, als säße er am Flughafen. Ich, ihr Klotz am Bein, quetschte mich zwischen die beiden und betrachtete die Gänsehaut auf meinen Beinen im Schwarzlicht.

Das wird schon, schrie mein Vater mir ins Ohr. Ich wusste, was er meinte, er meinte mein gesamtes Leben, das mir im Moment nicht gefiel, und ich nickte, weil ich hoffte, dass er recht hatte.

Liebst du sie, fragte ich ihn, als Carolina auf ihren hohen Absätzen davonschritt, um uns neue Getränke zu besorgen. Er sah mich an, wie er mich noch nie angesehen hatte. Seine Pupillen füllten die Iris fast vollständig aus, in seinen nun nicht mehr blauen, sondern schwarzen Augen sah ich ein flackerndes Was? oder *What?* – was er dauernd in einem affektierten Falsett zu Carolina sagte, wenn sie es vorzogen, Englisch miteinander zu sprechen. Er sah mich an, als wäre ich eine Frau, mit der er in diesem Club war, weil er anschließend mit ihr ins Bett gehen würde. Als hätte er die vorangegangenen Minuten versäumt und den Blick beibehalten, der für Carolina bestimmt war. Ich sah auf seine phosphorleuchtenden Zähne und Bartstoppeln. Es war, als könnte ich ihn für einen Augenblick durch die Augen einer seiner Freundinnen sehen. Dann hielt der DJ die Platte an, Pfiffe füllten die synthetische Stille. Als der DJ die Platte wieder losließ und Jubel ausbrach, küsste mein Vater mich auf die Stirn, zum ersten und einzigen Mal.

Ich erinnere mich an diesen Moment, weil ich bis heute ein verblichenes Polaroid von ihm besitze, das Carolina von einem Mann schießen ließ, der sein Geld damit verdiente. Von Carolina nahm ich den Ratschlag mit in mein Leben, dass man als gut angezogene Frau entweder sein Dekolleté oder seine Beine zeigt, niemals beides. Ich sollte dann jahrelang keines von beidem zeigen. Carolina habe ich nie wiedergesehen. Mein Vater machte seine Ankündigung wahr, nicht mehr mit mir zu verreisen, stattdessen kaufte er sich ein paar Jahre später ein Bauernhaus an der Ostsee, in das er mich regelmäßig einlud und in dem er bis heute lebt.

An Katrinka dachte ich erst zwanzig Jahre später wieder. Meinen gesunden Schlaf hatte ich längst verloren. Jeden Morgen wurde ich gegen fünf wach, stand auf und genoss die Stille vor dem Tag. Vor dem Kaffee trank ich eine ausgepresste Zitrone und schaltete das Radio ein. Der Mann, um den es in der ersten Meldung ging – die Vorlage für den unwiderstehlichen, präpotenten und latent gefährlichen Milliardär, dem nur meine Katrinka die Stirn bieten konnte –, würde der 45. Präsident der Vereinigten Staaten von Amerika werden. An einem Novembermorgen stand ich barfuß in meiner Küche, dachte an meinen fast vergessenen Sommer mit Katrinka und Carolina und lachte.

Lisa Kreißler
Das intime Theater

Plötzlich bremsen die Autos hart ab, wechseln die Spur, zuckende Mundwinkel, flackernde Blicke. Auch wir fahren langsamer.

»Ist bestimmt nichts Schlimmes!« Daniel tätschelt mir den Kopf. Ich packe seinen Arm und schmeiße ihm seine Hand zurück in den Schoß.

»Sieht aus wie 'ne Vollsperrung«, sage ich. Das Gefühl der Gefangenschaft ist schon da. Gleich werden wir stehen. Dann geht es einfach nicht mehr weiter. Und es ist heiß. Und ich will nicht besonnen damit umgehen.

Daniel wechselt auf die linke Spur. »Ta det lugnt!«, sagt er. Er weiß, dass die schwedische Sprache den Effekt eines Kinderliedes auf mich hat: Sie entwirft Bilder, in denen alles am richtigen Platz zu sein scheint. Ich bin mir fast sicher, dass es das Wort *Vollsperrung* im Schwedischen gar nicht gibt.

Wenig später stehen wir. Die Autofahrer um uns herum leben aus, was ich mit aller Kraft zu unterdrücken versuche. Sie kurbeln die Fenster runter, starren in die Rettungsgasse wie in ein Orakel. Einige steigen aus, beraten sich, die Hand ans Autodach gestützt, rauchend, ausgeleuchtet vom klebrigen Mittsommerlicht. Eine halbe Stunde sitzen wir da. Daniel telefoniert. Ich balle die Fäuste. Als er fertig ist, steigt er aus. Er läuft zum Kofferraum, grinsend taucht er mit einer Tüte Weingummi an der Beifahrertür auf.

»Komm, wir machen Picknick!«

Der Standstreifen hat sich zu einer Art Notstrand entwickelt. Babys krabbeln über den heißen Asphalt. Jemand spielt Trompete. Spärlich bekleidet flanieren die Menschen am zur Ruhe gekommenen Blechmeer entlang. Auch mir gefällt es, schmollend auf der Leitplanke zu sitzen und Daniel dabei zuzuschauen, wie er einen Lkw-Fahrer beim Rauchen seiner E-Zigarette filmt. Er lacht noch lauter als sonst. Ich kann hören, wie sehr er sich auf alles freut, was da am Ziel unserer Reise glitzert.

Als wir weiterfahren, betrachten wir schweigend die Unfallszene auf dem Standstreifen. Die ineinander verschlungenen Autowracks sind leer. Die Polizisten machen sich Notizen. Und trotzdem habe ich das Gefühl: Die Toten sind ganz in der Nähe.

*

Daniel parkt unseren Volvo ein paar Meter entfernt von der Hütte, mitten im Wald. Es ist eine sehr einfache Hütte, mit dunklen Latten vertäfelt, abgeplatzter Lack an den Fensterläden.

Es könnte die Hütte eines Jägers sein oder eines Mörders. Hier plant er seine Verbrechen und kehrt dann nach der Tat auf diese hübsche kleine Veranda zurück. Er nimmt sich einen Stuhl. Er legt die Hände in den Schoß; und während er dort sitzt, strahlt er eine Gelassenheit aus, die nicht einmal den Tieren verdächtig vorkommt.

»Ich wäre dir einfach nur sehr dankbar, wenn du es nicht offen zum Thema machen würdest«, sage ich. Daniel hat die Hand schon am Türgriff.

»Wieso denn nicht? Sicher ist sicher!« Seine Augen sprühen vor Elan. Eine Welle der Wehmut überrollt mich, als ich den Leberfleck auf seiner Nasenspitze sehe. Es sieht aus, als hätte er sich als Katze schminken wollen, hätte dann aber die Schnurrhaare vergessen. Als wir uns kennenlernten, habe ich diesen Fleck für eine spezielle Markierung gehalten. Mittlerweile gehört er mehr Roberta als Daniel. Sie hat die Markierung ihres Vaters geerbt. Einmal habe ich sie dabei erwischt, wie sie nach der Schule vorm Spiegel stand und versuchte, sich den Fleck abzukratzen.

Daniel ist schon aus dem Auto gesprungen. Er rennt auf das Haus zu, hüpfend, ganz leicht. Noch bevor er die Veranda erreicht hat, stößt Tessa die Tür auf. Barfuß, in einem bunt bestickten Kimono tritt sie uns entgegen. Ihre langen blonden Haare sehen frisch gekämmt aus. In der Hand hält sie eine halbe Gurke. Sie kaut, sie lacht, sie ruft: »Endlich!« Kleine Gurkenstückchen fliegen dabei aus ihrem Mund. Tessa und Daniel umarmen sich lange. Ich kann sein Gesicht dabei sehen. Er schließt die Augen und lächelt erlöst. Auch mich umarmt Tessa innig. Sie presst mich an sich, legt ihr Kinn auf meiner Schulter ab und atmet tief ein. »Schön, dass du mitgekommen bist!« Ihr warmer Atem in meinem Nacken. Dann ist sie schon wieder auf dem Weg nach drinnen. Sie bewegt sich wie jemand, der weiß, dass er ein Publikum hat.

»Wow!« Daniel blickt sich andächtig in der kleinen Wohnküche um, als hätte er eine Kirche betreten. Er holt sein Handy raus und beginnt, Fotos von der Tapete zu machen. Und immer wieder »Wow!« und »Vad fint!«. Wenn wir jetzt alleine wären, würde ich ihn vermutlich anschreien, damit er aufhört.

»Jochen ist noch unterwegs. Ich wollte gerade zum See fahren. Habt ihr Lust?«, fragt Tessa.

»Absolut! Vad bra!«, sagt Daniel. Daraufhin stößt Tessa ein halb gespieltes, halb organisches Stöhngeräusch aus. »Schwedisch klingt irgendwie immer so *sehnsuchtsvoll*, findest du nicht?«

»Ich bleibe lieber hier«, sage ich. »Ich bin müde.«

»Du bist bestimmt froh, dass du die Kinder mal los bist. Ruh dich aus!« Tessa stößt die Tür auf zu einem schönen hellen Zimmer mit einem großen frisch bezogenen Bett.

*

Das Geräusch der am Lenker zitternden Fahrradklingeln und wie es sich langsam entfernt. Die Tür nach draußen steht offen. Wind streicht über meine Unterarme, mein Gesicht. Während ich mich auf das Sofa fallen lasse, zupfe ich mir ein langes blondes Haar von den Lippen.

Im Zimmer liegen Manuskripte herum, Bildbände, Notizen, Steine, Fotos, Fundstücke. Es ist so eine Unordnung, die sich in ihrer ästhetischen Vollkommenheit wieder aufhebt. Dazu trägt vor allem die kühle Sauberkeit bei, die unter den Dingen liegt. Das Bett im Schlafzimmer ist mit übernatürlicher Perfektion gemacht. Niemals könnte ich mich in so ein Bett legen. Ich entstamme einem Universum aus mit Rotz beschmierten Kopfkissen, der Fußboden in unserer Wohnung ist übersät mit einzelnen Socken, Legosteinen, Puppen, angebissenen Äpfeln, auf meinem Schreibtisch: Kaffeetassen, in denen es schimmelt, schlecht behandelte Bücher, Schnipsel, überall Kabel, überall Kameras. Nicht selten empfinde ich unsere vier ineinander verschränkten Leben, Daniels, Robertas, Siggis und meines, als unentwirrbar.

Ich streiche mit der Hand über die leere glänzende Arbeitsfläche in dieser fremden Küche. Ich nehme ein Messer aus der Schublade. Ich bin mir sicher, es ist poliert.

\*

Seit zwei Jahren übersetze ich schwedische Krimis ins Deutsche. Mittlerweile könnte ich diese Krimis selbst schreiben. Tote, Sex, Regen und dann die Andeutung von mehr Toten, mehr Sex und einem Wetterumschwung. Im Augenblick übersetze ich allerdings einen Vampirroman:

*Lange hatte Liv auf diesen Augenblick gewartet. Jetzt war es endlich so weit. Simon betrat seine Wohnung. Er zog die Schuhe aus, hängte seinen Mantel an die Garderobe. Aus ihrem Versteck konnte Liv sehen, dass er sich im Spiegel zulächelte. Jede verdammte Sekunde seines Lebens war dieser idiotische Mensch stolz darauf, was für ein prächtiges Exemplar aus ihm geworden war. Er ging ins Badezimmer, ließ sich ein Bad ein. Liv folgte ihm wie ein Schatten. Sie konnte die Härchen in seinem Nacken sehen. Sie hörte das Blut durch seine Adern rauschen. Niemand hatte ihr so viel Leid zugefügt wie dieser Mann. Er öffnete die Kühlschranktür, und für einen kurzen Augenblick durchzuckte Liv der Gedanke, dass er wusste, dass sie hier war, um ihn zu töten, und dass er die Vorstellung genoss.*

Als ich vom Computer aufsehe, steht Jochen vor mir.

Einen Moment nehme ich ihn noch in der Aura des Vampirromans wahr: ein Mann, ein von Grund auf böses Wesen, das auf der Stelle ausgesaugt werden muss.

»Was ist?«, fragt Jochen.

»Nichts!«

Ich stehe auf. Unsere Umarmung missglückt in jeder Hinsicht. Ich stoße mit dem Kinn an seine Schulter, beiße mir auf die Zunge. Jochen schlingt seine Arme um mich wie um etwas, das er eigentlich nicht berühren möchte. Wir hätten uns lieber die Hand geben sollen. Wir kennen uns überhaupt nicht.

Daniel und Tessa haben sich vor einem Jahr bei Dreharbeiten kennengelernt. Tessa ist Regisseurin, Daniel Kameramann. Wahrscheinlich waren sie vom ersten Moment an ineinander verliebt. Daniel wirkte fast ein wenig besessen. Er redete von nichts anderem mehr als ihrem Gefühl für die richtigen Bilder. Die beiden begannen, eng zusammenzuarbeiten. Daniel brachte Tessa mit nach Hause. Wir freundeten uns an. Irgendwann, später, erzählte Daniel mir von ihrem Mann. »Bisschen einfach gestrickter Typ. Aber er ist wohl ein ziemlich guter Kinderarzt.«

Siggi ist ein skeptisches Kind, zwei Jahre alt und immer auf einen Angriff gefasst. Die Arztbesuche mit ihm übertrafen meine Albträume davon. Wir machten einen Termin bei Tessas Mann. Als er die Tür zum Wartezimmer öffnete, war ich sehr erstaunt. Er sah fast hässlich aus mit seiner Glatze, der riesigen Nase und dieser Blässe, die zwar nicht ungesund war, aber doch etwas Gespenstisches hatte. Es fiel mir schwer, diesen Menschen mit Tessa in Verbindung zu bringen, mit ihrer Strahlkraft, ihrer Sinnlichkeit. Im Behandlungszimmer durfte Siggi alle Schränke ausräumen. Jochen stellte mir Fragen zu seiner Gesundheit. Ab und zu lächelte er Siggi von seinem Schreibtisch aus an. Ich spürte, dass Siggi ihn mochte. Wir redeten nicht über Tessa und Daniel. Ich war die Mutter seines Patienten, und er war sein Arzt. Dann saß Siggi auf meinem Schoß. Jochen sah ihn lange an, die Spritze in der Hand. Er sagte: »Das ist jetzt echt doof!«, und Siggi weinte, aber er wehrte sich nicht. Nach einer Ewigkeit nahm Jochen sein Bein und stach mit der Nadel, sehr langsam, in seinen Muskel. Siggi zuckte und schrie. Und während Jochen das Impfserum in den Körper meines Sohnes drückte, betrachtete ich sein fremdes Gesicht, und erst da wurde mir bewusst, wie sehr er mir gefiel.

\*

»Stört es dich, wenn ich die *Sportschau* gucke?« Jochen nimmt sich ein Bier aus dem Kühlschrank. Sehr direkt schaut er mich an aus seinen kleinen dunklen Augen.

»Nein!«

Er öffnet die Bierflasche, wirft den Kronkorken in den Müll, dann nimmt er den Lappen von der kleinen Wäscheleine, die extra für diesen Lappen über die Spüle gespannt worden sein muss, und wischt mit großer Sorgfalt ein paar Tropfen (meine Spuren!) von der Arbeitsfläche.

Ich tue so, als würde ich weiter an meiner Übersetzung arbeiten. In Wirklichkeit beobachte ich Jochen:

Er sitzt auf dem Sofa, vorgebeugt, die Arme auf die Knie gestützt. Stadiongeräusche durchströmen das Zimmer. Seine Augen kleben am Fernseher, manchmal gefriert er vollständig, sogar sein Atem setzt aus. Dann bewegt er sich wieder, trinkt einen Schluck Bier. Ein Tor. Er springt auf, reißt die Faust hoch und stößt einen kriegerischen, sehr lauten Schrei aus. Erschreckt schaut er zu mir rüber – und dann lachen wir. »Oh Gott!«, sagt er und schüttelt den Kopf. Ich gehe zum Kühlschrank. Ich habe jetzt auch Lust auf ein Bier.

\*

»Ich finde es besser, wir nehmen nur vier Protagonisten. Dann können wir mehr über sie erzählen!«, sagt Tessa und lehnt sich zurück. Wir sitzen an einem kleinen runden Tisch auf der Veranda. Kerzenlicht, Musik von drinnen, Kälte rollt von den dicht stehenden Bäumen an unsere nackten Beine heran. Der Wald duftet dunkel und schwermütig.

»Es wird nicht leicht, eine Auswahl zu treffen«, sagt Daniel. »Die Männer sind alle so geheimnisvoll!«

»Das sind ganz normale alte Männer, Daniel! Warum musst du immer so übertreiben?«, sage ich.

»*Normal?* Hast du denn überhaupt keine Phantasie?« Daniel ist wütend auf mich.

Seit einer Stunde reden wir über den Dokumentarfilm, den Tessa und Daniel morgen zu drehen beginnen. Sie porträtieren einen Männergesangsverein, kurz vor dem Untergang. Die jungen Männer im Dorf haben kein Interesse mehr am Singen, und die Sänger sind alt geworden, jedes Jahr werden es weniger.

»Das eigentliche Thema des Films ist der Atem«, sagt Tessa. »Wir zeigen die Männer zu Beginn der Chorprobe beim Luftholen, und dann kommen ihre Geschichten, vom Krieg und der Landwirtschaft, von ihren Frauen und Kindern, ihren Krankheiten, und vielleicht erzählen sie uns auch von ihren Träumen. Bei Gerd hatte ich schon das Gefühl, dass er sich sehr öffnen könnte. Und ganz am Ende des Films atmen sie aus und fangen an zu singen. Ein ganzes Leben in einem Atemzug.«

Daniel klatscht in die Hände: »Das ist so gut!«

Tessa tätschelt ihm den Kopf, auf die gleiche Art, wie es Daniel heute Mittag im Stau bei mir gemacht hat. Sie sitzt dicht neben ihm. Es kostet die beiden viel Anstrengung, sich nicht ständig zu berühren.

Jochen hat bisher sehr viel gegessen und wenig gesagt. Jetzt dreht er sich zu mir: »Ich lese übrigens gerne schwedische Krimis.«

»Wirklich?«

»Ja!«

»Wisst ihr eigentlich, dass es ein eigenes Wort für die Schwedenliebe der Deutschen gibt?«, frage ich.

»Quatsch!«

»Doch! Sie nennen es ›Bullerbü-Syndrom‹. Der Begriff wurde vom schwedischen Sprachrat sogar in den offiziellen Wortschatz aufgenommen. Die Deutschen sehnen sich seit dem Krieg nach einer unschuldigen Landschaft, die ihrer eigenen ganz ähnlich ist. Deshalb lieben sie Schweden so. Alles ist fast wie in Deutschland, nur leerer und frei von Schuld.«

»Also, ich habe da noch einmal eine ganz andere Frage«, unterbricht mich Daniel. Er kratzt sich am Kopf. »Ist es wirklich in Ordnung für dich, Jochen?«

»Mach dir keine Gedanken!« Jochens Stimme klingt ein wenig heiser. Tessa greift nach seiner Hand. »Wir machen das schon seit ein paar Jahren so.«

»Für uns ist es neu«, sagt Daniel und schaut mitleidig zu mir rüber. Ich gieße mir einen Schnaps ein, trinke ihn schnell aus, wische mir über die Lippen und gehe ins Haus. Für einen Augenblick bin ich mir sicher, dass unsere Kinder hier sind. Siggi und Roberta liegen in dem großen weißen Bett. Gleich werde ich dicht an das Bett herantreten und ihre vom Schlaf entwaffneten Gesichter betrachten. Ich werde mich auf die Bettkante setzen und weinen über all die Enttäuschungen, die vor ihnen liegen. Dann lege ich mich in ihre Mitte, atme den kostbaren Duft ihrer Haut. Im Schlaf verschmelze ich mit ihnen – und am Morgen bin ich nicht mehr da.

*

Daniel kommt rein. Er dreht die Musik lauter, tippt irgendwas in sein Handy. Die ersten Akkorde eines Bowie-Songs ertönen. Er schaut von seinem Handy auf. Er hat ein schlechtes Gewissen. Plötzlich stürzt er auf mich zu. »Ach, Sigrid!«, flüstert er und drückt mich an sich. Als er mich wieder loslässt, hat er Tränen in den Augen.

Wenig später sind wir alle sehr betrunken. Daniel und Tessa haben die Veranda zu ihrer Bühne gemacht. Ich schaue ihnen zu. Zwei Schauspieler, die wissen, worauf es bei einem guten Kuss ankommt: Je länger man ihn hinauszögert, desto mehr bedeutet er. Ihre Gesichter sind sich sehr nahe. Aus weichen Lidern verbinden sich ihre Blicke. Seltsam verloren kommen sie mir vor in ihrer zielgerichteten Erregung. Als die beiden sich endlich küssen, streckt Tessa ihre Hand nach mir aus. Ich nehme ihre Hand und drücke sie kurz. Dann wende ich mich ab.

Jochen sitzt auf den Stufen der Veranda und raucht.

»Du bist ein komischer Arzt!«, sage ich.

Er hält mir die Zigarette an die Lippen. Ich nehme einen tiefen Zug. Das Nikotin beflügelt mich augenblicklich, gleichzeitig wird mir schlecht. Jochen steht auf.

»Lust auf einen Spaziergang?«

\*

Es sind die längsten Tage des Jahres. Wir laufen am Waldrand entlang. Die Felder liegen in blauem, grobkörnigem Licht. In der Ferne ist noch eine schwache Linie zu erkennen, die den Himmel von der Erde trennt. Die Felder sind sauber zurechtgeschnittene Flächen. Das Getreide wächst gleichmäßig hoch. Wir laufen in den Treckerspuren, die dem Weg eingeprägt sind. Jochen in der linken. Ich in der rechten. Trotzdem stoßen wir oft aneinander, mit den Ellbogen, manchmal sogar mit den Schultern. Dann sagen wir »Entschuldigung!«, und jeder geht wieder zurück in seine Spur. Jochens Schritte sind die eines großen Menschen. Er ist sehr schweigsam. Auch in mir wird es immer stiller, je länger wir gehen. Nur manchmal steigt eine Frage in mir auf: *Was meinst du: Wenn wir sterben, hat dieser Übergang dann eher eine Nähe zum Einschlafen oder zum Gebären?* Aber ich sage nur: »Hast du das Reh gesehen?«, oder »Wir hätten mehr Schnaps mitnehmen sollen.« Wir begegnen Fledermäusen, einem Hasen, wir sehen Rehe und sogar einen Dachs. Es weht kein Wind, und ich weiß nicht, wohin wir laufen. An einer Wiese verlässt Jochen den Weg. Er geht in die Wiese, durch das hohe Gras. Mittendrin bleibt er stehen. Er dreht sich zu mir um. Im sachten Licht der Juninacht sehe ich nur seine Konturen. Ein Umriss. Ein unbekanntes Gebiet. Einen Moment lang tue ich noch so, als würde ich zögern. Dann gehe ich ihm nach.

*

Es ist zwar schon hell, aber noch sehr früh am Morgen. Die frisch erwachten Stimmen der Vögel prasseln auf uns herab. Und ich kann sie sehen: spielende Schwalben, ein Schwarm Stare, eine sachte segelnde einsame Krähe. Vorsichtig schaue ich rüber zu Jochen. Er ist auch schon wach. In seinen Augenwinkeln klebt Schlaf. Sein Bart ist über Nacht gewachsen.

»Guten Morgen!«, sagt er freundlich. »Hast du auch so gefroren?«

Das Lachen strömt leicht mit meinem Atem aus mir heraus. Jochen wischt sich mit der flachen Hand über das Gesicht. Als er wieder darunter hervortaucht, schaut er mir plötzlich sehr ernst entgegen. Langsam legt er seine Hand an meine Wange. Wir schauen uns an. Und ich muss an die Nadel beim Impfen denken, wie sie Siggis Haut zunächst nach innen drückte und sie dann durchstach, als Jochen mich im unschuldigen Licht des neuen Tages zum ersten Mal küsst.

*

Vor der Hütte sind Tessa und Daniel schon dabei, das Auto zu packen. Sie sehen müde aus. Sogar Tessa wirkt irgendwie gestresst. Daniel hat sein Handy zwischen Ohr und Schulter eingeklemmt. Mit schief gelegtem Kopf schließt er den Reißverschluss seiner Kameratasche. »Ja, Sweetie, wir sehen uns am Donnerstag!«, sagt er ins Telefon. Sein Lächeln erschlafft, als er mir das Handy entgegenstreckt. »Roberta!«, sagt er nur. Er kann mir kaum in die Augen gucken. Dreht sich um und geht weg. Jochen hält noch immer meine Hand. Als ich das Handy zum Ohr führe, beugt er sich zu mir runter, küsst mich, halb auf die Wange, halb auf den Mund.

»Mama? Bist du da?«

»Hallo, Roberta! Alles klar bei euch?«

»Ich habe mit Opa zwei Molche gefangen.«

»Echt?«

»Ja, sie haben beide goldene Haut und Punkte. Ein kleiner und ein großer. Können wir bitte, bitte heute noch mal hier schlafen? Siggi ist auch voll lieb. Er nervt überhaupt nicht.«

»Das musst du mit Oma und Opa klären. Ich hab nichts dagegen.«

»Ist schon alles gebongt.«

»Okay, ich meld mich später noch mal. Sagst du ihnen das, ja?«

»Ja, mach ich.«

»Roberta, weißt du was? Ich habe heute Nacht einen Dachs gesehen!«

»Und: Hat er dich angegriffen?«

»Nein, es war ganz verrückt. Er hat uns gar nicht bemerkt.«

»Was habt ihr denn gemacht?«, fragt Roberta. Ich hole gerade Luft, da sind im Hintergrund Stimmen zu hören. »Mama, es gibt jetzt Eis! Tschüss!«

»Tschüss!«, sage ich noch, aber Roberta hat schon aufgelegt.

*

Daniel und Tessa steigen in unser Auto. Sie sind spät dran. Tessa hält die Hand aus dem Fenster und winkt. Daniel winkt nicht. Er sitzt mit nach vorn eingeklappten Schultern hinterm Lenkrad. Auch wenn ich nur seinen Hinterkopf sehe, weiß ich, dass er traurig ist. *Ach, Daniel!*

Das Geräusch des Motors ist immer noch zu hören, da fragt Jochen:

»Hast du Lust auf einen Kaffee?«

Ich nicke.

Jochen streicht mir über den Unterarm. Dann geht er ins Haus.

Ich stehe allein auf der Veranda. Über den Bäumen ziehen Wolken auf. Die Luft riecht schon nach Regen.

Helga Bünster
Zum Fluss

Ilse saß auf der alten Bank vor dem alten Haus. Sie trank aus der Gutemuttertasse ihren Morgenkaffee. Mama schlief noch in ihrem Ohr. Der Sommer war jung. Der Tag duftete nach vergangener Nacht. Sie hatte wieder schlecht geschlafen wegen der Ameisen in ihren Füßen. Die hingen an ihren Beinen wie Anker. Sie wackelte mit den Zehen. Noch waren sie nicht geschwollen. Noch könnte sie um den Pudding gehen, Bewegung täte ihr gut, hatte der Doktor gesagt. Nur mal gucken, was los war im Dorf. Ein Pfund Kaffee im Edeka kaufen. Der war im Angebot. Sie blieb sitzen. Die Nachbarn kamen aus dem Haus.

»Moin!«, rief sie.

»Moin, Ilsebill!«, grüßte der Mann zurück und lachte. Wenn er sie so nannte, hatte er gute Laune. Die Frau grüßte auch.

Ilse hatte Glück mit den Nachbarn. Der Mann und die Frau redeten mit ihr. Heute zogen sie Koffer hinter sich her und waren sehr beschäftigt. Es waren große Koffer. Ein Riesengroßer war auch dabei. Der musste neu sein. Ilse kannte die Koffer der Nachbarn, denn sie verreisten oft.

»Wollt ihr ausziehen?«, rief sie über die Hecke und lachte.

»Ach was!« Die Frau winkte ab. Sie sah müde aus.

»Nur mal schnell in die Kasseler Berge«, sagte der Mann. Er sah nicht müde aus.

Der Wagen stand frisch gewaschen vor der Garage. Er öffnete den Kofferraum und legte die Rückbank um.

»Und?«, fragte die Frau.

»Niemals«, sagte der Mann.

»Was du immer hast!« Die Frau schob ihm zwei Koffer hin.

Mama rührte sich in Ilses Ohr. Wollen die schon wieder los?

»In die Kasseler Berge«, antwortete Ilse laut, denn Mama war meistens schwerhörig.

»Nur dass man mal rauskommt!« Die Frau dachte, Ilse habe mit ihr gesprochen. Sie irrte sich öfter.

Der Mann schob den ersten Koffer tief in den Wagen. Die weiße Hose, dachte Ilse, hoffentlich bleibt sie sauber. Der Mann trug immer weiße Hosen und weiße Slipper. Er mochte es maritim. Er sang im Shantychor. Die Frau nicht. Für die Reise hatte sie ein rotes Sommerkleid gewählt. Es stand ihr gut. Ihr stand eigentlich alles. Sie war schön. Besonders der Mund gefiel Ilse. Sie hatte einen schönen Mund. Aber sie konnte nicht singen.

»Wir haben einen Wohnwagen gemietet. In den Kasseler Bergen«, sagte sie. Es klang nicht, als würde es ihr gefallen. Ilse wunderte das. Sonst freute sich die Frau, wenn es losging. Heute aber nicht. Vielleicht lag es an den Gewittern, die der Wetterdienst vorausgesagt hatte. Vielleicht gefiel ihr etwas anderes nicht.

Der Mann kroch aus dem Wagen hervor. Er atmete schwer, er litt unter Bluthochdruck. Seine Hose war sauber geblieben.

»Das passt nie und nimmer!«

»Schrei nicht so«, sagte die Frau leise. »Es müssen ja nicht alle mitkriegen, dass wir ein Kofferproblem haben.«

Ilse hatte es trotzdem gehört. Die Grundstücke lagen eng beieinander. Das Haus der Nachbarn stand nur wenige Meter von Ilses Bank entfernt, auf der sie jeden Morgen ihren Kaffee trank, außer im Winter und bei starkem Regen. Diese Gewohnheit hatte sie nach Mamas Tod angenommen, lange bevor die Nachbarn ihr Haus gebaut hatten. Sie war nicht neugierig. Es passierte nur nichts in ihrem Leben.

»Zu Hause ist es am schönsten, was, Ilsebill?«, rief der Nachbar über die Hecke. Er sagte öfter solche Sachen, und Ilse lachte darüber, weil es ihn freute, wenn sie seine Scherze mochte. Die Frau lachte selten.

»Von den Kasseler Bergen habe ich schon oft im Radio gehört«, sagte Ilse.

»Wohl eher vom Kasseler Kreuz.« Die Frau hob die Hände, als müsse sie sich für Kassel entschuldigen. »Ist nur mal so für Zwischendurch. Man hat ja lange genug die eigene Tapete angestarrt.«

»Ach was! Das ist eine vollkommen verkannte Gegend.« Der Mann zog ein Taschentuch aus der Hosentasche und wischte sich den Schweiß vom Gesicht. Das Packen strengte ihn mehr an als sonst. »Ich sag nur: Wasserspiele und Wilhelmshöhe.«

»Ich fliege lieber in die Sonne.«

»Und ich wollte schon immer mal campen. Die Natur, die Ruhe, die frische Luft.«

»Ich bin lieber im Hotel. Der Service, das Frühstück, der Pool.«

»Dann wünsche ich eine gute Reise«, sagte Ilse.

Die Frau wandte sich ab. Sie schob ihrem Mann einen weiteren Koffer hin und dann den Riesengroßen. Er stand am Wagen, die Arme in die Hüften gestemmt, er nahm mit den Augen Maß.

Wo wollen die schon wieder hin?, fragte Mama, die für Reisende wenig übrighatte.

»In die Kasseler Berge!«, sagte Ilse laut, damit Mama es hörte.

»Ja, in die Kasseler Berge!«, wiederholte die Frau. Ilse verstand nicht, was sie falsch gemacht hatte. Sie beschloss, lieber nichts mehr zu sagen.

Der Mann ging in die Knie, hievte den nächsten Koffer in den Wagen und schob mit aller Kraft. Es ging nichts vor und nichts zurück. Der Koffer stellte sich quer. Der Mann drückte mit dem Knie dagegen.

»Du kriegst Flecken.« Die Frau zeigte auf die weiße Hose.

»Dann hilf mir.«

Die Frau fasste mit an. Dabei brach ihr ein Nagel ab. Sie steckte den kaputten Finger in den Mund.

Der Mann klopfte sich die Hose ab, die nun doch einen Flecken abbekommen hatte. Der ließ sich rauswaschen.

»Geht es jetzt los?«, fragte Ilse.

»Der Koffer passt nicht.«

Der Mann zog den sperrigen Koffer mit einem Ruck wieder aus dem Wagen. Er fiel auf das Pflaster.

»Pass doch auf«, sagte die Frau.

»Er ist mir aus der Hand gerutscht«, entschuldigte sich der Mann.

Ilse trank von dem Kaffee, der nicht mehr schmeckte. Drinnen hatte sie welchen aufgebrüht. Sie fragte sich, ob sie die Nachbarn zu einem Tässchen an die Hecke einladen sollte. Vielleicht würde frischer Kaffee sie aufheitern? Oder war es dafür schon zu heiß?

Wer viel fragt, der viel irrt, antwortete Mama in ihrem Ohr. Sie kannte viele solcher Sprüche. Ilse blieb sitzen.

Der Mann hielt sich nach dem Koffersturz den Rücken.

»Das Vorher!«, rief er zu Ilse hinüber. »Das ist das Schlimmste an so einer Reise. Aber wenn man erst mal da ist!«

»Ich hasse campen«, sagte die Frau.

»Beim Campen sieht man nachts den Sternenhimmel«, sagte Ilse, die das aus dem Fernsehen wusste. Sie wollte, dass der Mann und die Frau sich wieder vertrugen. Sie mochte die beiden. Sie bewunderte sie. Die kannten sich aus in der ganzen Welt. Die hatten auf Kreuzfahrtschiffen die Ozeane befahren, in Afrika ein Nashorn fotografiert und mit den Griechen getanzt. Oder mit wem auch immer. Ilse brachte die Anekdoten durcheinander. Der Mann kam nach jeder Reise an die Hecke und zeigte ihr Fotos auf dem Handy. Die Frau kaufte Tomaten von Ilse, kaum dass die Koffer ausgepackt waren, und erzählte vom fremden Essen, von den guten oder schlechten Matratzen in den Hotelbetten, vom Wetter und vom Pool. Man buchte immer mit Pool. Aber Ilses Tomaten, die habe man vermisst. Das sagte sie nach jeder Heimkehr und kaufte noch ein Sträußchen Petersilie dazu. Gab es Spektakuläres zu berichten, wie den Ritt auf einem Kamel um die Pyramiden, nahm sie noch ein halbes Dutzend Eier mit. Ilse hörte die Geschichten gerne. Es fühlte sich an, als sei sie ein wenig dabei gewesen. Auf die Kasseler Geschichten freute sie sich besonders.

Sie selbst bedauerte, dass sie nur die Geschichte mit dem Rouladenmann erlebt hatte. Und die mit dem Fluss, aber die behielt sie lieber für sich. Die Rouladenmann-Geschichte hatte sie dem einen oder anderen bei Gelegenheit erzählt.

Manch einer im Dorf erinnerte sich noch an den Zirkus, der vor langer Zeit ins Dorf gekommen war. An den Feuerschlucker, die Schweinedressur und auch an den Rouladenmann. Das Dorf hatte ihn damals wegen der Nadeln so getauft. Solche benutzten die Frauen für Rouladen. Der Mann hatte sie sich durch die Haut gestochen. In die Arme und durch die Wangen. Er hatte am Ende wie ein Igel ausgesehen, aber es hatte nicht einmal geblutet.

Es war noch gar nicht lange her, da hatten die Nachbarn sie gefragt, ob sie denn gar nichts zu erzählen hätte und ob sie nie etwas erlebe. Da hatte Ilse sich zu der Geschichte vom Rouladenmann hinreißen lassen.

Hättest vom Fluss erzählen sollen, sagte Mama, die in das andere Ohr gewandert war. Ilse schlug mit der Hand dagegen, bis sie schwieg. Vom Fluss wollte sie nichts hören. Der Fluss war wie die Kasseler Berge. Man kam nicht hin.

»Ohne den Koffer campe ich nicht!«, sagte die Frau gerade zu ihrem Mann.

Die Nachbarn hatten den Riesengroßen, der nach dem Sturz immer noch auf dem Pflaster lag, nun schon eine ganze Weile schweigend und ratlos angestarrt. Jetzt ging der Mann um den Koffer herum. Er zählte dabei seine Schritte.

»Knapp vier Meter«, sagte er zu seiner Frau.

»Du spinnst ja!«

»Ein Schritt, ein Meter.«

»Du hast viel zu kurze Beine.«

»Wir können auch zu Hause bleiben!« Nun klang der Mann gereizt.

»Geht es jetzt los?«, fragte Ilse. »Gute Reise!« Sie meinte es gut, aber der Mann und die Frau stritten sich weiter. Ilse hielt sich die Ohren zu. Sie wusste, sie sollte ins Haus gehen, ihr

Tagwerk beginnen, die Tomaten gießen, die Hühner versorgen und die Eier einsammeln. Es konnte gut sein, dass heute jemand Eier kaufen wollte. Das Wochenende stand bevor. Sie blieb sitzen. Sie dachte an den Fluss. Man konnte zu Fuß dort hingelangen, wenn man gute Füße hatte. Vielleicht würde sie es eines Tages noch einmal versuchen, wenn der Tag freundlich war, die Füße nicht schon am Morgen schmerzten und keine Gewitter heraufzogen. Jetzt zog schon schwüle Luft herauf, so wie an dem Tag, als ihre Klasse zum Fluss gewandert war.

Der Lehrer hatte den Wandertag lange geplant. Er erzählte der Klasse Geschichten vom Fluss. Dass man dort einen Schatz finden konnte und einen Wunsch freihatte, wenn man erst einmal angelangt war. Die Klasse wanderte ohne sie los. Ilse konnte nicht richtig laufen, das musste sie einsehen. Es kränkte sie so sehr, dass sie am nächsten Tag alleine losging. Der Lehrer hatte den Weg ausführlich beschrieben. Sie kam auch gut voran, Schritt für Schritt. Es roch nach Harz und trockener Heide. Die Sonne brannte heiß. Sie spürte, wie die Füße in den Schuhen aufquollen wie Hefeteig, aber das machte nichts. Damit war es bald vorbei. Sie stellte sich den Moment vor, in dem sie die Füße in das Wasser tauchte und der Fluss sie heil machte, denn sie hatte ja einen Wunsch frei. Als sie glaubte, den Fluss schon zu riechen, da holte Mama sie ein und schleifte das ungezogene Gör nach Hause, denn der Lehrer war bei ihr gewesen und hatte nach Ilse gefragt, weil sie unentschuldigt gefehlt hatte. Von da an riefen alle hinter ihr her. *Humpelilse, zum Fluss willse, kommtse aber nich!*

Mama schickte sie zur Strafe barfuß in die Beete. Die Schuhe hatte sie ihr von den Füßen schneiden müssen. Das störte das Unkraut nicht, das sie zu jäten hatte, bis sie wieder zu Verstand gekommen wäre. Zuerst die Arbeit, dann das Vergnügen, predigte Mama, nur ging die Arbeit niemals aus.

Nebenan ging der Streit um Koffer und Kassel weiter.

Der Mann seufzte. »Unser Auto ist viel zu klein für diese Reise.«

»Du hast kein Augenmaß.«

»Dann mach du doch.«

Die Frau versuchte es nun allein, schaffte es aber auch nicht. Der Mann konnte nicht lange mit ansehen, wie seine Frau sich quälte. Gemeinsam schoben sie schließlich den Koffer in den Wagen. Einen Moment lang sah es so aus, als ginge er hinein, es fehlten nur wenige Zentimeter. Sie drückten gemeinsam die Kofferraumklappe herunter, und Ilse hoffte inständig, dass es nun ging.

Die Frau gab auf, der Mann auch. Seine Hose sah aus, als hätte er sie beim Umgraben getragen. Der Mann sagte, dass er von Anfang an gesagt habe, dass dieser riesengroße Koffer für die Kasseler Berge unbrauchbar sei. Die Frau sagte, das sei seine Hose auch.

»In den Kasseler Bergen gibt es nicht einmal Meer!«

»Aber einen Shantychor! Ich habe mich erkundigt.«

Die Frau sah zur Hecke hin.

Ilse winkte. »Gute Reise!«

»Ach was, Reise!« Die Frau gestikulierte aufgebracht. Der Mann versuchte, sie zu beruhigen, aber sie rannte ins Haus und schlug die Tür hinter sich zu.

»Die Kasseler Berge schaffen wir nicht«, sagte der Mann.

»Den Fluss habe ich auch nicht geschafft«, flüsterte Ilse, denn sie wollte nicht, dass der Mann sie hörte. Sie trank den letzten Schluck Kaffee aus der Gutemuttertasse. Irgendwann gehe ich hin, dachte sie und winkte dem Mann.

»Man muss nur Geduld haben!«

Der Mann sagte nichts dazu. Er folgte seiner Frau ins Haus.

Schlag dir den verdammten Fluss aus dem Kopf, sagte Mama.

»Niemals. Ich habe noch einen Wunsch frei!«

Sei nicht albern, sagte Mama und lachte sie aus.

Da nahm Ilse die Tasse und warf sie in die Hecke. Der Henkel brach ab.

Ilse stand von der Bank auf. Es dauerte ein wenig, bis sie nicht mehr schwankte wie ein Schilfrohr. Dann wagte sie die wenigen Schritte zur Hecke hin, um die Gutemuttertasse aufzuheben. Den Henkel legte sie hinein, damit er nicht verlorenging. Sie nahm sich vor, ihn wieder anzukleben. Das hatte sie schon mehrmals getan. Mit Sekundenkleber hielt der Henkel dann für eine Weile.

Ilse sah noch einmal zu den Nachbarn hinüber. Nichts rührte sich nebenan, obwohl der Kofferraum weit offen stand mit all dem Gepäck. Sie sollte bleiben und darauf aufpassen, bis der Mann und die Frau wiederkamen. Sie hatten die Kasseler Berge noch nicht aufgegeben, Ilse hoffte es. Sie brauchten nur eine Verschnaufpause. Sie würden gleich herauskommen und losfahren. Sie würden danach viel zu erzählen haben. Ilse überlegte, wie sie es wohl aufnehmen würden, wenn sie danach auch eine Geschichte kannte. Eine schöne. Eine vom Fluss. Eine vom Ankommen und vom Heilwerden. Sie wunderte sich, dass sie in all den Jahren den Fluss ebenso wenig aufgegeben hatte wie die beiden die Kasseler Berge.

Der Fluss ist nichts als ein gefräßiges Wasser, sagte Mama in ihrem Ohr.

Ach, halt den Mund, dachte Ilse, die das nicht hören wollte, obwohl Mama recht hatte. Der Fluss erfüllte nicht nur Wünsche, er war auch hungrig. Er holte sich immer mal wieder einen. Sie erinnerte sich an Anton, der einen glänzenden Stein vom Wandertag mitgebracht hatte. Er behauptete, der gehöre zum Schatz, von dem der Lehrer erzählt hatte, und dass er ihn holen werde, aber dann war es der Fluss, der sich Anton, den Finder, holte.

Nebenan ging die Haustür auf. Die Nachbarn kamen heraus. Der Mann hatte sich eine saubere Hose angezogen, die Frau ein gutes Kleid. Gekämmt und mit frisch nachgezogenen Lippen sah sie wieder schön aus, aber auch vergrämt.

»Geht's jetzt los?«, fragte Ilse.

»Immer!« Der Mann hatte sich erholt. Er wirkte wieder so unternehmungslustig wie vorhin und machte sich am Kofferraum zu schaffen.

Die Frau fragte über die Hecke hinweg: »Musst du nicht die Tomaten gießen?« Sie klang nun wie Mama in Ilses Ohr. Ilse hielt die Tasse hoch. »Die ist mir kaputtgegangen. Dumme Sache.«

Die Frau wandte sich ab. Der Mann zog an dem Riesengroßen, der ein winziges Stück zu viel aus dem Kofferraum ragte. Die Frau half ihm. Gemeinsam holten sie ihn heraus und stellten in ab. Es war schwül geworden. Die Frau fächelte sich Luft zu. »Campen in den Kasseler Bergen! Deine Schnapsidee!«

»Du hast immer etwas dagegen, wenn ich mal was will!«

»Dann fahr doch alleine!«

Die Frau war wütend. Sie trat mit Wucht gegen den Riesengroßen. Der kippte um, der Reißverschluss platzte. Mixer, Föhn, Dosenöffner, Wasserkocher und dies und das fielen heraus. Das Scheitern der Kasseler Reise lag noch in der Luft. Ilse hatte sich getäuscht.

Die Frau ging ins Haus zurück. Der Mann steckte sich eine Zigarette an. Ilse stand an der Hecke mit der kaputten Tasse in der Hand und starrte auf die vielen Dinge. Sie hatte nicht gewusst, was man für eine Reise in die Kasseler Berge alles brauchte. Es war nicht leicht, mit anzusehen, was die Nachbarn gerade durchmachten, deshalb winkte sie mit der kaputten Tasse und ging zum Haus.

Die Haustür klappte wieder. Die Frau kam zurück. Sie sagte etwas zu dem Mann, sie sprach leise und schnell.

Ilse wandte sich um. Die Frau hatte zwei leere Reisetaschen bei sich. Es gab doch noch Hoffnung für die Reise. Ilse ging zu ihrer Bank zurück. Sie setzte sich. Vielleicht musste sie die beiden noch einmal anfeuern.

Die Frau kniete nun vor dem aufgeplatzten Koffer und sammelte alles ein, was auf dem Pflaster lag.

»Was tust du da?«, fragte der Mann.

Die Frau antwortete nicht. Der Mann nahm einen tiefen Zug. Dann sagte er: »Ich habe keine Lust mehr auf die Kasseler Berge.«

»Wir könnten zusammen zum Fluss fahren!«, rief Ilse. Mama lachte. Die Frau lachte auch. Der Mann nicht. Ilse wusste nicht, warum sie das gesagt hatte. Sie schämte sich ebenso wie damals für die Geschichte vom Rouladenmann.

In der Ferne grummelte es. Die Luft war zum Auswringen. Einen Moment schwiegen sie alle, dann brüllte der Mann die Frau an. Sie solle doch! Die Frau schrie den Mann an. Er werde schon!

Am Horizont quollen Gewitterwolken wie Watte aus einem aufgeplatzten Kissen. Es war kein guter Tag, um eine solche Reise zu beginnen. Es war kein guter Tag für jedwede Arbeit. Dieser Tag taugte zu nichts anderem als sein Ende abzuwarten. So dachte Ilse und blieb sitzen.

Müßiggang ist jeden Lasters Anfang, fing Mama wieder an zu predigen. Sie ging dabei auf und ab, von einem Ohr zum anderen. Was du heute kannst besorgen, das verschiebe nicht auf morgen. Wenn sie einmal in Fahrt gekommen war, hörte sie so schnell nicht wieder auf. Ilse fragte sich in diesem Moment, in welchen Kopf sie selbst einmal ziehen werde, wenn sie gestorben war. Vielleicht in den der Frau oder in den des Mannes? Sonst fiel ihr niemand ein. Oder konnte man, wenn man tot war, auch in einen Fluss ziehen? Der Gedanke wiederum gefiel ihr sehr. Ilse stellte sich eine Weile vor, wie das wäre. Als sie aufhörte zu träumen und wieder über die Hecke sah, kroch der Mann neben der Frau über das Pflaster. Sie sammelten gemeinsam die Dinge ein und stopften sie in die Reisetaschen. Sie schwiegen sich zornig an. Wenn sie sich ein anderes Ziel ausgesucht hätten, ging es Ilse durch den Kopf, eines, mit dem sie sich besser auskannten, Venedig vielleicht, oder Honolulu, dann wäre es nicht so weit gekommen. Sie dachte auch, dass man für die Kasseler Berge gute Nerven brauchte und für den Fluss gute Füße.

Tiefgraue Wolken hatten sich jetzt vor die Sonne geschoben. Am Horizont gingen die ersten Blitze nieder, genau dort, wo Ilse den Fluss vermutete. Der Mann und die Frau ließen sich dennoch nicht von ihrer Arbeit ablenken, bis eine Böe den Riesengroßen über die Einfahrt fegte. Die Gutemuttertasse kippte von der Bank. Der Henkel fiel heraus. Ilse hob die Tasse auf, fand aber den Henkel nicht wieder. Der Mann fing den Koffer ein und brachte ihn in die Garage. Die Frau schloss die Reisetaschen und schob sie in den Kofferraum. Den Deckel ließ sie offen stehen. Als der Mann zurückkehrte, stand sie immer noch da.

»Gute Reise!«, rief Ilse.

Der Mann reagierte nicht.

»Geht es jetzt los?«, fragte Ilse.

Der Mann schaute nur kurz zu ihr hin, dann zu seiner Frau. Böen peitschten Gesprächsfetzen über die Hecke.

»… warum bist du … ich … aber du!«

»… immer du … nie ich … wozu hast du!«

Der Regen wurde schlimmer. Die Frau stieg ein, der Mann ging zum Kofferraum und schob die Reisetaschen hin und her.

Ilse fand endlich den Henkel. Er war in der Mitte durchgebrochen. Ein Teil lag im Gras, der andere unter einem Blatt vom letzten Jahr. Sie sammelte alles ein. Blitz und Donner folgten dicht aufeinander, eine weitere Böe warf sie fast um. Der Mann rettete sich in den Wagen. Der Kofferraum stand immer noch offen.

Ilse floh ins Haus. Sie spülte die Gutemuttertasse aus und stellte sie zum Trocknen auf das Leckbrett. Später würde sie den Henkel wieder ankleben. Dazu brauchte es Zeit. Sie stand in der dunklen Waschküche und dachte darüber nach, während sich draußen das Gewitter austobte. Es ging schnell vorbei. Zuerst wurde der Regen schwächer, dann der Donner. Ilse sah aus dem Fenster.

Nebenan stieg die Frau aus dem Wagen, der Mann folgte ihr. Er ging ins Haus und kam mit einem Schirm zurück. Er spannte ihn auf. Die Frau stellte sich darunter. Sie blickten gemeinsam in den Himmel. Die Sonne brach durch und verschwand wieder. Sie hakten sich unter. Ilse öffnete das Fenster.

»Geht's jetzt los?«

Verena Güntner
Aneta

Die vielen Tage drinnen dehnen sich, spannen den Bogen zu dem, was war und einmal möglich schien, immer weiter auf. Als ich heute Morgen am Fenster stand und mit dem Gebrüll der Kinder im Rücken das gegenüberliegende Haus betrachtete, in dem wie immer nichts Entscheidendes vor sich ging, musste ich an Griechenland denken und an den sehr anstrengenden Urlaub mit meiner Freundin Aneta auf dem Peloponnes. Es war der Sommer 2012 und der Peak der Wirtschaftskrise in Griechenland. Wir reisten mit schlechtem Gefühl an, machten uns – das ist mir heute unangenehm – Sorgen, nicht willkommen zu sein. Wir, die Deutschen, schämten uns, weil unser Land das unbarmherzige Sparpaket federführend durchgesetzt hatte. Diese Scham verstärkte sich, als die in unseren Augen schwer angeschlagenen Griech:innen so gastfreundlich waren wie immer, uns herumführten, die besten Lokale und Bars empfahlen, uns – ein Höhepunkt – in einem verrosteten Fiat über holprige Schotterwege ins Landesinnere zu einem Dorffest kutschierten, auf dem wir – kein Witz – bis spät in die Nacht Sirtaki tanzten.

Die restliche Zeit über stritten wir. Aneta und ich kannten uns seit der Kindheit, wussten alles übereinander, was zu gleichen Teilen schön und schrecklich war. Wir waren beide Schauspielerinnen geworden, hatten uns nicht einmal in diesem Punkt Abstand gegönnt und schafften es nicht, das Thema während der Reise ruhenzulassen. Noch heute sitzt mir der Schock jener Nacht in den Knochen, in der wir uns zwei Stunden lang am Strand anschrien und ich in einem Moment völliger Hilflosigkeit in einen winzigen, zum Hotel gehörenden Swimmingpool sprang, um ihrer Stimme zu entkommen. Ich hatte die Tiefe des Beckens falsch eingeschätzt und glitt haarscharf über den Boden, tauchte auf und hielt mir erschrocken den Kopf. Das Gefühl, nur knapp einem Unglück entgangen zu sein, machte mich noch wütender. Ich zog mich aus dem Wasser, stapfte zurück zu Aneta, die mit einem Glas Wein in der Hand im Dunkeln auf einer Liege lag, und brüllte sie an, so könne es nicht weitergehen.

»Entweder du entspannst dich jetzt, oder ich breche das Ganze hier ab!«

»Wir hätten einfach in Koroni bleiben sollen«, sagte Aneta und stürzte den letzten Schluck Weißwein hinunter.

»Wie bitte?« Ich fuhr mir durch die Haare. »Nicht dein Ernst jetzt, oder?«

»Doch. Lass uns zurückfahren.«

»Sag mal, spinnst du? Wir sind doch gerade erst hier angekommen.«

»Ist doch egal. Hier ist es überhaupt nicht schön. Nicht so schön wie in Koroni.«

»Aber DU wolltest doch die ganze Zeit weg! Ich wäre SEHR gerne dortgeblieben.«

»Ja, eben. Lass uns morgen zurückfahren.«

Es hatte schon schlecht angefangen.

Weil wir uns nicht entscheiden konnten, würfelten wir es aus: Gerade Zahl war Mykonos, ungerade der Peloponnes.

»Woher weiß ich, dass du die Wahrheit sagst, bitch?«, schrie Aneta ins Telefon. Sie lebte in Kassel, ich in Berlin.

»Vertrau mir«, antwortete ich und schmiss den Würfel quer durch die Küche. Zwei Monate später landete ich in Zürich zwischen und erfuhr, dass mein Flieger überbucht war. Stundenlang wartete ich auf einen Ersatzflug, simste mit Aneta, die gegen Mittag in Athen angekommen war und im Hotel auf mich wartete. Als auch ich endlich eintraf, war es kurz vor Mitternacht, und ich fuhr, trotz überschaubaren Urlaubsbudgets, statt mit dem Bus den ganzen Weg mit dem Taxi. Ich klopfte an die Zimmertür, aber es dauerte eine Weile, bis sie öffnete. Obwohl wir uns fast ein ganzes Jahr nicht gesehen hatten, umarmte Aneta mich nicht zur Begrüßung, ging zum Fenster und zündete sich eine Zigarette an. Ich schmiss meinen Rucksack auf das freie Bett und fragte halb lachend: »Was ist denn? Bist du sauer?«

Aneta zuckte die Schultern und schüttelte gleichzeitig den Kopf. Es war diese Geste, die mir eine Warnung hätte sein müssen, aber ich war müde und legte mich hin, schlief in den durchgeschwitzten Kleidern ein und durch bis zum nächsten Morgen.

Beim Frühstück kippelte Aneta nervös mit dem Stuhl, während sie frisch gepressten Orangensaft aus einem Strohhalm sog und im Reiseführer blätterte.

Ich sah auf die Uhr. »Lass uns losgehen.«

Wir schaufelten uns trockene Kekse in die Taschen, die in Unmengen auf großen Silbertabletts aufgetürmt waren, und machten uns auf zur Busstation.

»Da lang!«

»Nee, da lang.«

Wir stritten ab Minute eins. Im letzten Moment erwischten wir den Bus, quetschten uns gemeinsam auf den einzig freien Platz und lutschten an den Keksen herum.

»Mykonos wär doch besser gewesen«, sagte Aneta, während sie mit finsterem Blick aus dem Fenster starrte, wo endlos Bauruinen an uns vorbeizogen.

Als wir in Koroni ankamen, stand die Sonne schon tief. Wir wuchteten die Rucksäcke aus dem Gepäckfach des Busses und schauten uns um. Die Uferpromenade war nur wenige Schritte entfernt, kleine Boote und Yachten ankerten im Hafen. Wir setzten uns vor ein Lokal und bestellten Tonic Water und Greek Salad. Aneta tropfte Olivenöl auf ihren Teller und tunkte es mit Weißbrot auf, während sie über ihr Handy wischte. Immer wieder hielt sie es mir hin und zeigte mir Bilder von Ferienwohnungen: braune Bodenfliesen, Rattanmöbel aus den Siebzigern, karierte Vorhänge.

»Lass uns doch lieber hier mal fragen«, sagte ich gereizt und stand auf. Der Wirt zeichnete mehrere Kreuze in eine Karte, wir zahlten und durften unsere Rucksäcke in einem Nebenzimmer des Lokals abstellen.

Als wir mit der Karte in der Hand die steilen Gassen Koronis nach oben stiegen, sprach uns ein junger, extrem gut aussehender Mann an. Dimitris Mutter vermietete uns eine kleine Ferienwohnung am höchsten Punkt des Dorfs. Das Zimmer mit nur einem Bett darin war winzig, die Terrasse mit Blick auf den Hafen doppelt so groß. Wir schleiften die Matratzen nach draußen, stellten überall Teelichter auf und schliefen unter freiem Himmel.

Die ersten Tage verbrachten wir am Strand, der sich an der Südseite Koronis befand und kaum bevölkert war. Aneta ging immer sofort ins Wasser und schwamm kilometerweit die Bucht auf und ab, während ich las und in mein Tagebuch schrieb. Immer wieder gerieten wir wegen Kleinigkeiten aneinander, konnten uns mittags nicht auf ein Gericht einigen, das wir uns aus Spargründen teilten, oder verstrickten uns in anstrengende Gespräche übers Theater. Aneta hatte bis zum letzten Tag geprobt, kurz vor der Spielzeitpause noch zwei Übernahmen gehabt, während meine letzte Premiere schon vier Monate zurücklag. Ich war froh, nicht mehr fest am Theater zu sein wie sie, nahm nur noch an, worauf ich Lust hatte, und kam trotzdem gut über die Runden.

»Vielleicht brauchst du mal eine Pause«, sagte ich einmal beim Mittagessen, »mach doch ein Jahr frei, wie ich«, aber sie winkte genervt ab.

Die Abende verbrachten wir in den Lokalen am Hafen, immer umstreunt von mageren, ausgemergelten Katzen mit stumpfem Fell und riesigen Augen, die Aneta wegscheuchte. Dauernd blätterte sie im Reiseführer, hielt ihn mir unter die Nase, wenn sie einen Ort gefunden hatte, der ihr schön erschien. »Lass uns doch erst mal hierbleiben, bisschen runterkommen«, sagte ich und versuchte, ihre größer werdende Anspannung auszublenden. Am dritten Abend stand plötzlich Dimitri an unserem Tisch.

»*May we join you?*«

Vassily, Dimitris Freund, hob die Hand und winkte der Bedienung, die kurze Zeit später den ganzen Tisch mit Speisen vollstellte.

»Woher kommt ihr genau?«, fragte Vassily, nachdem wir uns eine ganze Weile auf Englisch unterhalten hatten.

Ich hob die Augenbrauen.

»Ich stamme von hier, aber arbeite in Dresden seit zwei Jahren«, sagte er lachend. Eine große Frau mit kinnlangen braunen Haaren steuerte auf uns zu und legte von hinten die Arme um ihn. Sie musterte uns interessiert.

»Meine Freundin Anna, sie ist auch Deutsche«, sagte er, aber sie schnappte sich ein Stück Tintenfisch und biss hinein, statt uns die Hand zu geben.

Den Rest des Abends führten sie uns herum. Auf der Festung sprachen die beiden Männer eine ganze Weile vertraut mit zwei Nonnen, bis diese aufstanden und uns kleine Gläser mit Wasser reichten. Auf dem Weg zurück ins Dorf fing Dimitri eine Zikade. Er legte sie Aneta in die Hand und schloss ihre Finger darum, ließ sie dabei die ganze Zeit nicht los. Aneta verzog das Gesicht. »Das kitzelt!«, rief sie, und ihr ansteckendes Lachen, das ich in diesem Urlaub noch gar nicht gehört hatte, riss Dimitri sofort mit. Er legte den Arm um sie, und Aneta hielt mir die Hand mit der Zikade hin, aber ich schüttelte den Kopf und folgte Anna und Vassily, die vorausgegangen waren und den Uferweg entlangschlenderten. Auch die nächsten zwei Abende trafen wir uns mit ihnen. Dass Dimitri wie er nach Deutschland wolle, sagte Vassily am Ende eines Essens.

»Hier gibt es keine Arbeit für uns junge Leute. Keine Aussicht.«

Ich wollte etwas sagen, aber wusste nicht, was. Auch Aneta schwieg betreten, bis Dimitri in die Hände klatschte und rief: »*Let's go to a party!*«

Wir quetschten uns in den kleinen Fiat. Vassily fuhr, Anna saß auf dem Beifahrersitz, während Dimitri und ich hinten einstiegen und er Aneta auf seinen Schoß zog, weil zu wenig Platz war. Vassiliy steckte eine Kassette in einen Rekorder, der auf dem Armaturenbrett festgeschraubt war, und drückte auf Play.

Zwei Tage nach dem Ausflug zum rauschenden Dorffest packten wir unsere Sachen; Aneta und der Reiseführer hatten sich durchgesetzt. Dimitri winkte uns enttäuscht hinterher, als wir in den Bus stiegen. Sein Shirt klebte nass auf seiner Brust; er hatte es sich nicht nehmen lassen, beide Rucksäcke, einen vorne, den anderen hinten, zur Busstation zu tragen.

In Pylos liefen wir von Pension zu Pension und checkten schließlich in einem einfachen Hotel mit großem Garten ein. Am Morgen nach unserem Streit und meiner Fastquerschnittslähmung nach dem Sprung in den Pool trafen wir dort Leon.

Aneta und ich waren beide noch angeschlagen und aßen schweigend unser Frühstück, Joghurt mit Honig.

»*Where are you from?*«

Leon saß am Nebentisch und trank Espresso.

Wir hatten uns angewöhnt, mich antworten zu lassen. Berlin klang besser als *Germany*, Berlin klang nicht nach Sparpaket.

»*I've been there several times. Best food ever.*«

Ich schaute ihn skeptisch an. »*Really?*«

»*I eat plant based*«, schob er als Erklärung hinterher.

Wir unterhielten uns eine Weile, waren froh, mit ihm zu reden statt miteinander. Ich schätzte ihn auf Mitte fünfzig, seine schulterlangen Haare waren schon weiß. Er war hier geboren, lebte aber seit zwanzig Jahren in London und besuchte seine Eltern, die ganz in der Nähe wohnten.

»*They produce the best olive oil around*«, fügte der Hotelbesitzer hinzu, der Leon gerade einen neuen Espresso hinstellte und eine Hand auf seine Schulter legte. Sie waren befreundet, zusammen zur Schule gegangen.

»*Have you ever heard of the famous healing clay from this area? There are many spas around which use it, but for a lot of money. I know a place where you can get it for free.*«

Der Strand sei etwa eine halbe Stunde weg. *»It's gorgeous there. I promise you've never seen a beach like this.«* Er lachte, und zwei Grübchen tauchten in seinem Gesicht auf, die ihn jünger aussehen ließen. *»Am I right?«*, rief er seinem Freund hinterher, der gerade ins Haus gehen wollte. Der hob fragend die Arme, und Leon sagte etwas auf Griechisch, woraufhin der andere uns zunickte und beide Daumen hob. Aneta, die nach der Schule ein Jahr in England gejobbt hatte, verwickelte Leon in ein Gespräch über London. Ich verabschiedete mich und ging auf unser Zimmer, um ein bisschen zu lesen.

»Ich will da nicht mit!«

Aneta stand unter unserem Balkon im Hochparterre.

»Ich kann das jetzt nicht mehr absagen.«

»Na klar kannst du das. Sag einfach, du hast es dir anders überlegt.«

Aneta sah mich flehend an.

»Wir kennen den doch gar nicht.«

»Ach komm, das wird bestimmt schön. Mit Dimitri und Vassily sind wir doch auch mitgefahren.«

»Das war doch was ganz anderes.«

»Ich kann das jetzt nicht mehr absagen, ich mache das jetzt.«

Aneta kletterte über die Brüstung auf den Balkon, griff nach ihrer Tasche, die auf einem Plastikstuhl lag, und stopfte ihr Badetuch und ihren Bikini hinein.

»Außerdem hab ich keine Lust, den ganzen Tag am Hotelstrand rumzuliegen. Ist doch voll öde hier.«

Sie ging an mir vorbei ins Zimmer, schnappte sich Sonnencreme, Strohhut und eine Flasche Wasser und setzte sich die Sonnenbrille auf. »Bis später«, rief sie und war aus der Tür.

Ich beeilte mich, meine Sachen zu packen, und ging hinterher.

Leon und Aneta standen noch auf dem Parkplatz des Hotels und rauchten. Sie winkte mir freudig zu.

»Cool, du kommst ja doch mit.«

»Denkst du, ich lasse dich allein da mitfahren?«

»*What's up?*« Leon sah von Aneta zu mir und wieder zurück.

»*Nothing, everything's fine*«, sagte ich und hielt eine Hand über die Augen. Ich hatte in der Eile vergessen, meine Sonnenbrille einzustecken.

»*Ok, let's go. I just called my parents. If you want, we can pick up some delicious olive oil on our way back.*« Er grinste, wie vorhin erschienen seine Grübchen.

Der weiße Kombi war komplett mit Staub bedeckt. Ich stieg vorne ein, Aneta hinten. Als ich die Tür zuziehen wollte, hielt Leon sie fest und beugte sich über mich ins Auto hinein. Ich drückte erschrocken den Rücken in den Sitz und hielt den Atem an, während er meine Beine zur Seite schob und nach einer Wasserflasche griff, die neben meinen Füßen am Boden lag. Er kam wieder hoch, und Anetas und mein Blick trafen sich im Rückspiegel, der seitlich verdreht nach unten hing. Leon lief vors Auto, schüttelte die Flasche und ließ das Sprudelwasser auf die Windschutzscheibe spritzen, wischte sie mit bloßen Händen sauber und sah uns durch das Glas mit regungslosem Gesicht an.

Er stieg ein und fuhr los. Ich stellte ein paar Fragen, auf die Leon einsilbig antwortete, bis er schließlich das Radio anmachte und ich nichts mehr sagte. Immer wieder schwang der Rückspiegel mit Anetas angespanntem Gesicht darin in mein Blickfeld, während sich der Kombi die schmale Straße an der

Küste entlang nach oben schlängelte. Wenn uns andere Autos entgegenkamen, bremste Leon stark, einmal schrammte er nur knapp am Fels vorbei, er war viel zu schnell unterwegs. Ich hielt mich mit einer Hand am Griff fest und merkte, wie mein Kleid nass am Synthetikbezug des Sitzes klebte. Als wir oben angekommen waren, hielt Leon an. Er zündete sich eine Zigarette an, stieg aus und lief ein paar Schritte vor zur Klippe. Aneta und ich stießen die Türen auf. Ich sah mich um. Weit und breit war kein Haus zu sehen, die Gegend wirkte verlassen. Er winkte uns mit einer Bewegung zu sich. Das Meer lag gut zwei Kilometer entfernt, mehrere kleine Buchten waren zu sehen, in denen das Wasser türkisfarben leuchtete. Wie auswendig gelernt spulte er Informationen zur Landschaft ab und zog dann stumm an seiner Zigarette. Als wir wieder einstiegen, kniff ich Aneta kurz in den Arm, aber sie schüttelte schnell den Kopf. Leon fragte, ob wir etwas zu essen und genug Wasser dabeihätten.

»*No shops over here*«, sagte er und bog in einen Schotterweg ein. Er lenkte den Wagen sicher durch das unwegsame Gelände, nur einmal blieb der Kombi kurz im Sand stecken, und er trat aufs Gas, bis der Wagen ruckartig weiterschoss. Plötzlich tauchten vor uns zwei Autos auf, die im Schatten einzelner Bäume standen, und auch Leon parkte den Kombi unter einer großen Pinie. Er zog sich das Hemd über den Kopf und schmiss es hinter sich auf den Rücksitz, knapp an Aneta vorbei. Nur in Shorts lief er voraus auf einen schmalen Trampelpfad, zwischen von der Sonne verbrannten Büschen hindurch. Aneta und ich setzten uns langsam in Bewegung.

»Was war das?«, sagte ich. »Der ist voll seltsam, seit wir ins Auto gestiegen sind.«

»Ach komm«, antwortete sie, aber ihre Stimme klang unsicher.

Der Blick in die Bucht verschlug uns den Atem. Von sandsteinfarbenen Felsen umgeben, schob sich das kristallklare Wasser über den leuchtend weißen Sand. Ich atmete erleichtert auf, als ich sah, dass auch andere Leute am Strand waren. Wir stiegen einen steilen Weg hinunter, Aneta rutschte einmal kurz aus, und ich fing sie im letzten Moment auf. Als wir unten ankamen, ging Leon direkt zu zwei Frauen und Männern, die auf Campingstühlen vor einem großen Zelt saßen, und begrüßte alle mit Handschlag. Sie schienen in seinem Alter zu sein, waren sonnengegerbt und nackt. Leon wechselte für uns unverständlich ein paar Worte mit ihnen, drehte sich um und zeige auf uns. Aneta winkte, aber niemand grüßte zurück.

»Was ist das hier für 'ne Scheiße?«, zischte ich Aneta zu.

»*They are German, too*«, rief Leon lächelnd zu uns herüber, und ich verstummte.

Er nahm auf einem freien Campingstuhl Platz und beachtete uns nicht weiter. Unschlüssig standen wir da.

»Lass uns so tun, als wär nichts«, sagte Aneta leise. »Vielleicht ist ja auch gar nichts. Vielleicht ist der einfach nur ein bisschen komisch.«

Wir breiteten unsere Handtücher aus und setzten uns in Kleidern darauf. Die Mittagssonne brannte auf uns herab, und es gab kaum Schatten.

»Sollen wir schwimmen gehen?«, sagte Aneta nach einiger Zeit. Ihr Gesicht war gerötet, über ihrer Oberlippe standen Schweißperlen.

Ich kniff die Augen zusammen und schaute zu Leon, der ins Gespräch mit den anderen vertieft war. Er schien uns völlig vergessen zu haben.

Im Wasser blieben wir dicht beieinander und schwammen ein Stück raus.

»Ich will hier weg«, sagte ich, und Aneta nickte.

»*Be careful!*« Leon winkte uns vom Strand aus zu. »*There is a strong current running.*« Er stand auf, ließ seine Shorts runterrutschen und lief breitbeinig ins Meer.

»*Come here*«, schnaubte er, als er fast bei uns war. »*There are urchins everywhere.*«

Ich schaute ins Wasser, und es stimmte, die Steine unter uns waren voller Seeigel.

»*Come here!*« Er schnappte nach uns und zog uns zu sich heran. »*I know the places where it's safe.*«

Dicht aneinandergedrängt standen wir auf einem für uns drei viel zu kleinen Stein.

»*It's great, isn't it?*« Er schaute aufs Meer hinaus. »*Such beauty.*«

Ich löste mich als Erste aus der Starre, nahm Anetas Hand, und sie schwamm hinter mir her zurück zum Ufer. Leon überholte uns kraulend und watete aus dem Wasser, bückte sich und grub seine Hände in den nassen Sand.

»*Wait*«, sagte er, als wir an ihm vorbeigehen wollten, und klatschte Aneta eine Handvoll Matsch auf den Rücken. »*The clay I told you about.*« Er rieb Anetas Schultern damit ein, hob ihre Bikiniträger an und verteilte die lehmige Masse darunter. Er grub nach neuem Schlamm und kam auf mich zu, aber ich machte einen Schritt zurück.

»*You do it.*« Er patschte Aneta den Matsch in die Hand und ging zurück zu den Leuten vor dem Zelt, die die ganze Szene regungslos beobachtet hatten.

Ich drehte mich um, lief zu unserem Platz und zog mein Kleid über den nassen Badeanzug. Aneta folgte mir langsam. Der Schlamm auf ihrem Oberkörper war schnell getrocknet und bekam bei jeder Bewegung neue Risse, sie sah aus wie eine alte Frau, als sie sich neben mich setzte. Eine Stunde verging, ohne dass etwas passierte. Wir folgten dem Schatten, rutschten immer weiter zurück und zusammen und duckten uns unter einen Felsvorsprung. Irgendwann stand Leon auf und kam mit dem Campingstuhl in der Hand auf uns zu. Er stellte ihn vor uns hin, ließ sich darauf fallen und spreizte die Beine. Ich hielt seinen Blick, während das Meer hinter ihm immer neue Wellen an den Strand spülte und sein schlaffer Schwanz in der Sonne briet.

»Fick dich«, sagte ich ihm ins Gesicht, und er lachte, drehte sich um, rief den anderen etwas auf Griechisch zu, woraufhin auch diese in Gelächter ausbrachen.

»Schau«, flüsterte Aneta.

Zwei junge Frauen stiegen den schmalen Pfad zur Bucht hinunter. Sie nickten uns und den anderen kurz zu, unterhielten sich und kicherten, als sie sich gegenseitig mit Sonnenspray einsprühten. Die Unbedarftheit, mit der sie sich bewegten, kam mir im Vergleich zu unserer Situation grotesk vor, und Leon ließ uns die ganze Zeit nicht aus den Augen. Als die Frauen im Wasser waren, stand Aneta auf und schwamm zu ihnen hin.

Leon machte keine Anstalten, uns aufzuhalten, grinste nur, als wir an ihm vorbeigingen, oben traten wir schreiend gegen den Kombi.

Im Auto tanzten die Haare der Frauen im Fahrtwind, während Aneta und ich uns auf der Rückbank an den Händen hielten, Snickers aßen und kalte Cola aus einer Kühlbox tranken, die uns die beiden nach hinten gereicht hatten.

Sie nahmen uns mit an einen Strand, an dem lauter Techno aus großen Boxen schallte. Wir ließen uns auf zwei Liegestühle fallen, orderten Gin Tonic und rannten später Arm in Arm betrunken ins Meer.

Die Reise auf den Peloponnes blieb Anetas und meine einzige. Irgendwann riss die Freundschaft ab, wie ein seit langer Zeit zu straff gespanntes und brüchig gewordenes Band. In meinem Handy lagern noch unsere alten Nachrichten. Heute Morgen scrollte ich zurück bis zu jener, die sie mir am Tag nach unserer Rückkehr geschickt hatte. *Am Ende dann doch: Bester Urlaub ever, bitch. Love ya.*

Cihan Acar
Grand Bliss Resort

»Richie, jetzt sag doch auch mal was«, sagte Laura.
Ihr Sohn Luca stand vor einem Sandhaufen und trat darauf ein.

Ihr Mann sagte nichts. Er lag auf seiner Sonnenliege, keine zwei Meter entfernt, die Arme eng am Körper, den Kopf leicht zur Seite geneigt. Durch seine Sonnenbrille war nicht zu erkennen, ob seine Augen geöffnet waren. Der von Luca losgetretene Sand landete auf seinem Oberschenkel, den er freigelegt hatte, indem er seine Badehose so weit wie möglich nach oben gerollt hatte. Mit einer schnellen Bewegung wischte er den Sand weg.

Die drei Liegen der Familie standen in der ersten von Dutzenden von Reihen. Das hatte Laura im Reisebüro so gebucht. Ihre Liege befand sich immer noch auf dem angestammten Platz im Schatten des Sonnenschirms. Ihr Mann aber hatte seine wie jeden Mittag etwas nach vorne geschoben, um sich zu sonnen.

Nach drei weiteren Tritten hatte Laura genug. Sie rutschte ans vordere Ende ihrer Liege, schob ihre Sonnenbrille hoch und sagte in forschem Ton: »Schluss jetzt!«

Luca rannte zu ihr.

Sie gab ihm einen Kuss auf die Stirn und richtete seine Haare sorgfältig mit einer Hand zum Seitenscheitel.

»Mama, können wir zu Paco gehen? Ich will Jetski fahren.«

»Luca, wie oft noch. Kinder dürfen das nicht.«

»Doch, Mama, der hat auch so kleine Jetskis, die darf ich fahren. Baba und ich haben ihn gefragt, der hat uns das gezeigt.«

»Na gut, dann soll dein Vater mit dir gehen, später.«

»Ich will aber jetzt. Baba schlaft doch wieder. Der schlaft immer.«

»Schläft heißt das, mein Schatz. Baba schläft. Aber gut, dann geh eben ich mit dir. Hier, zieh dir das über. Und die Kappe auf. Richie, falls du mich hörst, schieb doch deine Liege unter den Schirm. Nachher schält sich deine Haut wieder.«

Hand in Hand machten sich Mutter und Sohn auf den Weg zum Ende des kilometerlangen Strands. Dort war Pacos Reich, das aus zwei nebeneinandergebauten Hütten bestand.

Paco arbeitete seit über zwanzig Jahren im Grand Bliss Resort. Tagsüber konnte man bei ihm jede Form des Wassersports buchen, abends betrieb er eine Strandbar, die in die etwas größere Hütte eingebaut war.

Als Richard vor ein paar Tagen alleine an der Theke der Strandbar gesessen war, hatte sich Paco dazu gesetzt und ein paar Schnäpse mit ihm getrunken. Richard hatte von seinen drei erfolglosen Geschäftsideen erzählt und der vierten, die ihm bestimmt bald einfallen würde, und Paco von all den Ländern, die er schon bereist hatte. Dabei sprachen sie gar nicht dieselbe Sprache. Paco konnte nur ein paar Brocken Deutsch, und Richard kein Spanisch und nur sehr wenig Englisch. Aber mit mehrsprachigem Kauderwelsch, vielen Gesten und einer Übersetzungs-App hatten sie es irgendwie hinbekommen.

Die Hitze wurde Richard zu viel. Er stand auf und schob seine Liege unter den Sonnenschirm.

Seine Frau und sein Sohn waren noch in Sichtweite. Wieder einmal fiel ihm auf, wie sehr sich der Laufstil der beiden ähnelte. Energische Schritte, der Oberkörper kerzengerade. Das Gegenteil von seinem Schlenderstil.

Weil er wohl dachte, dass Richard in seine Richtung geschaut hatte, nickte ihm der Mann auf der Liege nebenan freundlich zu. Lange keine Deutschen mehr gesehen, dachte Richard. Der Mann hielt seine *Bild*-Zeitung so, dass Richard die Schlagzeile auf der ersten Seite erkennen konnte:

»Corona ist k.o. – Doch jetzt rollt die Terrorwelle! – Drei Tage, drei Länder, mind. 50 Tote.«

Einer dieser Anschläge hatte nur drei Kilometer vom Hotel entfernt stattgefunden.

Richard schaute hinaus aufs Meer. Hinter den schwimmenden, lachenden, schnorchelnden und auf Luftmatratzen treibenden Hotelgästen konnte er die zwei Boote mit den bewaffneten Wachen erkennen. Seit dem Anschlag war das Bliss zu allen Seiten hin abgeschottet. Ausflüge und Einkaufstouren waren für die Hotelgäste nur noch in Begleitung bewaffneter Sicherheitsleute möglich. Richard und Laura hatten darauf verzichtet und das Hotel seit dem Anschlag nicht mehr verlassen. Sie hatten auch überlegt, sofort abzureisen, sich aber dagegen entschieden, weil sie Luca den Urlaub nicht verderben wollten.

Richard legte sich wieder hin und schlief schon beinahe, als er hörte, dass Laura und Luca zurück waren.

Luca setzte sich auf seine Liege, rutschte bis an die Rückenlehne und schmollte mit verschränkten Armen.

Richard fragte ihn, was passiert war.

»Mama wollte nicht mehr!«

»Und warum?«

»Einfach so!«

Richard drehte sich zur anderen Seite und sah, dass Laura in ihrer Handtasche kramte.

»Was war denn, Schatz?«

»Gar nichts«, sagte Laura, zog ihre Sonnenbrille aus der Tasche und setzte sie auf.

\*

Richard und Luca liefen in Richtung Hotelanlage. Solange seine Mutter noch zu sehen war, drehte sich Luca immer wieder um.

Am Eingang passierten sie ein meterhohes Schild, auf dem das Bliss in Zahlen und Zitaten beschrieben wurde. Elf Pools, 21 Restaurants und Bars, fünfzig Hektar Gesamtfläche, 1100 Zimmer. Daneben war eine Ansammlung prominenter Gesichter zu sehen, von denen die meisten ihre Sprechblasen anlächelten. »If you're not happy here, you won't be happy anywhere!«, hatte Arnold Schwarzenegger offenbar gesagt, und Dua Lipa war ähnlich euphorisch: »I can't wait to come back here! Miss it already!«

Richard hatte die Zahlen bereits im Reisebüro gehört. Genauso wie die Information, dass es sich um das drittgrößte All-inclusive-Hotel der Welt handelte. Laura war hin und weg gewesen. Richard hätte lieber eine Safari gemacht oder wäre nach Australien geflogen oder nach Südamerika. Aber in Zeiten wie diesen, in denen seine Frau die Alleinverdienerin war, wollte er keine Ansprüche stellen.

Im Inneren der Anlage war es noch viel lauter und voller als am Strand. Richard hörte mindestens drei verschiedene Songs aus unterschiedlichen Richtungen und noch mehr

Lautsprecherdurchsagen. Unter der Mittagssonne wurden die Böden der Gehwege so heiß, dass Hotelmitarbeiter an den Wegrändern postiert waren und kühles Wasser auf den Boden spritzten.

Richard und Luca irrten Hand in Hand umher, denn Richard konnte sich nicht mehr daran erinnern, wo es zur Kinderbetreuung ging. Er versuchte, sich am zentral gelegenen Hotelgebäude zu orientieren, einem riesigen Konstrukt in Weiß, das aus treppenförmigen und ineinander verkeilten Teilgebäuden bestand.

»Wir müssen zurückgehen und Mama fragen«, sagte Luca. »Sie kennt immer den Weg.«

»Mama hat Kopfschmerzen«, sagte Richard. »Wir werden das schon hinbekommen.«

Ein lauter Gong ertönte. Die beiden warfen sich wissende Blicke zu. Der Gong bedeutete, dass es gleich fünfzehn Uhr war und im Hauptpool vor dem Hotel das Highlight des Tages stattfand. Sie drehten zum Pool ab, zogen ihre Shirts aus und stiegen ins Wasser.

Da sie an einer der tieferen Stellen eingestiegen waren, hielt sich Luca an den Schultern seines Vaters fest und ließ sich von ihm ziehen. Obwohl der Pool so groß war wie der Parkplatz eines größeren Supermarkts, ging es eng zu. Noch enger wurde es, als Dutzende Animateure die Gäste darum baten, die Mitte des Pools frei zu machen.

Um Punkt fünfzehn Uhr ertönten aus den Lautsprechern die Stimme und der Slogan des Let's-get-ready-to-rumble-Mannes. Die Menschen, die um den Pool herumstanden, zückten ihre Handys und begannen zu filmen. Eine würfelartige Bühne stieg langsam aus der Mitte des Beckens. Ein Spalt im Boden der Bühne öffnete sich und ein Mann im grünen Ganzkörperanzug und mit grinsender Maske kletterte heraus.

»Baba, Baba, das ist der Grüne Kobold, der ist böse!«, rief Luca, der inzwischen auf den Schultern seines Vaters saß. »Bestimmt kommt gleich Spiderman!«

Er behielt recht. Spiderman seilte sich von einem haushohen Geländer ab, das über dem Pool aufgebaut war. Sobald er auf der Bühne gelandet war, rannte er auf seinen Gegner zu und warf sich auf ihn. Doch der Grüne Kobold konnte sich aus der Umklammerung befreien und verpasste ihm ein paar theatralische Schläge. Sie trafen Spiderman zwar nicht, setzten ihm offensichtlich aber doch zu. Das dämonische Lachen des Kobolds schallte aus den Lautsprechern und übertönte die Buhrufe. Nach langem Hin und Her besiegte Spiderman den Rivalen und kickte ihn in den Spalt im Boden. Luca schrie vor Begeisterung.

Nach dem Kampf kamen fünf Animateurinnen in gelben Bikinis auf die Bühne. Sie stellten sich nebeneinander und schauten reglos zu Boden. Dann setzte Musik ein, und sie begannen, synchron zu tanzen.

»Baba, wer singt das?«, rief Luca nach unten.

»Pharrell Williams«, rief Richard zurück.

»Wie heißt das Lied?«

›Happy.‹

»Und was heißt das?«

»Glücklich. Der Sänger singt davon, dass er glücklich ist. So wie du gerade.«

»Aber wie!«, rief Luca und riss beide Arme in die Höhe. »Wie kann man hier nicht glücklich sein?«

Als Luca Durst bekam und zurück zu seiner Mutter wollte, verließen sie den Pool. Sie liefen einen kleinen Umweg, um ihre Getränke an der Roboter-Bar zu holen, die Luca so liebte.

In der rechteckigen Kabine mit bespiegelten Innenwänden und Hunderten Flaschen an der Decke standen sechs

Roboter. Sie hatten keine Gesichter, aber rote Fliegen um den Hals. Als Richard an der Reihe war, wählte er auf dem digitalen Bildschirm zwei Cocktails für sich und Laura aus. Luca nahm eine Kiba und sah wie jedes Mal fasziniert zu, wie der Roboter den Saft zubereitete und ihm dann hinschob.

Auf dem Weg zum Strand warf Luca seinen leeren Becher in einen Mülleimer.

»Baba, was heißt gratis?«

»Gratis heißt umsonst. Warum?«

»Weil Paco das heute gesagt hat. Und danach war Mama sauer.«

»Was hat er genau gesagt?«

»Also Mama hat gefragt, ob ich und sie Banana-Boat fahren dürfen, und er hat gesagt, dass es ein kleineres gibt, das ich fahren darf. Und dass es aber auch ein großes gibt. Und dann hat er noch gesagt: Beste Banana hier bei mir, und reiten gratis! Ich wusste gar nicht, dass der auch Deutsch kann. Du?«

»Ich auch nicht«, sagte Richard. Er warf seinen halb vollen Becher in den Mülleimer und Lauras Cocktail hinterher.

\*

Richard saß alleine an einem von Hunderten Tischen im Speisesaal und rührte sein Essen nicht an. Er wartete auf Laura und Luca, die noch am Buffet im Nebenraum waren. Das Geklirre des Bestecks im Saal wurde unterlegt von einem dumpfen Trommelschlag, der langsam lauter wurde.

Vier Mitarbeiter trugen eine Holzplatte auf ihren Schultern, auf der eine Riesenpfanne stand. Darin war ein gegrilltes und mit Reis und Gemüse garniertes Tier, dem Kopf und Beine fehlten. An den Ecken der Pfanne brannten lange

Feuerkerzen. Angeführt wurde die Gruppe von einem klein-
wüchsigen Hotelmitarbeiter, der auf eine Trommel einschlug.

Der Krach ließ Richard ein wenig wehmütig daran denken, dass Laura und er eigentlich vereinbart hatten, am letzten Abend in einem der À-la-carte-Restaurants essen zu gehen. Und dass er es versäumt hatte, sich rechtzeitig um die
Reservierung zu kümmern.

Laura und Luca kamen mit vollgeladenen Tellern vom
Buffet zurück. Laura trug ein weißes Abendkleid und Luca
das gleiche Poloshirt-Modell wie sein Vater, nur nicht in
Schwarz, sondern in Grün. Sie erzählten Richard, dass zwei
Männer in ihrer Nähe aufeinander losgegangen waren. Streit-
grund war die Frage gewesen, wer sich als Erster vor der
Schüssel mit den Pommes angestellt hatte.

»Der eine sah voll stark aus«, sagte Luca, »und der andere
hatte Angst.«

Dann begannen sie zu essen.

»Wie wäre es, wenn wir uns heute einen Wein bestellen?«,
fragte Laura.

»Können wir.«

Luca fragte seine Mutter, ob er eine Pause beim Essen einlegen und mit ihrem Handy spielen dürfe. Sie erlaubte es nicht.

»Schatz, reichst du mir das Salz?«, fragte Laura.

Richard schlug auf den Tisch und rief: »Genug!«

Laura duckte sich und sah verlegen zu beiden Seiten. Weil
Richard merkte, wie sehr er Luca erschreckt hatte, tätschelte
er ihm kurz den Kopf.

»Warum hast du mir das mit Paco nicht erzählt?«, fragte
er Laura.

»Was mit Paco?«

»Komm, hör auf. Der Alte hat dich angemacht, und du
tust so, als wäre nichts passiert. Was soll das?«

Laura lehnte sich zurück, stützte beide Hände auf den Armlehnen ab und schaute ihren Sohn an.

»Was hatten wir ausgemacht?«

Luca biss sich auf die Unterlippe und sah in die andere Richtung.

»Ach, Richie, das war doch nur ein dummer Spruch. Sein Mitarbeiter stand daneben, und dem war es auch ganz peinlich, der hat gleich das Thema gewechselt. Klar ist so was ekelhaft, aber denkst du, das passiert mir zum ersten Mal?«

»Du hättest mir das sofort sagen müssen!«

»Richie, jetzt beruhig dich doch mal.«

»Nein. Du hast keinen Respekt mehr vor mir, Laura. Ich weiß gar nicht mehr, wer der Mann ist in unserer Beziehung. Kein Wunder, dass der Junge viel mehr an dir hängt als an mir. Seine Mutter verhält sich wie ein Vater, wozu braucht es mich da noch?«

»Geht das wieder los.«

»Ist so. Der Junge und ich, wir sind ja nur noch deine Marionetten.«

Richard begann, seine Arme mechanisch durch die Luft zu bewegen.

»Ja, Laura, wir gehen in das Hotel, das du ausgesucht hast, alles klar, wir ziehen die Poloshirts an, die dir so gefallen. Ja gern, ich mach dir sofort deinen Kaffee …«

Richard bediente eine unsichtbare Kaffeemaschine und stellte Laura ein leeres Glas hin. Sie verschränkte die Arme und gab ihm mit ihrem Blick zu verstehen, dass sie es nicht lustig fand.

»Baba, warum streitest du?«, fragte Luca.

Richard gab keine Antwort.

Eine Weile aßen sie stumm weiter.

»Soll ich dir mal sagen, was das Problem ist?«, fragte Richard schließlich.

Laura legte ihre Gabel weg und atmete tief durch.

»Du arbeitest und bringst das Geld nach Hause und ich nicht. Deshalb denkst du, du kannst alle Entscheidungen treffen. Aber meine Zeit wird noch kommen, das werdet ihr schon noch sehen.«

»Es ist völlig egal, wer wie viel Geld verdient«, sagte Laura. »Hauptsache, wir kommen durch, Richie. Du hast dir doch früher nie solche Gedanken gemacht.«

»Menschen ändern sich. Und sag nicht mehr Richie.«

»Bitte?«

»Nenn mich bei meinem Namen.«

»Jeder sagt Richie zu dir, deine Eltern, deine Freunde, warum soll ich es nicht dürfen?«

»Weil. Du. Meine. *Frau*. Bist.«

»Und das fällt dir jetzt erst ein, dass es dich stört?«

»Besser spät als nie.«

Luca verfolgte die Diskussion so, als würde er bei einem Tennismatch genau auf Netzhöhe sitzen.

Laura putzte ihren Mund ab und legte die Serviette auf ihren Tisch. Sie hielt eine vorbeilaufende Kellnerin an, sprach kurz mit ihr auf Englisch und bestellte eine Flasche Wein.

»Hast du dich jetzt genug ausgekotzt? Dann lass uns wenigstens noch einen schönen letzten Abend hier haben, ohne uns gegenseitig die Laune zu vermiesen. Alles andere können wir dann zu Hause klären.«

Als die Kellnerin mit der Flasche wiederkam und einschenken wollte, lehnte Richard ab.

Laura hielt ihr das Glas hin.

Das Getrommel ging wieder los. Diesmal wurde eine Rieseneisbombe auf Schultern durch den Saal getragen.

Richard und Luca standen auf und liefen hinterher, um einen Eisbecher für Luca zu holen. Als sie zurückkamen, war Lauras Glas leer, und sie schenkte sich das nächste ein.

»Jetzt muss ich aber auch mal meine Meinung loswerden«, sagte sie. »Ich finde es eine Frechheit, dass du mich hier so runtermachst, obwohl ich absolut nichts getan habe. *Ich* wurde von jemandem belästigt, also frag dich mal lieber, auf wen du sauer sein solltest.«

Richard betrachtete einen Löffel, den er mit beiden Händen hielt.

»Und außerdem: Wer erledigt denn alles bei uns? Wer bringt den Müll raus, wer kauft Getränke und schleppt sie ins Haus, wer putzt und kocht und macht die Wäsche und geht zu den Elternabenden? Und arbeitet dazu vierzig Stunden die Woche? Und wer hat seinen Job gekündigt, weil er ja unbedingt selbständig werden wollte? Wer träumt seitdem in den Tag hinein und kommt kaum aus seinem Zimmer, weil er immer Pläne macht, Pläne, Pläne, Pläne, aus denen irgendwie nie was wird?«

Richard schaute immer noch nicht auf. Laura schenkte sich wieder nach und gab Luca ihr Handy zum Spielen.

»Wir reden aneinander vorbei«, sagte Richard und legte den Löffel ab. »Wir müssen uns in der Mitte treffen. Es geht darum, dass ein alter Sack meine Frau anmacht und dass ich es nur durch Zufall erfahre. Das kann nicht sein. Ich bin dein Mann, und ich liebe dich, und es ist meine Pflicht, dich zu beschützen. Fertig.«

»Was hättest du denn getan? Ihn zusammengeschlagen, oder was?«

»Zum Beispiel, ja.«

»Komm, mach dich nicht lächerlich.«

»Siehst du, da haben wir den nächsten Beweis. Kein Respekt.«

»Wenn du meinst.«

»Ich meine, ja.«

»Und immer das letzte Wort haben.«

»Genau«, sagte Richard.

Die meisten Tische im Saal waren inzwischen leer. Die Kellnerinnen schoben Metallwagen durch die Gegend und räumten das Geschirr ab.

»Mama, gehen wir nicht mehr zur Show?«, fragte Luca.

Weil es ihm so wichtig war, hatte die Familie bislang noch keine der Abendvorstellungen im hoteleigenen Kolosseum verpasst.

»Doch, gleich.« Laura schenkte sich noch mal nach. Die Flasche war nur noch zu einem Viertel gefüllt. Sie nahm einen Schluck und sagte dann: »Der geht aber auch echt gut runter.«

»Du spielst mit dem Feuer, Laura.«

Sie schloss die Augen und küsste ins Leere. »Und du willst der große Chef und Macker sein, aber tust nie etwas dafür.«

Sie machten sich auf den Weg zum Kolosseum, mussten aber in der Lobby eine Pause einlegen, da Lauras Kopfschmerzen zurück waren. Sie ruhte sich einen Moment auf einer Ledercouch aus. Dann stand sie langsam auf.

»Sorry. Mir geht es echt nicht gut. Luca, geh mit deinem Baba zur Show, das wird super, und wir sehen uns danach, okay? Mama ist müde.«

Luca sagte, er sei auch müde. Richard wusste, dass Lucas Gähnen gespielt war, musste aber automatisch auch gähnen, als er es sah.

Sie fuhren hoch in den siebten Stock. Im gläsernen Aufzug saß ein Mann und spielte mit geschlossenen Augen auf einem weißen Klavier. Auf dem Weg zur Suite musste Richard seine Frau beim Gehen stützen.

*

Es war kurz nach drei Uhr nachts, die Strandbar hatte schon lange geschlossen. Richard blieb ein paar Meter vor der Hängematte stehen und rief nach Paco. Doch der schlief weiter. Erst beim fünften und lautesten Versuch schreckte er auf. Als er Richard sah, zog er sofort beide Knie an.

»Que pasa, que pasa?«, fragte er. »Hey, hey, who are you, what is this.«

»Come here, please«, sagte Richard ganz ruhig. »One moment only, come.«

Er ging ein paar Schritte zu einem der Hocker vor der geschlossenen Bar. Paco folgte ihm und setzte sich daneben. Er wandte den Blick nicht von Richard.

Richard zog sein Handy aus der Tasche, öffnete seine Übersetzungs-App und sprach ins Mikrofon, während er Paco ansah:

»Du kennst mich. Ich war schon oft mit meiner Frau und meinem Sohn bei dir. Wir mochten dich sehr. Heute hast du etwas zu meiner Frau gesagt, das unverschämt war. Und das vor meinem Sohn. Warum hast du das getan?«

Während die spanische Übersetzung von der weiblichen App-Stimme vorgelesen wurde, schaute Paco Richard immer fragender an. Also zeigte dieser ihm ein Foto seiner Familie. Paco verzog den Mund und wischte sich mit einer Hand langsam übers Gesicht. Er bedeutete Richard, ihm das Handy zu geben. Richard schaltete auf die Übersetzung von Spanisch auf Deutsch.

»Wir haben uns falsch verstanden«, sagte die App-Stimme. »Ich habe das harmlos gemeint und nicht böse. Ich wollte deine Frau nicht beleidigen. Bei uns macht man solche Scherze manchmal.«

Richard griff sich das Handy.

»Das reicht mir nicht, Paco. Vor Tagen saßen wir hier und sprachen über das Leben. Und dann belästigst du meine Frau. Ich will, dass du dich bei ihr entschuldigst, gleich morgen früh.«

Dann war Paco wieder an der Reihe.

»Höre zu, Freund, ich meine es nicht böse. Aber ich rede hier jeden Tag mit Hunderten von Menschen. Ich kann mich schon noch an dein Gesicht erinnern. Aber das auch nicht ganz sicher.«

Richard sah ihn fassungslos an, dann schüttelte er den Kopf. Das Handy war immer noch in Pacos Hand.

»Aber ich will mich mit euch versöhnen. Ich biete euch einen Gutschein an. Damit könnt ihr alles fahren, was ihr wollt. Wie lange seid ihr noch hier?«

»Last day«, sagte Richard.

»Schade. Aber vielleicht kommt ihr nächstes Jahr wieder?«

Richard riss ihm das Handy aus der Hand und ging davon. Er schaute nach rechts zum dunklen Meer, auf dem sich das Licht des Vollmonds als zackiger Streifen spiegelte. Dann drehte er sich um und sah, dass Paco dabei war, sich wieder in die Hängematte zu legen. Er rannte los und warf sich auf ihn.

*

»Da ist er!«

Luca saß auf der Couch und zeigte auf seinen Vater, der mit dem Rücken zu ihm stand und die Tür zuschloss. Die Suite war hell beleuchtet.

Richard ging ins Badezimmer und wusch sein Gesicht. Mit einem weißen Handtuch tupfte er die blutigen Stellen ab. Dann legte er das Handtuch um seine Schultern und ging ins Wohnzimmer. Er setzte sich auf die Couch, breitete die

Arme aus und legte die Füße auf den Tisch. Luca rutschte näher an ihn heran.

»Baba, hast du gekämpft?«

»Mhm.«

»Tut das nicht weh?«

»Nein.«

»Aber du siehst kaputt aus.«

»Geht vorbei. Das ist normal.«

»Hast du gewonnen?«

»Schwer zu sagen. Aber ich hab angefangen.«

Laura lehnte am Türrahmen und hörte mit verschränkten Armen zu. Dann kam sie zur Couch und setzte sich neben ihren Mann. Sie nahm das Handtuch von seinen Schultern, tupfte sein Gesicht damit ab und fragte ihn, ob das jetzt wirklich hatte sein müssen.

Nora Bossong
Fallen

Am dritten des Monats hörten die Arbeiten im Dachstuhl auf. Die fünf Männer, die nachts rauchend im Hof gesessen und tags über unseren Köpfen geflucht und gelacht und in bewundernswerter Kunstfertigkeit Apfelkerne aus dem Fenster gespuckt hatten, waren verschwunden, Löcher und Lücken zurücklassend, und die Bauplane krachte weiter im Wind.

Den Karton mit dem Sandspielzeug und der Luftmatratze, den ich vom Speicher heruntergeholt hatte, ließ ich im Flur stehen. Auch die Mäuse, die während der Bauarbeiten in der Küche meines Nachbarn in einer Zahl aufgetaucht waren, die uns zu dem biblischen Wort Plage hinriss, blieben. Jene, die starben, wurden schnell von neuen ersetzt, und keine von ihnen fand den Weg zum Dachstuhl zurück, vielleicht kannten sie ihn auch gar nicht mehr oder etwas im Inneren der Wände hatte ihn verschlossen. Weiterhin wuselten die Tiere dutzendweise über die Küchenfliesen, erkundeten mittlerweile auch den Flur, und einzelne hatten sich bereits mit dem Schlafzimmer vertraut gemacht. Die

Kammerjägerin musste ein weiteres Mal gerufen werden, und nachdem sie neues Gift ausgelegt hatte, klingelte sie bei mir, um zu hören, wie es mit meinen Mäusen ging.

Bei mir zeigte sich der Befall, wie die Jägerin ihn nannte, mit anderer Prägung. Die Tiere kamen zögerlich und vereinzelt aus den drei Löchern, die sie unter der Spüle in den Boden genagt hatten, krochen mehr, als dass sie huschten, dafür aber arbeiteten sie sich hartnäckig voran, selbst das Styropor und die Drahtwolle, mit denen ich die Löcher abgedichtet hatte, hielten sie nicht auf. Neben der Spüle hatte ich eine Lebendfalle aufgestellt, nur verschlief ich ihr Zufallen jedes Mal, und wenn ich am Morgen in die Küche kam, war das Tier darin bereits tot. Ich hob die Falle an, trug sie hinunter in den Hof und schüttelte den Kadaver in den Biocontainer, auf den Berg toter grauer Fellkörper, vollgefressen mit Speiseresten und Gift aus der Küche meines Nachbarn. Jedes Mal musste ich einen Brechreiz unterdrücken und fragte mich, ob es richtig war, was wir hier taten, aber dann dachte ich wieder an die Bauarbeiter und ihre Apfelkerne und dass ja eigentlich sie die Verantwortung trugen für den Exodus dieser Nagetiere. Sobald der Deckel des Containers zugefallen war, war der Schrecken vorbei.

In diesen Tagen trafen mein Nachbar und ich uns häufig im Treppenhaus, wir hatten uns angewöhnt, auf die Schritte vor der Wohnungstür zu achten und im rechten Moment die Tür aufzuziehen. Auf St. Helena, erzählte mein Nachbar, sei die Rattenplage im Hause Napoleon so schlimm gewesen, dass man im Speisezimmer nicht mehr habe ausmachen können, ob gerade die Ratten oder die Menschen dinierten. Hören Sie das?, fragte er und schlug mit der Faust gegen die Wand. Da!

Mit den Mäusen, das stritt mein Nachbar ab, aber mit den Mäusen hatte sich nicht nur in unserem Wohnhaus, sondern in der ganzen Straße, vielleicht in der gesamten Stadt etwas verändert. Wenn ich aus dem Fenster blickte, sah ich auf die heruntergelassenen Rollläden des gegenüberliegenden Hauses. Wenige Menschen gingen noch auf dem Bürgersteig, und alle trugen sie Regenschirme, auch dann, wenn es nicht regnete. Ich las von Leuten, die den Weg zur Arbeit oder sogar ihre eigenen Kinder nicht mehr fanden, bis sie begriffen, dass sie nie welche gehabt hatten und weinend in ihrer Wohnung zusammenbrachen. Man fand auch manches wieder, Badewannenstöpsel, die man gar nicht verloren hatte, Apothekenschränkchen, Leergut und Boxhandschuhe, Pfefferminzpastillen, eine Korkensammlung und ein Dutzend Schlüssel, die zu nichts passten.

Ohne mir zu nahe treten zu wollen, sagte mein Nachbar, aber ihm schiene doch, als würde mich die Mäusewanderung in Unruhe versetzen, als nähme ich von draußen nur noch die Dinge wahr, die mir Anlass zur Sorge gäben.

Und wieso meinen Sie, sollten mich Menschen mit Regenschirmen beunruhigen, fragte ich, oder Apothekenschränkchen?

Er gab keine Antwort, ein Geräusch aus seiner Küche drängte ihn zum schnellen Rückzug, seine Tür fiel zu, der angestaubte Strohkranz wippte über dem Spion.

Es war schon weit nach Mitternacht, als ich von einem rappelnden Geräusch geweckt wurde. Verschlafen tappte ich durch den halbdunklen Flur und sah, wie sich am Boden der Küche etwas hektisch bewegte. Ich beugte mich hinab, die Maus beugte sich hinauf, wir sahen uns an, ihre Schnauze zitterte. Vorschriftsmäßig war die Falle zugeklappt und, wie ich nun sehen konnte, ideal geschnitten für eine Maus unseres Befalls. Das Tier konnte seinen Körper einen Schritt vor, einen zurück bewegen, und ruhte es, ragte nur der helle Mäuseschwanz hinaus. Mit ihrer linken Pfote tastete die Maus das Gitter ab. Ich näherte meinen Zeigefinger, blitzschnell schlug sie zu, und ihre Kralle hinterließ einen feinen roten Riss auf meiner Kuppe.

Man sollte die Tiere einen Kilometer weit von ihrem Fundort aussetzen, hatte ich in der Fallenanleitung gelesen, aber es war kalt, nieselnd und traurig, die ganze Gegend war so, und ich trug nur einen Pyjama. Während ich mit dem Käfig im Arm und zu dünn bekleidet durch die abgedunkelten Straßen ging, irrte die Maus vor und zurück in ihrem Gehäuse, es war ein zartes, sogar zärtliches Vibrieren, das sich über den Holzboden in meine Handflächen übertrug. Vor einem Gebüsch ging ich in die Hocke und ließ das Tier frei.

Es wollte nicht. Es hockte vor der offenen Luke und sah mich konsterniert an. Ich sah zurück. So verharrten wir eine Weile, das Tier kroch noch ein wenig weiter zurück, schob seinen pelzigen Körper eng an die hinteren Gitterstäbe und begann zu fiepen. Ich rüttelte am Gehege, es krallte sich, ohne mich aus den Augen zu lassen, fest. Es fiepte weiter. Ich rüttelte. Es fiepte. Im dritten Stockwerk des Hauses neben dem Gebüsch ging Licht an. Mit eingezogenen Schultern ließ ich die Klappe des Käfigs wieder zufallen und stand auf.

Zu Hause stellte ich den Käfig aufs Fensterbrett, legte ein paar Salatblätter hinein und stellte eine Schale mit Wasser dazu. Ich hatte keine Ahnung, ob man so mit Mäusen in Käfigen umging, aber die Maus hatte ja auch keine Ahnung davon. Als ich am Morgen, noch etwas müde vom nächtlichen Ausflug, in die Küche kam und die Maus und ich uns nun zum ersten Mal im Tageslicht begegneten, lächelte ich unwillkürlich, und in den Bewegungen der Maus erkannte ich etwas Ähnliches, ein freudiges Getrappel, ein beglücktes Wedeln des Schwanzes. Ich legte Salat nach, füllte das Wasser auf. Gemeinsam frühstückten wir, und nach dem Essen blieb ich noch ein wenig bei ihr sitzen, probierte im Radio die verschiedenen Sender, bei den Pet Shop Boys kroch sie verschreckt in eine Käfigecke, auf Händel reagierte sie ruhiger, Helene Fischer versetzte sie in Apathie, und die Verkehrsnachrichten schienen ihr nahezugehen, sie legte ihren Kopf schräg und lauschte andächtig.

Weder meinem Nachbarn gegenüber erwähnte ich die Maus noch der Kammerjägerin, die wieder Gift in seiner Wohnung ausgelegt hatte und auch mir welches andrehen wollte. Im Treppenhaus unterhielten wir uns kurz über meine Drahtwolle und über das vierte Mäuseloch, das ich nicht im Boden, sondern weiter oben in der Wand entdeckt und ebenso wie die anderen gestopft hatte. Dass ich mich nun, mit dem gestopften vierten Loch, sehr wohl fühlte in meiner Wohnung, versicherte ich ihr, wohler eigentlich als zuvor, vielleicht so wohl wie noch nie.

Am Nachmittag ließ ich die Käfigtür offen. Die Maus, wie um mich zu provozieren, beachtete es nicht im Geringsten. Ich lockte sie mit Salat, ich klopfte gegen das Gitter, um sie aus ihrem Gefängnis zu vertreiben, aber sie wahrte stoische Ruhe. Auf Spielchen dieser Art ließ ich mich grundsätzlich nicht ein, und so wandte ich mich ab, verließ die Küche und ging im Nebenraum Dingen nach, die vor dem Einzug der Maus wichtig in meinem Leben gewesen waren.

Jetzt allerdings kamen sie mir ein wenig fad vor, und je länger ich versuchte, sie wieder in den Mittelpunkt meines Interesses zu rücken, desto deutlicher erkannte ich ihre Banalität, ja Überflüssigkeit. Ich horchte auf Geräusche aus der Küche, und als ich ein leises Knistern vernahm, sprang ich auf, verlangsamte im Flur meinen Schritt und trat behutsam auf die Fliesen. Die Maus aber saß noch immer in ihrem Käfig, triumphierend, wie mir schien.

Im Treppenhaus stieg mein Nachbar fluchend die Stufen hinauf. Keine Besserung, erfuhr ich, eher schien es ihm, als habe sich die Mäusepopulation in unseren Wänden weiter vermehrt, und der Vermieter täte ja nichts anderes, als einmal die Woche die Kammerjägerin zu schicken, aber Anteil, nein, Anteil nehme er nicht. Mein Nachbar rechnete mir vor, um wie viel er die Miete für den nächsten Monat senken wolle, zwanzig Prozent seien zweifellos gerechtfertigt, vielleicht sogar dreißig. Oder vierzig, was meinen Sie?, fragte er, und seine Hand ums Treppengeländer gekrallt, sackte er in sich zusammen, es brach aus ihm heraus. Er könne nicht mehr, sagte er, das sei kein Leben, er habe längst die Kontrolle über seine eigene Wohnung verloren, über sein natürliches Habitat, sei allenfalls noch Untermieter und auch als dieser kaum geduldet.

Eine Weile sah ich schweigend zu, wie er auf der Treppe saß, das Gesicht in die Hände gestützt, die Schultern wurden vom Weinen geschüttelt. Ob er vielleicht, schlug ich vor, für einige Zeit bei mir unterkommen wolle? Ich hätte ohnehin eine Reise vor. Kein Urlaub, eher etwas Dienstliches, aber auch das treffe es nicht ganz, etwas Notwendiges, ja, so müsse man es wohl sagen.

Etwas Notwendiges, wiederholte mein Nachbar und sah mich forschend an. Suchte er meinen Körper nach mutierenden Zellen oder vergiftetem Blut ab, nach Schwellungen, Schürfwunden, Ekzemen, die einen Krankenhausaufenthalt erzwangen? Oder hielt er mich für ein wenig verrückt, bereit für die Psychiatrie? Gerade er hatte nun wirklich nicht das Recht, derlei über mich zu denken, er war ja selbst, seitdem die Mäuse bei ihm lebten, nicht mehr wirklich stabil, und war das nicht eigentlich ein Zeichen, dass er auch vorher schon das Gleichgewicht gründlich verloren hatte? Würde ein Mensch mit aufgeräumter Psyche nicht viel gelassener mit der neuen Wohnsituation umgehen? War es denn normal, dass er mitten im Treppenhaus vor mir zusammenbrach? Da blickte er zu mir auf und seine Anspannung löste sich in ein weiches, erleichtertes Nicken.

Ich betrat die Stadt vorsichtig, wie etwas Fremdes. Seit unserem nächtlichen Ausflug hatte ich keinen Fuß mehr vor die Tür gesetzt, und auch wenn man es nicht gleich sah, war doch eine berückende Verwandlung mit der Stadt geschehen. Um mich suchte ich nach deutlichen Anzeichen dafür, als erwartete ich Einschusslöcher in den Häusern oder Risse im Asphalt, dabei wusste ich, dass es nicht diese Art von Zerstörung war, die in der Stadt vor sich ging. Es waren Löcher in ihrem Gewebe, in der Struktur der Straßen, in der Innenseite der Häuser. Die Mäuse waren nur die Vorhut gewesen, sie hatten sich in den Zwischenwänden über Rohrlandschaft, Bruchstellen und Kanalisation fortbewegt, hier und dort einen Zugang zu den Wohnungen gefunden, von der Stadt Besitz ergriffen, nicht erobernd oder gar imperialistisch, eher waren sie verlorengegangen, so wie Menschen in absolutistischen Irrgärten oder in den unterirdischen Türmen von Sintra, sie tauchen ein in etwas Wunderliches und finden nicht mehr zurück.

Im Käfig raschelte und rappelte es, nicht im Gleichklang mit meinen Schritten, aber doch mit ihnen korrespondierend, auch wenn ich noch nicht ganz verstand, wie. An der Straßenecke hob ich die Decke, die Maus hockte zitternd ans Gitter gedrängt und starrte mich an. Sie wirkte dicker als noch am Vorabend, aufgequollen, als habe sie sich am

Salat überfressen. Vorsichtig kroch sie vor, ihre ruckenden Bewegungen verrieten, dass auch sie die Veränderung um uns her wahrnahm. Ich betrachtete ihren pulsierenden Körper, und sie betrachtete mich, unwillkürlich spürte ich das Pochen in meinem Bauch, das Schlagen meines Herzens, die Geschwindigkeit meines Blutes. Diese Stadt, da waren wir uns einig, war nicht mehr die Stadt, in der wir beide bisher gelebt hatten.

Sie hatte keinen Namen, die Maus, wie mir erst jetzt auffiel. Dabei tauften Menschen Tiere, mit denen sie zusammenlebten, über kurz oder lang, manche hatten überhaupt nur Tiere, um sie benennen zu können, aber mir hatte sich nie ein Name aufgedrängt. Ich probierte den, der auf dem Straßenschild stand, aber Clausewitz passte nicht auf sie, weder als Vor- noch als Nachname, und ich gab auf.

Durch eine Scheibe beobachtete mich eine junge Hotelangestellte, die den Raum fürs Frühstück eindeckte, dabei war es bereits kurz vor Mittag. Ich machte ihr Zeichen, dass sie sich in der Uhrzeit geirrt hatte, sie aber erwiderte meine Gesten nur mit einem Kopfschütteln, als blicke sie auf einen Verrückten, ich zuckte die Schultern und ließ sie allein mit ihrem Besteck.

Der Weg durch den Tiergarten war fast menschenleer, nur am Streichelgehege sah ich zwei Kinder im Grundschulalter, die gelangweilt Kiesel zwischen sich hin und her kickten, während ihre Eltern mit Futterdrops in der Hand über dem Geländer hingen. Als ich an ihnen vorbeikam, hob ich kurz die Decke vom Käfig, die Kinder sahen erst die Maus, dann mich an. Als sich der Vater umdrehte, ließ ich schnell die Decke wieder fallen und schämte mich, als hätte ich etwas Verbotenes getan. Wahrscheinlich war eine Maus in irgendeiner Kultur tatsächlich etwas Anzügliches, womöglich sogar in unserer, und nur ich wusste nichts davon. Ich wusste überhaupt noch zu wenig über Mäuse.

Vor dem Denkmal für die gefallenen sowjetischen Soldaten setzte ich den Käfig ab. Ich lehnte mich gegen den Sockel mit dem T-34-Panzer, und als ich die Decke wieder zurückschlug, sah ich die Maus zwei Junge sauber lecken. Die Augen der Welpen waren geschlossen, ihre Körper nackt, sie wirkten noch kaum wirklich da. Ein Fuchs huschte einen Steinwurf entfernt über die Fahrbahn, und ich war froh, der Maus keinen Namen gegeben zu haben. Als ich das Gitter öffnete und am Käfig rüttelte, stemmte sie sich mit ihren Pfoten gegen die Schräge, doch eines der Jungen rutschte nach vorn. Erschrocken ließ ich den Käfig los, er schepperte auf die Stufe, und die Maus fing mit ihren Pfoten das verlorene Junge wieder ein. Hinter mir meinte ich, Schritte zu hören, doch als ich mich umdrehte, war dort nur die Tafel mit den kyrillischen Schriftzeichen zu sehen. Auch der namenlose Soldat, der in einem Bronzeguss seit über siebzig Jahren hier seinen Dienst tat, zeigte keinerlei Rührung.

Ich dachte an die pelzigen Körper, die ich in den Bioabfall unseres Hauses geworfen hatte, ich dachte das Wort Vater, mehr als abstrakten Begriff denn als irgendetwas, womit ich ein Gefühl verband – aber war es schließlich meine Schuld gewesen, dass eine werdende Mutter mitten in der Nacht in die Falle getappt war? Mein Nachbar hatte Gift auslegen lassen, ich dagegen war in den Baumarkt gefahren, um eine Falle zu finden, in der die Tiere nicht zwingend zu Tode kamen. Auf eigene Kosten hatte ich das Gerät gekauft, die Hausverwaltung beteiligte sich nicht daran. Den kleinen Käfig, in dem ein Lockstoff, irgendein Sexualhormon, die nichtsahnenden Tiere zu sich zog, hatte ich mehrmals umgesetzt, bis ich schließlich neben der Spüle den besten Platz gefunden

hatte. Während mein Nachbar beim Auslegen des Gifts zuge-
sehen hatte, hatte ich Sorge getragen, und ganz sicher war der
Vater der Jungen in seiner Küche zu Tode gekommen, nicht
in meiner, allein schon die Statistik sprach dafür.

Bis die Mäuse gekommen waren, hatten mein Nachbar
und ich uns kaum gekannt, seither trug er immerhin den
Namen Dieckmann, und nun trank er Kaffee in meiner Küche, schlief in meinem Bett, sang unter meiner Dusche, stand
nackt vor meinem Spiegel, tat wer weiß was noch, dieser
Dieckmann.

Anders als bei ihm und der Mäusemutter, kannte ich die
Vornamen der zitternden Welpen sofort. Wladimir und Leo.
Doch so unmittelbar diese Eingebung gekommen war, so
sehr verwirrten mich die Fragen, die sich daran anschlossen:
Wohin waren eigentlich die fünf Männer verschwunden, wer
hatte sie überhaupt bestellt, und was geschah mit der Plane
im Dachstuhl, wenn es zu regnen begänne?

Als ich einen Schritt zurücktrat, klang es hohl unter meinen Füßen. Ich hatte es nie so deutlich, so frei von jedem Ne-
bengeräusch gehört. Die Stadt war ausgehöhlt, unterbunkert,
verschachtet. Mit jedem Schritt, den ich ging, meinte ich den
Hohlraum unter mir deutlicher zu spüren. Die Schnauze der
Maus zuckte, als ich mich von ihr entfernte, ihre Miene ver-
düsterte sich, oder hatte sie immer schon diesen schwermü-
tigen Ausdruck in ihren Augen gehabt, hatte ich bislang nur
das Maushafte in ihr beachtet? Ich blieb stehen, ich legte den
Kopf schräg, sie tat es mir gleich.

Zum Telefonieren wandte ich mich diskret von ihr ab.
Meine Freundin war überrascht, mich zu hören, und ich war
überrascht, dass sie überrascht war, immerhin waren wir seit
langem ein Paar, unsere ältere Tochter war bereits zehn. Im
letzten Schuljahr hatte ich unserer jüngeren Tochter auch ein-

mal bei den Hausaufgaben geholfen, wir waren also zweifellos eine Familie, und es ging uns gut.

Ob ich mit meinem Projekt fertig sei, fragte meine Freundin.

Ja, sagte ich. Nein.

Ich versuchte mich zu erinnern, welches Projekt sie meinen könnte, aber mein bisheriges Leben war hinter einer beschlagenen Glasscheibe verborgen, und ich spürte Erleichterung, nicht mehr daran teilzuhaben. Wie Abwaschwasser ohne Schaum war es gewesen, und wenn ich ehrlich war, hatte es aus kaum mehr als einigen nutzlosen Tätigkeiten bestanden, denen ich viel Wert beigemessen und noch mehr Zeit gewidmet hatte, ein paar Freunden, die doch immer wieder verschwanden, und meiner Familie, die ich so gut wie nie sah, weil mir die Tätigkeiten fast alle Tage des Monats raubten.

Ich habe eine Maus gefunden, erzählte ich.

Maus, wiederholte meine Freundin tonlos, vielleicht sogar etwas abfällig, es war schwer zu sagen, das Wort war so kurz.

Ja, und ich wollte fragen, ob ich sie …

Eine Maus, sagte meine Freundin noch einmal, und dieses Mal war der Ton eindeutig bitter. Wir haben doch schon eine Katze.

Und wie läuft es sonst so bei euch?, fragte ich, um das Gespräch auf ein anderes Thema zu lenken.

Die Antwort bestand in einem gepressten Ausatmen. Wir schwiegen eine Weile. Die Maus quiekte neben mir, forderte wieder meine ungeteilte Aufmerksamkeit.

Die Sandförmchen, sagte ich, habe ich vom Speicher geholt. Und die Schaufel. Es gab Bauarbeiten.

Aha, kommentierte meine Freundin. Dann legte sie auf. Sie hieß Lena, das wusste ich noch. Oder Nele. Oder Nora. So genau konnte ich das jetzt nicht sagen, denn die Maus buhlte schon wieder um meine Aufmerksamkeit. Vermutlich hatten die fünf Männer ihr längst einen Namen gegeben, Nora vielleicht, oder Nele oder Lena. Es stand ihr, stellte ich fest.

Als ich durchs Brandenburger Tor in die Stadt einschritt, fand ich mich auf dem Pariser Platz von einer großen Menge umringt. Die Gesichter schienen mir spitzer zu sein als sonst, vielleicht auch etwas grauer, obwohl ich graue Gesichter schon oft bemerkt hatte, im Vorübereilen an der Friedrichstraße, im Gedränge der U-Bahnschächte, überhaupt verwandelte das orangene Licht der unterirdischen Stadtläufe jedes Wesen in etwas Kränkelndes, als wäre die Hälfte der Seele weggesackt.

Das aber war das Absonderliche: Dieses neue Grau wirkte im Gegenteil erfrischt, und die Menge um mich her war von einer fröhlichen Wuseligkeit. Von allen Seiten wurde mir zugenickt, oder nein, es waren die Maus und ihre Jungen, denen das Nicken galt. Übrigens trug niemand hier einen Regenschirm, obwohl der Himmel bedeckt war, und obwohl der Himmel bedeckt war, strahlte der Platz. Jemand stieß mich an, fast wäre mir der Käfig aus dem Arm gerutscht. Ich suchte noch nach der passenden Beschimpfung, da fiepte mir das Gegenüber schon ins Gesicht. Es war ein hoher, herzzerreißender Ton, und ehe ich mich versah, war mein Gegenüber schon weitergeeilt, nur noch einen hellen, wendigen Schweif sah ich auf dem Pflaster und gleich darauf im Gewühl verschwinden.

Eine Falle ist nicht mehr als ein Transitort. Man sollte ihre kurzfristigen Bewohner mindestens einen Kilometer von ihrem Fundort aussetzen, damit sie nicht dorthin zurückkehren. Ich war mir nicht sicher, wo der Fundort genau lag, konnte im Übrigen nicht mehr sagen, was das war, zu Hause, ganz sicher nicht diese stickige Wohnung mit Drahtwolle unter der Spüle und einem Herrn Dieckmann in meinem Bett. Unter einer Hecke beim Auswärtigen Amt hob ich ein Loch aus. Die Plastikschaufel splitterte, als ich auf das Wurzelwerk stieß. Ich grub mit den Händen weiter, blickte immer wieder zu Lena hinüber, die die Jungen säugte, gleichmäßig hob und senkte sich ihr Brustkorb mit den Atemzügen, ihre halb geschlossenen Augen strahlten gelassen. Ich wusste, dass wir es gut haben würden. Ich wusste es sicher.

Yael Inokai
Der Anständige

Von unserem Fenster aus sah ich den Anständigen das erste Mal wieder. Er ging mitten unter den anderen Leuten auf der Straße, in den gleichen unauffälligen Kleidern, wie es hier üblich war. Man zeigte seine Klasse ungern auf den ersten Blick; lieber triumphierte man im richtigen Moment mit Worten oder einer gut dosierten Achtlosigkeit.

Eigentlich war der Anständige von seiner Haltung und seinem Gesicht her niemand, der einem ins Auge fiel. Ich entdeckte ihn zufällig, an einem meiner Nachmittage, als ich mich mit dem Draußen anfreundete, so vom Schlafzimmer aus.

Ich lebte mit Jurek. Er hatte die Wohnung gefunden und für uns hergerichtet. Sie war ein fertiges Nest, als ich sie das erste Mal betrat.

Er hatte sie nach seinem Einzug, wo es nur seinen Koffer und die Kleider an seinem Körper gab, innerhalb von Tagen mit gebrauchten Dingen aufgefüllt. Sie verströmten eine Gemütlichkeit, die mich anfangs juckte, wie ein Haar an der

falschen Stelle. In der Leere zu leben hätte Jurek nicht aus-
gehalten. Er bevorzugte die Gesellschaft von Gegenständen,
angelebt, angenutzt, wenn auch nicht von ihm.

Für Jurek wurde ich einmal am Tag zum Passanten, ging aus
der Tür, dabei fühlte ich mich hier in der Wohnung gut, und
draußen wusste man ja nie. Ich besuchte den Markt, der um
die Ecke lag, und kaufte dort Gemüse.

Für Jurek brachte ich es in unsere Küche, schnitt ich es,
briet es oder buk es im Ofen, machte Eintöpfe draus, richtete das Essen an, sodass wir aßen, wie alle anderen aßen, bei
Tisch, bei Kerzenschein. Man sah das an Winterabenden in
den Fenstern der Häuser gegenüber. Wir hätten bei Tisch nie
ein böses Wort gesagt, egal, ob wir uns gegenseitig erwürgen
wollten. Wir waren einander nicht selbstverständlich.

Ich hätte am liebsten jede Mahlzeit im Bett eingenom-
men. Das tat ich auch öfters, wenn Jurek nicht da war, obwohl wir es anders ausgemacht hatten. Danach legte ich ein
paar Krümel auf dem Tisch aus. Er wischte sie später zufrie-
den mit der Hand auf den Boden. Manchmal sah er mich dabei an, seitwärts, unter seinem dichten Haar durch, als wüss-
te er genau Bescheid, und lachte, lachte lautlos in sich hinein.

Der Anständige hatte Arbeit. Ich erkannte es an seinem
Gang. Er war nicht wie ich, der schlenderte, er durchschritt
diese Straße, er hatte wo zu sein.

Auch ich hatte wo zu sein, so war es nicht. Ich hatte eine
Aufgabe, Blätter sortieren, Jureks Blätterwald, der im kleinen Zimmer neben der Küche wucherte. Die Blätter waren
vorsortiert, diese Mühe hätte er sich früher nie gemacht. Als
ich ihn kennenlernte, war er es gewohnt, dass man ihm hin-
terherräumte. Nicht einmal das Besteck legte er zusammen,

um zu zeigen, dass er fertig gegessen hatte. Lieber ließ er den armen Kellner dreimal an unserem Tisch vorbeigehen. Er schloss Wasserflaschen genauso wenig wie Schranktüren und malte jedes Mal beim Kochen abstrakte Gemälde an die Wand. Er spülte das Klo, immerhin, aber das mochte auch an seiner Eitelkeit liegen.

Manchmal stellte ich mir vor, dass es das Erste war, was er für diese Wohnung angeschafft hatte: Blätter. Tausende von ihnen. Leer und beschriftet. Beschriftet mit irgendwas, was den Leuten nun einmal einfiel und sie dann loswerden wollten, in die Papiertonnen warfen, wo andere Leute mit kahlen Zimmern sie wieder rausfischen konnten. Einkaufslisten zum Beispiel. Ein Blätterwald voller Einkaufslisten. Dann wurden sie schnell wieder mit Jureks eigenen Notizen überwuchert. Als gäbe es überhaupt keinen Grund, irgendwas nur zu denken, ohne es aufzuschreiben.

Ich war mir sicher, früher oder später würde ich dem Anständigen begegnen, an einem Sonntag, weil der Sonntag solche Dinge zuließ.

Der Tag bekam seine eigenen Rituale. Es war Jureks Idee. Es sollte auch in der neuen Welt einen Sonntag geben, einen Tag, der sich von den anderen unterschied, wenngleich nur marginal. Der Tag, an dem ich zwar nicht länger schlief, aber ein paar Minuten länger liegen blieb, weil es Jurek war, der das Frühstück zubereitete und nicht wie sonst ich. Ich hörte dann sein Geklapper in der Küche. Ich wartete, bis er meine Zimmertür, die immer einen Spalt offen stand, manchmal mehr, aber nie weniger, mit seinen Fingerkuppen beklopfte. Mein Zeichen: Steh auf, ich habe Frühstück gemacht. Egal, wie mir zumute war. Ein Tag, der mit einem Frühstück begann, war begonnen, angebrochen, da gab es nichts zu machen. Und von da an konnte mich die Routine einfach einfädeln.

Drei Kaffee, einer mehr als nötig. Machte den Magen sauer. Knickte die Erregung, die die ersten beiden erzeugt hatten, wieder ab. Aber es machte nichts. Wir hatten nie was Großes vor. Wir mussten ohnehin warten, bis wir das Haus verlassen konnten. Wenn die anderen in die Kirchen gingen, in die Cafés, dann wollten wir ihnen nicht begegnen. Sie hatten ihre Rituale, wir hatten unsere.

Wir wollten die Sonntage mit Ausflügen auffüllen, wie davor, aber mehr als Pläne wurden nicht daraus. Wir warteten die richtige Zeit ab, um zu einem Spaziergang aufzubrechen, bei jedem Wetter, wir waren auch schon gegen Stürme anspaziert und unter Dachlawinen hindurch. Später lasen wir und aßen Reste. Ich benutzte sogar Zahnseide, bevor ich ins Bett ging, das tat ich an den anderen sechs Tagen nie.

Es war dann kein Sonntag. An einem Dienstag stand ich dem Anständigen plötzlich gegenüber. Er kaufte Milch und Eier.

»Ich habe jemanden gesehen«, sagte ich am Abend zu Jurek. Wir hatten schon gegessen, schweigend, das kam öfters vor. Wir machten uns nichts draus. Spätestens der Abwasch erlöste uns immer, füllte diese Wohnung mit Geräuschen und fegte das Ernste weg.

Jurek wurde steif in den Schultern. Nur ein bisschen, nur für den ersichtlich, der diese Schultern seit Jahren kannte und aus ihnen zu lesen gelernt hatte.

»Wie sah er aus?«

»Er trägt die Haare jetzt anders. Die Seiten kurz, die Mitte ein bisschen länger. Davor hatte er diesen tiefen Seitenscheitel. Sonst ist er unauffällig. Ein Gesicht wie tausend andere. Und klein. Klein ist er.«

Jurek dachte nach. Er durchforstete seinen Kopf nach allen Beschreibungen, die ich ihm je gegeben hatte. Es war eine Abmachung von uns. Wir hatten sie getroffen, ein paar Wochen nachdem ich angekommen war. Ich hatte das erste Mal über die Zeit drüben gesprochen, über die Kaserne, in der ich untergebracht worden war, während er, Jurek, diese Wohnung hier für uns herrichtete und damit geschlagen war zu warten.

Damals sagte er: »Diese Personen von drüben, von der Kaserne – sie haben hier keine Namen mehr. Wenn du an sie denkst, wenn du mir von ihnen erzählst, nenn sie *jemand*. Wir unterscheiden sie nach ihren Merkmalen. Eng zusammenstehende Augen, so was. Aber keine Namen. Es gibt sie hier nicht mehr.«

Wir dachten, die Personen würden Geister bleiben und nur solche wie wir kämen, um in dieser Stadt hier neu anzufangen. Es war unsere Erde, in die wir uns umgepflanzt hatten.

»Was hat er gemacht?«, fragte Jurek. Er zeigte noch immer keine Anzeichen, dass er den Anständigen aus meinen Beschreibungen wiedererkannte.

»Er hat Milch und Eier gekauft.« Eine häusliche Tätigkeit. Wahrscheinlich lebte der Anständige hier. Keiner von uns beiden sprach das aus.

»Hat er dich erkannt?«

»Nein.«

Ich konnte es Jurek nicht sagen. Konnte nicht noch einmal zulassen, dass der Anständige mich sah, und weil ich versteinert war, hatte er alle Zeit der Welt gehabt, seine Erinnerungen durchzugehen, bis er mich darin fand. »Andreas«, sagte er dann, in seiner warmen, vertrauten Stimme, mit der er mich auch das allererste Mal beim Namen genannt hatte.

Nur das. Es machte sofort einen Menschen aus ihm. Und dieser Mensch war höflich genug zu gehen. Er stellte seinen Einkaufskorb ab und ging.

In einem anderen Leben, es war nicht lange her, lebten Jurek und ich in der Stadt, wo wir beide geboren worden waren. Wir dachten, wir würden dort auch alt werden. Ein paar Monate nach unserem Kennenlernen hatte ich meine düstere Erdgeschosshöhle verlassen, um mit ihm zusammenzuziehen. Unsere Wohnung war mit unseren Dingen gefüllt, von uns angelebt und von uns angenutzt. Die Nachbarn kümmerten sich um unsere Pflanzen und unsere Post, wenn wir verreisten.

Es hatte einmal bessere Zeiten gegeben für solche wie uns. Aber ich war noch ein Kind, als sich das wieder änderte, also musste ich diese Jahre nicht vermissen. Ich brauchte auch nicht enttäuscht zu sein von ihren Versprechen, nun sei etwas erreicht und damit in Stein gemeißelt. Es gab eine simple Regel für Jurek und mich: Solange wir nicht darüber sprachen, wer wir waren, war es in Ordnung, wer wir waren. Für mich stimmte das so.

Am Anfang waren es die kleinsten Irritationen. Niemandem außer uns fielen sie auf. Oft gab es nicht einmal Worte dafür, nur eine dumpfe, saure Übelkeit, die in unseren Mägen hockte.

Dann schlugen sie einen in unserer Straße fast tot. Ich hielt mich an der Tatsache fest, dass wir diskret waren. Ich war mir sicher: »So etwas kann uns nicht passieren.« Jureks Schultern sagten: »Wie oft muss ich es wiederholen? Unsere Freiheit ist nur geliehen. Unsere schönen Rechte waren es auch.« Er selbst sagte nichts.

Als es kippte, blieben uns ein paar Tage. Jurek hatte einen Pass für ein anderes Land. In gewisser Hinsicht war es also einfach für ihn. Die zweite Nationalangehörigkeit war ein Erbe, wie eine Augenfarbe.

»Ich bleibe hier mit dir!«, beharrte Jurek und stampfte dabei wie ein kleines trotziges Kind auf den Boden. »Soll doch das Schlimmste passieren!«, sagte er mit dem Mut desjenigen, dem immer noch ein Ausweg bleibt. »Dann passiert es uns wenigstens zusammen.«

»Wenn du nicht gehst«, sagte ich, »dann werde ich dir das nicht verzeihen.«

Wir trafen eine Vereinbarung. Das war seine Bedingung: Sobald er drüben wäre, würde er alle Hebel in Kraft setzen, alle Beziehungen spielen lassen, damit ich nachkommen könnte. Dabei kannte er niemanden. Und unsere Liebe war kein Kästchen auf einem Formular, das man hätte ankreuzen können. Dass wir zueinander gehörten, existierte in der Sprache der Behörden nicht.

Ich setzte noch eins drauf: »Und eine Wohnung besorgst du uns.« Er war einverstanden. Er versprach es mir sogar, obwohl er genau wusste, dass ich Versprechen jedweder Art ablehnte.

Wir packten ihm einen kleinen Koffer. Er nahm nichts Sentimentales mit, für den Fall, dass sie reinschauen wollten. Sie wollten nicht. Da hätte er am liebsten kehrtgemacht, ein paar Fotos von den Wänden gerissen, meinen benutzten Rasierer eingepackt, mir einen Nagel abgeschnitten und in die Geldbörse getan. Sie gaben ihm den Pass zurück, er steckte ihn in die Jackentasche.

Er sagte noch danke.

Zwei Tage später brachte man mich in die alte Kaserne, die sie für ihre Zwecke umgebaut hatten. Noch war alles im Rohzustand, aber sie hatten Großes vor. Sie zeigten mir Entwürfe. »Für solche wie dich«, sagten sie.

Ich besaß kaum etwas von Wert, keinen besonderen Beruf, kein einnehmendes Talent, keine Informationen. Also spielten sie einfach ein bisschen mit mir. So nannten sie es.

In meiner ersten Nacht fasste ich einen Entschluss: Ich bleibe hier. Mit all meinen Gedanken. Genau hier. In diesem winzigen Zimmer mit seinen eingezogenen Wänden. Die tastete ich ab, damit ich jeden Knubbel und jede Einkerbung kennenlernen konnte.

Dabei hatten sie in den Filmen und Büchern immer gesagt: Wenn es zu schlimm wird, dann lass deinen Körper hier und geh weg, katapultiere dich mit deinem Kopf an einen anderen Ort.

Nicht ich. Ich würde mein Bestes gaben, damit nichts anderes von diesem Ort infiziert werden würde, kein Gedanke, kein Mensch. Sollte ich irgendwann rauskommen, dann würde ich nämlich einfach gehen können.

In den schlimmsten Momenten funktionierte es. Viel besser, als ich je vermutet hätte. Schwierig wurde es nur, wenn man mich ein paar Tage in Ruhe ließ. Wenn ich über diese Zeit nichts hörte und niemanden sah, keinen Gegenstand hatte, mit dem ich mich irgendwie beschäftigen konnte, sondern es nur das Warten gab, dass sie wieder durch diese Tür kamen und welche Ideen sie mitbrachten – dann begannen die Gedanken zu rotieren. Ich sah Jureks Gesicht vor mir. »Geh weg!«, schrie ich ihn an. Aber in der Stille waren die Erinnerungen wie Regen, wie unaufhörlicher Regen, der in diesen Raum prasselte und ihn langsam, aber sicher flutete.

Irgendwas, stellte ich fest. Ich brauche irgendwas. Sonst überlebe ich es nicht.

Wie weit war es zu Jurek?

Ich versuchte, die Kilometerzahl zu berechnen. Ich konnte mir nicht sicher sein, dass er wirklich in der Stadt angekommen war. Aber das war nicht wichtig. Nicht für diesen Raum. Hier gab es sowieso keine andere Option als die Gewissheit, dass er dort war und dass es ihm gut ging.

Wie würde ich zu ihm kommen? Wie viele Schritte, wie viele Züge, Busse, Bahnen?

Ich begann, die Reise in kleine Teile zu trennen.

Ich fing an: Ich mache eine Reise. Ich packe in meinen Koffer. Ich habe nur begrenzten Platz zur Verfügung, ich muss also sorgfältig abwägen, was mit kann und was nicht. Jedes Mal wenn ich etwas von der Liste streiche, muss ich von vorne beginnen.

Wieder und wieder fing ich an: Ich mache eine Reise.

So begann ich meinen Tag: Ich mache eine Reise. Ich packe in meinen Koffer.

Und so brachte ich mich zum Einschlafen: Ich mache eine Reise. Ich packe in meinen Koffer.


»Andreas?« Der Anständige sprach meinen Rücken an, als ich am Markt mein Gemüse einpackte. Es war nur eine Woche her, seit wir uns begegnet waren und er seinen Einkaufskorb abgestellt hatte und gegangen war. Nur sieben Tage falsche Sicherheit, dass er mich in Ruhe lassen würde, andere Wege wählen würde, damit wir uns nie wieder begegneten. Eine Woche die wahnwitzige Idee, er könnte ein Geist werden.

»Erschrecken Sie sich nicht«, sagte er. Das tat ich auch nicht. Nicht im eigentlichen Sinne. Ich blieb einfach stehen.

Er atmete schwer. Er suchte nach den richtigen Worten. Ich spürte sein Zögern, sein Abwägen, ob er weitersprechen konnte.

»Sie leben hier«, sagte er. Er hatte mein Einkaufen also genauso interpretiert wie ich seins. Ich antwortete ihm nichts. Ich hatte mich ja ganz leer gemacht, um hier stehen bleiben zu können und nicht zusammenzufallen. Ein Wort, eine Bewegung, das war unmöglich.

»Ich werde Sie nicht behelligen.« Er war dabei, Anlauf zu holen. Er wollte etwas von mir. Ich kannte diese Stimme doch.

»Ich möchte Sie nur um etwas bitten. Wenn Sie mich lassen. Sehen Sie, ich habe Familie. Zwei Töchter. Meine jüngste ist vor drei Wochen zur Welt gekommen. Sie heißt Carina. Wir sind wegen der Kinder hierhergekommen.« Ein Zittern in seiner Stimme. »Und wenn es Ihnen irgendwie möglich ist, ich weiß, es ist viel verlangt … wenn es Ihnen irgendwie möglich ist, möchte ich Sie um Verzeihung bitten. Von ganzem Herzen bitte ich Sie …«

Er studierte meinen Rücken. Das hatte er gelernt. Es war nicht die Liebe, die es ihn gelehrt hatte. Aber seit meiner Zeit in der Kaserne wusste ich ohnehin, dass fast alle Werkzeuge, die man zum Lieben nutzt, auch für das Gegenteil verwendet werden können.

Er hatte nun also gesagt, was er sagen wollte. Mein Rücken antwortete ihm: »Ich habe es gehört. Du musst jetzt gehen.«

Und das tat er.

Drei Wochen verließ ich danach das Haus nicht. Ich verbrachte meine Tage im Schlafzimmer, bei geöffnetem Fenster, der Trubel der Straße hielt mich bei Verstand. Jurek wartete. Er übernahm das Einkaufen, das Zubereiten der Mahlzeiten, er kannte das schon. Ich war ein fehleranfälliges Uhrwerk. So hatte er mich zurückbekommen. Wenn es still wurde in der Nacht, weil die Betrunkenen ausblieben, machte ich das Radio an.

Ich war mir damals sicher gewesen, sollte ich Jurek je wiedersehen, ich würde ihn nicht mehr loslassen. Ich würde meine Nase in seinen Nacken graben, wo sie ihren liebsten

Platz hatte. Ich würde mich mit der Hand in seinen Haaren verfangen. Ich würde ihn festhalten, auch in der Nacht, seinen Körper von meinem umschlossen, wo er hingehörte. Alles wäre gut.

Aber als er vor mir stand, nach all dieser Zeit, konnte ich ihn nicht umarmen. Als er dann bloß die Hand nach mir ausstreckte, sagte: »Komm, ich zeige dir unser neues Zuhause«, rührte ich mich erst, als er die Hand wieder fallen ließ. Und in das Schlafzimmer, das er für mich hergerichtet hatte, wo er in der Tür sagte: »Ich schlafe drüben, und wann immer du dich bereit fühlst, sag es mir« – in dieses Schlafzimmer lud ich ihn nie ein.

Wir küssten uns ein Mal, beim Geschirrspülen, ohne nachzudenken. Ein plötzlicher Hunger nach dem Mund des anderen. Es fühlte sich ganz genauso an wie früher. Das hielt ich fast nicht aus.

Damals in der Kaserne hatte er mir eine Decke gebracht. »Wohin verreisen Sie, Andreas?«, fragte er und breitete sie über meinem frierenden Körper aus. Das war mein erster Moment mit ihm. Ich hatte mich in meine Schleife geflüchtet: Ich mache eine Reise. Ich packe in meinen Koffer. Als er mir seine Frage stellte, mit seiner warmen Stimme diesen winzigen Raum füllte, verstummte ich.

»Schon gut.« Er zog die Decke über meine Schultern. »Ich wollte Sie nicht stören.«

»Sprich mit mir«, sagte Jurek. An der Wand über der Küchenzeile waren überall Schlieren von seinem Kochen. Wenn er ratlos wurde, kam seine alte Unordnung zurück. Er musste in dem Jahr ohne mich in einem heillosen Durcheinander gelebt haben, bis der Anruf kam, bis er meine Stimme hörte:

»Jurek … bist du das? Hier ist Andreas.« Er hatte nicht gleich geantwortet. Aber ich hatte ihn an seinem Atem sofort erkannt.

»Der Anständige«, sagte ich, »es war der Anständige.« Ich hatte nur ein einziges Mal von ihm erzählt. Dass er manchmal gekommen war, um mir etwas zu essen zu bringen. Oder ein Buch. Dass er mir ein Bild von seiner Frau gezeigt hatte, die ihr erstes Kind erwartete. Dass er einmal ganz leise geworden war, und gemeint hatte: »Andreas, wenn Sie ein paar Namen hätten, von anderen wie Ihnen, vielleicht kann ich dann was für Sie tun.«

Er hatte mich nie bestraft. Nicht wie die anderen. Und ich sah in Jureks Gesicht, dass er nicht ganz verstand. Der Anständige, war er denn nicht anständiger gewesen als die anderen, zählte das nichts?

Ich hatte gewartet. Nachdem ich rausgekommen war. Eine Woche, bevor ich Jurek anrief. Das wusste er nicht. Aber ich wusste es für ihn, in Momenten wie diesen, wenn er mich anschaute, fragend, weil er nicht verstand.

»Verzeihung«, sagte der Anständige. Da war er wieder, mitten auf der Straße, ich hatte mich nur kurz gebückt, um meine Schnürsenkel zu binden.

Als ich nicht aufsah, fügte er an: »Bitte«, und als ich noch immer nicht aufsah, mich stattdessen mit gesenktem Kopf aufrichtete und an ihm vorbeiging, als hätte niemand mit mir geredet, da wurde er lauter und schickte mir hinterher: »Ich bin doch auch ein Mensch.« Ich blieb noch immer nicht stehen. Ich ging schneller, jeder Schritt schneller als der davor, obwohl er mich nicht verfolgte, obwohl er genau da, wo er mich wiedergefunden hatte, als besäße er einen Radar, auf dem er mich immer orten könnte, auch stehen geblieben war.

Aber es klebte an mir, was er gesagt hatte. Es kam mit mir in die Wohnung, in die Küche, in die Dusche, in das Bett.

Ich bin doch auch ein Mensch.

»Kannst du dir das vorstellen?«, fragte Jurek. »Ihm zu verzeihen.«

»Nein.«

»Nicht für ihn. Für dich.«

»Für mich?«

»Dafür ist es doch da.«

Ich sagte nicht: »Aber wie soll ich ihm verzeihen, er ist ja immer bei mir. Er ist bei mir, wenn ich die Zähne putze, wenn ich Tomaten kaufe, wenn ich den Boden wische. Ich bin wieder in diesem Zimmer, wenn ich Post öffne, ich bin in diesem Zimmer, wenn ich die Treppe hinabsteige und zum hundertsten Mal versuche, eine Arbeit aufzunehmen, und das Banalste halte ich am wenigsten aus. Dieser Raum ist bei mir, Jurek, so wie du bei mir bist. Ja, meistens war er anständig, der Anständige von allen, aber manchmal auch nicht, es war ja er, der darüber entscheiden konnte. Er hat mir das Kopfkissen weggenommen und das halb volle Wasserglas, er hat mich einmal getreten und gesagt, ich muss das tun, sei so gut, entschuldige, und ich hab gesagt: natürlich. Aber jetzt will ich nicht mehr. Ich will nicht meinen Frieden damit machen. Ich will, dass es immer schlimm bleibt.«

Las er es aus meinen Schultern? Jurek zündete zwei Kerzen an.

»Wir haben es gut hier«, sagte er. Ich nickte. Er hatte recht. Groß unterschied sich unser Leben nicht von dem von früher. Wir hatten eine Wohnung. Wir hatten unsere Rituale. Wir hatten einander. Und solange wir nicht darüber sprachen, wer wir waren, war es in Ordnung, wer wir waren.

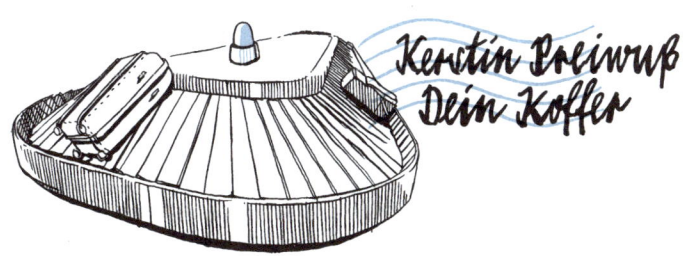

Kerstin Preiwuß
Dein Koffer

Dein Koffer wartet schon, ein Umriss, der eine Leerstelle schafft. Als grenze sich Zeit in ihm ab. Als stünde er dem Raum im Weg. Den nimmst du mit, wenn du gehst.

Es wird Zeit für dich, es geht wieder los, nur diesmal zurück, also öffnest du ihn und schüttelst die Reste der Erinnerung ab, damit dir niemand beweisen kann, dass du hier gewesen bist. Sie rieseln wie feiner Sand, den jeder Koffer aus dem Urlaub mitbringt, und verteilen sich flüchtig über dem Boden. Sie sind kaum sichtbar, nur zu spüren, als du auf sie trittst. Du stellst dich so hin, dass sie eine Fußspur legen, damit man später den Moment deines Aufbruchs sieht. Ab jetzt kannst du einpacken, das sind Sachen, die du brauchst, und Geschenke, die du mitnimmst, sie liegen obenauf. Was hast du wohl diesmal dabei, was trägst du weg.

Du packst deine Augen ein und deine Haut. Die Haut ist dir hier über die Zeit gewachsen, sie lässt dich spüren, wo du bist. Wird es kalt, wärmt sie dich, wird es heiß, kühlt sie dich, wird es regnen, umhüllt sie dich, und musst du nachts schlafen, bedeckt sie dich. Ohne sie kannst du nicht mehr sein, niemand hat dich je so berührt, nichts berührt dich sonst noch, du bist schon zu lange hier.

Etwas Luft nimmst du mit, damit du sie beschreiben kannst. Und die Permanenz des Windes.

Ein paar gute Schuhe brauchst du noch, denn unterwegs hält man oft an, und barfuß fragt man nicht nach dem Weg oder bittet um Unterkunft, man sieht barfuß nicht aus wie jemand, der auf Reisen ist, und du willst nicht, dass man auf dich aufmerksam wird oder dich gar anspricht. Du willst noch einmal etwas von dem sehen, was dich bislang wie selbstverständlich umgab.

Du legst alles in deinen Koffer und machst dich auf den Weg. Schon hörst du es klappern, bist ganz Ohr, und deine Ohren sind nah an den Hufen von Pferden. Dein Koffer ist ein Begleitumstand, er wird zur Kutsche, die eine Schatulle fortbewegt. Klein ist diese, hart und widerstandsfähig, ein verschlossenes Kästchen auf dem Weg von Wien nach Bern, ein Nachlass aus drei schwarzen Lederbänden mit Goldschnitt und Verschluss, ein Tagebuch in einer Kassette, dazu bestimmt, erst sechzig Jahre später geöffnet zu werden mitsamt der Verfügung, den Ertrag des Inhalts für die Kinder Verurteilter zu verwenden. In der Kassette liegt auch ein Brief, an jenen Menschen, der einmal diese Schriften sichten wird, geschrieben im Hochsommer des Jahres 1890 im eilig dahinsausenden Extrazug an eine »Liebe Zukunfts-Seele« und zur dringenden Verhinderung einer Verwahrung am Hof. Es gibt mehrere dieser Kassetten, von denen jede den gleichen, heimlich vervielfältigten Inhalt birgt. Sie werden nach und nach den Vertrauten übergeben, aus Angst, dass eine allein die Zeit nicht übersteht.

Die hier liegt als dunkelbraune oder graue Schachtel in einer Eisenkassette, versiegelt von einer Seemöwe, gefunden vom Kaiser nach ihrem Tod in einem Geheimfach. Er sieht nicht hinein, aber sorgt für ihre sichere Verwahrung, sie darf erst geöffnet werden, wenn von der jetzt lebenden Generation niemand mehr am Leben ist. Also wird sie noch mal in eine Überkassette aus starkem Blech getan und sicher verschlossen, dann in Papier gepackt, verschnürt und mit der Weisung, sie ungeöffnet zu verwahren, nach Wien überstellt. Dort wird sie nochmals in Packpapier verpackt und in eine Holzkassette getan und schließlich in Brünn verwahrt, wo man sie in Ruhe lässt. Nur ab und an ergibt eine Prüfung, dass das Kästchen nicht leer ist, jede leichte Erschütterung lässt den Inhalt gegen die Blechwand schlagen, es klingt, als bewegte sich was. So wird das Kästchen zu einer geheimnisvollen Ansammlung, manche sprechen gar von einem Schatz. Erst nach der Eroberung übergibt das tschechoslowakische Kreisgericht es dem deutschen Landgericht, das es nach Wien bringen lässt, wo es von nun an in der Gerichtskasse im Justizpalast liegt, um nach der Niederlage wieder nach Brünn ausgeliefert zu werden, das seitdem die Herausgabe verweigert und das Kästchen nach Prag bringt, wo es fünf Jahre später nach siebenstündiger erfolgloser Diskussion mit Vertretern der österreichischen Gesandtschaft vor neun tschechoslowakischen Beamten und einem Notar mit einem Dietrich geöffnet wird. Im Innern befindet sich ein in braunes Packpapier gewickeltes und verschnürtes Paket mit zwei Siegeln, darin ein weiteres kleines Paket mit beiliegendem Brief mit zwei Siegeln, darin ein Paket in einem dritten Umschlag aus weißem Papier, sechsfach versiegelt, darin ein kleines Paket in zwei Pappdeckeln, mit einer Schnur umwickelt, darin zwei Kuverts, das größere mit drei Siegeln und in Elisabeths

Handschrift adressiert nach Bern. Alles wird genau so wieder eingepackt und bleibt ungesehen.

Erst Jahre später kehrt es zurück nach Wien. Von dort aus gehen die verwahrten Briefe endlich nach Bern, wo man sie öffnet und feststellt, dass sich in ihnen die Gedichte der Kaiserin befinden, die man von einer anderen Schatulle her schon kennt. Erst Jahrzehnte später gelangen sie an die Öffentlichkeit. Ihr Erlös geht an den Flüchtlings-Hilfsfonds des UNO-Hochkommissariats, gemäß dem Wunsch der Kaiserin, ihrem Testament an die Zukunft. So etwas gefällt dir, hier hat jemand mitgedacht. Eine solche Sorgfalt in allen Dingen, die die Zukunft betreffen, und du müsstest jetzt nicht los und denen da oben Rechenschaft ablegen.

Du lässt sie reden und nimmst deinen Koffer wieder mit, denn du hast Pläne, das umfasst ein paar große Wanderdünen, den stillen Zusammenhang ineinander übergehender Seen, die ältesten Wanderwege sowie sämtliche Zonen, in denen die Landschaft sich ändert oder Städte sich ausdünnen, das sind Gegenden, die du plötzlich verstehst. Du reist ins Immernoch, zum brennenden Berg zwischen Saarbrücken und Sulzbach, der sich seit mehr als dreihundert Jahren selbst verzehrt. Du reist ins Niewieder und besuchst Martha, die am 1. September 1914 gegen dreizehn Uhr im Alter von neunundzwanzig Jahren starb, als letzte der ehemals häufigsten Vogelart Nordamerikas, vielleicht sogar der ganzen Welt. Ein einzelner Schwarm umfasste Millionen, die den Himmel wie bei einer Sonnenfinsternis verdunkelten, und angeblich soll es nicht nur Stunden, sondern bis zu drei Tage gedauert haben, bis sie vorüberzogen und dabei Kot regnen ließen. Du denkst nur flüchtig daran, denn du weißt, wie wenig so etwas hält in dieser Welt, du denkst, die Luft war also wie mit Tauben gefüllt und es dauerte nicht lange, bis jemand daran dachte, dass man sie auch braten und essen kann. Eine Woche lang nur Tauben, fast zwei Millionen in einem Jahr von einem einzigen Nistplatz, ein Riesengeschäft, ein paradiesisches Schlachten. Am Ende kam nur Martha nicht dran. Auf Eis gelegt reiste sie per Zug in die Hauptstadt, wo sie, nach allen Künsten der Zunft präpariert, seitdem in der Vogelsammlung des Nationalmuseums für Naturgeschichte auf einem Ast sitzt, der unter ihrer Last nicht mehr bricht. Von keiner ausgestorbenen Vogelart existieren mehr Exemplare in Museen, exakt 1532, sogar in Berlin, Greifswald, Leipzig und Halberstadt. Vielleicht hat sie Kontakt zu Cher Ami, jener Taube, die ein paar Jahre später ebenfalls als Präparat nach Washington kam und seither im Nationalmuseum für amerikanische Geschichte sitzt, versehen mit dem Orden Croix de guerre, zum Dank für die Rettung von 194 amerikanischen Soldaten, nachdem sie trotz Verwundung fünfundzwanzig Kilometer in fünfundzwanzig Minuten flog und die Botschaft überbrachte, dass man gerade auf seine eigenen Männer schoss. Mit einer Wunde an der Brust kam sie an, blutüberströmt und auf einem Auge blind, ihr rechtes Bein nur noch durch eine Sehne mit dem Körper verbunden. Ihre Botschaft kam an, sie hat Hoffnung überbracht.

Du nickst, du kennst das, man kann auch sagen, du schleppst an dieser Last, und was für die einen Verluste sind, ist für die anderen eine Liste der Dinge, die man noch nicht erreicht hat, die man noch sehen will, die man gesehen haben muss, sämtliche Whisky-Destillen Schottlands etwa oder den Vatikan. Dabei ist es gar nicht sicher, ob sich auch erfüllt, was man sich verspricht, nicht ohne Grund erwischt einen so oft dieses Pariser Fehlgefühl, sei es in den Lagunen von Venedig, sei es in den Ruinen Pompejis. Aber das hindert niemanden an der Jagd nach einem Bild, nur ab und an stürzt jemand dabei ab. Du hast dich schon oft gefragt, ob diese Bilder nicht eher verbergen, was man gesehen hat. Welchen Ausschnitt behält man denn von der Welt, weil er ein Stück des eigenen Mosaiks enthält?

In Nordostindien in den Meghalaya Hills hingegen triffst du auf einmal auf ein Gefühl von Zusammenhang. Als die Nacht kalt und dunkel ist und du unter zwei Decken liegst, ist dir, als kehrtest du in deine Kindheit zurück, als man bei Kälte die Betten am Ofen erwärmte, bevor man unter sie kroch, um die ganze Nacht vom Knistern ihrer sich langsam ausrichtenden Federn zu träumen. Es ist nicht das, was du erwartet hast von einem fremden Ort, aber du bist schließlich dort, und nur der Heater, der statt des Ofens im Zimmer steht, besteht auf einer Scheinerinnerung. Ein Gefühl überkommt dich, es ist die Sehnsucht danach, gönn dir kurz die Illusion, dass du deinen Koffer nur umpackst, die Winter- gegen die Sommersachen austauschst und damit vielleicht auch die jeweilige Hälfte des Lebens, bevor du alles mit einem Gürtel aus Blei verschließt, der dich nicht zu weit von den Tatsachen entfernt. Schließlich hast du einen Auftrag. Ohne Grund ist der Koffer nicht so schwer.

Was brauchst du noch. Du hast gute Erfahrungen mit den Gedanken anderer gemacht, die du im Schlaf aufsagen kannst, selbst wenn man dich weckte mitten in der Nacht, um dir zu sagen, dass du gehen musst. Du musst immer wieder an sie denken, du überprüfst an ihnen alles, was war. Es ist, als folgtest du ihren Linien so wie die Zugvögel ihrem Sonar, sodass du selbst bei schlechter Sicht sagen kannst, wohin die Reise geht. Du weißt, dass es denen hier oft so geht, wenn sie in verzweifelten Momenten sind, wenn ihr Dasein trostlos ist, du hast es oft genug gesehen, wie sie lautlos ihre Lippen bewegen, während kaum noch etwas von ihnen übrig ist. Du siehst daran, was sie einander antun können. Vergiss das nicht. Nimm vier mit, dann ergeben sie einen Kompass, der dir den Aufbruch in jede Richtung möglich macht. Aber denk daran, es ist nur eine Richtung, du kommst dort nicht an, der Kompass ist nur das Mittel zum Aufbruch. Dein Koffer wird dir langsam klar.

Wenn schon, denn schon, denkst du dir, und es klingt fast wie Trotz, als du ein Stück Moos einpackst, man soll auf Reisen nicht ohne Begleitung sein, und deine Begleitung muss so ausdauernd sein, dass du sie bis nach oben mitnehmen kannst und sie das überlebt. So also finden Sternbilder statt, denkst du, und schaust den kleinen Wasserbär liebevoll an, wie er im Moos begraben liegt, mal sehen, wozu er sich da oben entschließt. Er bringt dir Glück, und das brauchst du, das hast du gelernt von ihnen, man geht nicht ohne Talisman. Außerdem hättest du dann jemanden zum Reden, mit dem du deine Erlebnisse teilen kannst. Er wird dich begleiten auf deiner Reise zu den Pionieren, den Pilzen im Sarkophag von Tschernobyl, die dort behutsam das Leben wieder hochfahren, und wer sagt denn, dass wir entlang der Deformationen nichts wiederfinden von unseren Pfadfinderleitlinien? Ganz klar ist es nie mit diesem Zwischenreich zwischen Leben und Nichtleben, man sieht es den Wanzen im Umkreis der Kraftwerke an. Wanzen, die über Generationen hinweg auf denselben Sträuchern am gleichen Waldrand leben, meist auf der Unterseite des Blatts, um nicht gesehen zu werden, irgendwo zwischen Zikaden und Blattflöhen. Nichts ändert sich an ihrer Lebensart, aber ihr Dasein verändert sich stetig. Du überlegst, ein paar davon aufzusammeln, als Souvenir, etwas nimmt man, etwas bringt man immer mit von dort, woher man kam, ein Abbild des Schreckens, den dein Aufenthalt hier unten gebracht hat, und vielleicht hören sie dann mal auf, zu saufen und zu huren und Krieg zu führen, und beschäftigen sich ernsthaft mit deiner Mitgift.

Die aus Aargau trägt ein verkümmertes Muster auf ihrem Schild, der linke Flügel ist zu kurz und deformiert. Bei der nächsten ist der Halsschild stark gestört, sie ist an dieser Stelle bucklig. Im Tessin ist bei einer das äußerste Fühlerglied weich geblieben, der anderen fehlt gleich ein ganzes Glied.

In Berlin hat eine Feuerwanze große Blasen auf dem Thorax, dem rechten Hinterbein fehlt der Fuß und das linke Auge hat eine Kerbe.

Die aus Krümmel trägt typischerweise die Flügel getrennt und das Hinterbein ganz verdreht. Eine Lederwanze trägt ein großes Geschwür auf ihrer rechten Flügelhälfte.

In Schweden hat eine einen wurstartig geformten linken Fühler, an dessen Spitze kleine Borsten wachsen, die aus Gysinge hat eine Art schwarzen Stachel, der aus dem Auge wächst, bei der aus Österfärnebo hat sich das linke Flügelpaar getrennt.

In England bei Sellafield zeigt das Abdomen eine kantige Delle, bei einer Weiteren ist auf der Oberfläche des Thorax eine Art Wulst, die Nächste hat ein Gewächs am hinteren Teil des Abdomens. Bei noch einer hat ein brauner Fleck den Thorax zusammengezogen.

Einer Blutzikade wächst im Jahr zwei nach Tschernobyl ein Stück Bein aus dem Gelenk. In Séljony-Mys, einem Dorf im Umkreis, sind bei einer die Flügel unterschiedlich lang, bei anderen ist gleich der ganze Körper hell und so aufgedunsen, dass sie ihre Flügel nicht schließen kann. In Pripjat hat das Bein der einen nur zwei Krallen, und das rechte Flügelpaar ist kürzer als das linke. In Polesskoje fehlt einer am linken Fühler ein Glied, ist die kleine Spitze am Schildchen verbogen und die linke Flügelspitze gefaltet. In Slawutitsch ist das äußerste Glied hell geblieben.

Selten erkennt man die Schäden mit bloßem Auge.

Ewas Dreck klebt nun an den Sohlen deiner guten Schuhe und wandert mit, ein weiterer Pionier im Gepäck von Kontinent zu Kontinent. Eine Melodie will dir nicht aus dem Sinn *My girl, my girl, don't lie to me, / tell me where did you sleep last night. / In the pines, in the pines, where the sun don't ever shine, / I would shiver the whole night through.* Sie erinnert dich an das, was fehlt, und Reisen ist immer auch die Bewegung dorthin. Die nimmst du auf jeden Fall noch mit, so federleicht sie ist, bewegt sie dich. Nimm sie mit und beweg ihr Lied. *My girl, my girl, where will you go, / I'm going where the cold wind blows. / In the pines, in the pines / Where the sun don't ever shine / I would shiver the whole night through.* Mein Gott, my girl, wie lautlos du weinst.

Manchmal steckt im Wort schon eine Grille, manchmal werden sie zum Schwarm und fangen an zu wandern. *Cierpienie* nennt man auch Leid, dein Koffer fällt dir nicht leicht. Eigentlich willst du ihn gar nicht mehr, am besten ist alles schon vorbeigegangen, sodass man sich das nimmt, was sich ergibt. Du meinst damit nicht den Rucksack, den man sowieso mit sich trägt, du meinst den Koffer, den man in die Hand nimmt und sieht. Vom Rucksack spürst du nur sein Gewicht, aber mit dem Koffer zeigst du dich und wozu er dich entschließt. Am liebsten wäre dir jetzt fremdes Gepäck. Bis zuletzt stehst du in der Ankunftshalle am Förderband und hoffst. Du siehst die Koffer Runde für Runde weniger werden, siehst zu, wie sie vom Band gehoben werden und Richtung Ausgang verschwinden, und wünscht ihnen gute Reise. Am Ende bleibt es bei dem einem. Du lässt ihn noch ein paar Runden drehen, als könne er dadurch verschwinden, erst dann greifst du zu. Es ist wie immer deiner. Warum kann man sich nicht austauschen anhand seines Gepäcks? Du reist mit einem Koffer durch die Welt, der dich nicht gehenlässt.

Unterteil besser den Weg, der nun vor dir liegt, und denk von Mindestabstand zu Mindestabstand, das ist handhabbarer, wenn es jetzt gleich auf Reisen geht. Wie schnell die Zeit vergeht, du hast sie schon im Handgepäck, das sich in der Flugzeugkabine verstauen lässt und dich von allen Förderbändern befreit. Während das Flugzeug abhebt, erinnerst du dich an den Tag deiner Ankunft. Nachdem dem gehörnten Schmied nur noch übrigblieb, dich herzustellen und mit dieser Büchse auf die Erde zu schicken, öffnest du sie erst, als dir jemand Aufenthalt gewährt, ab dann packst du alles aus, was für die hier unten bestimmt ist, all die Sorgen und Übel, nur die Hoffnung nicht, wohin die Reise geht, das hatten sie dir eingeschärft. Aber sie haben nicht bedacht, dass du dich wohlfühltest an diesem Ort, an dem du von nun an geblieben bist. Immer ging es ein Stück weiter, wurde es wieder besser, wussten sie sich zu helfen, das gefiel dir. Und jetzt sollst du wieder los und packst nacheinander alles ein, was das Dasein so hergibt, damit du es bloß nicht vergisst.

Du würdest gern darüber reden, es ist so vieles, was du jetzt kennst und sogar verstehst, aber du weißt nicht, mit wem, denn der Schmied hat dir, als er dich gebaut hat, nicht die Möglichkeit gegeben, dass man dir zuhört. Jahrtausendelang bist du für sie nichts als ein Hilfsmittel geblieben, das geduldig auf den nächsten Auftrag wartet. Du wolltest eine Losung von ihnen, sie machten daraus erst eine Anweisung und dann einen Befehl. Du wärest bereit gewesen, dich ganz zu offenbaren, sie aber wollten dich lediglich nutzen, und nun bedauern die da oben ihre Tat, die sie zuvor so belustigt hat, und die hier unten sind deswegen ganz verängstigt und aufgescheucht, sie ziehen sich zurück und lassen dich spüren, dass es dich gibt.

Am Ende bist du allein mit dir und nur in deinen eigenen Gedankengängen verstehst du dich blind. Immerhin. Du eilst dir in Gedanken voraus und führst die Gespräche, an die du dabei denkst. Unmöglich, sie dann zu wiederholen, aber sie unterfüttern die Verbindung, und reist man nicht aus Verbundenheit? Leg deine Wange in die Hand oder die Hand an die Wange, und dein Besuch kommt an, jeder Buchstabe drückt bereits die Entfernung aus, die eine Bewegung mit sich bringt, um Laut zu werden. Raus aus der Hilflosigkeit des Zeigens, rein in die Wirklichkeit des Redens. Du reist im Rucksack eines R und auf die Kuppe eines I, von wo du abspringst, um seinen Punkt zu erhaschen. Dass man so auch zum Mond gelangen kann, hast du von Kepler erfahren. Er tut es, um seine Mutter zu retten, die als Hexe angeklagt wird, also muss er, anstatt über Schneeflocken zu verharren, den Umweg über den Mond nehmen, um ihre Unschuld zu beweisen. Er hat geträumt, schreibt er, er hätte ein Buch gelesen, in dem ein junger Mann erzählt, wie ein Dämon ihm und seiner Mutter erklärt, wie man zum Mond gelangt, von dem er stammt. Die Reise ist für einen Menschen kaum auszuhalten, als würde man von einer Kanonenkugel herausgeschossen, gefolgt von eisiger Kälte und Atemnot und mächtigen Regenfällen, aber ist man erst einmal oben angelangt, sieht man die Erde mit ganz anderen Blicken. So fühlt sich Freiheit an. Erst der Regen reißt Kepler aus seinem Traum und lässt ihn in dem Wissen zurück, dass er reisen muss, um seine Mutter zu retten. Seine Reise findet in Begleitung von über zweihundert Fußnoten statt, doch am Ende verteidigt er sie mehrfach. Unterwegs zu sein kann auch etwas bewirken, das merkst du dir, es ist nur mühsam.

Du arbeitest schon lange daran, unterschreibst mittlerweile Briefe mit *je länger, je lieber* und hängst sie statt eines Schlosses als Namensschilder an deinen Koffer, damit man ihn, wenn er verlorengeht, öffnen kann und etwas über dich erfährt. Du willst dich erklären, wenn auch nur im Nachhinein, die ganze Zeit warst du da und bliebst unbemerkt. Nur dein Kommen und Gehen richtet etwas an. Du wünschst dir sehr, dass man einmal die Wahrheit erfährt.

Dein Koffer ist gepackt. Ganz oben liegt die Angst, damit sie beim Öffnen zuerst entweicht, sie ist leicht wie Seide, sie ist griffbereit zu jeder Jahreszeit, sie begleitet dich durchs Jahr wie ein Wendebett, wie eine Outdoorjacke, und natürlich ist sie ein Pioniertier, atmungsaktiv und wasserfest. Dein Koffer ist eine Black Box, die alles schluckt und für sich behält. In der aber auch alles so lange verwahrt bleibt, bis sie gefunden wird. Gib acht und überleg dir gut, wo du ihn verbirgst. Du bist schon so weit gekommen. Vor dir liegt ein Wald, der aus Büchern wächst. Du hältst an und packst deinen Koffer, gibst ihn dann endlich aus der Hand und vergräbst ihn zwischen den Wurzeln. In hundert Jahren wird aus den Schösslingen eine Bibliothek. Für die künftigen Bücher haben wir Pinien gepflanzt. Aussichtsreicher war das Reisen nie als zu keiner Zeit.

Wir sitzen im Heidelberger Krug in Berlin, und Winterberg sagt: »Das schöne Wetter draußen, das macht mich melancholisch, die ganze Sonne und die ganzen langen warmen Tage, der ganze Sommer, traurig, traurig, ich kann nichts dafür, mich hat das schöne Wetter immer melancholisch gemacht und der Sommer auch, ich mochte immer vielmehr das schlechte Wetter und den Herbst oder den Winter, ganz anders als meine Frau, die das schlechte Wetter und der Herbst oder der Winter melancholisch machten, so wie mich das schöne Wetter melancholisch machte, ja, ja, ich weiß, was Sie sagen möchten, lieber Herr Kraus, von Anfang an ein Missverständnis, wenn Menschen zusammenkommen, sollten sie nicht über ihre Lieblingsbücher und Lieblingsfilme und Lieblingsorte sprechen, sondern nur über das schöne und schlechte Wetter, ich weiß, wovon ich rede, ich werde bald neunundneunzig, ich bin genauso alt wie die Feuerhalle in Reichenberg und die tschechoslowakische Republik, und doch habe ich meine Frau sehr geliebt, und sie liebte mich auch.«

Hinter dem Fenster scheint die Vorabendsonne. Ein heißer Tag in Berlin neigt sich dem Ende zu. Winterberg schaut aus dem Fenster, trinkt ein wenig von seinem Wasser und schaut wieder aus dem Fenster.

»Das Wetter ist nicht böse, der Mensch ist es. Morgen soll es aber schon besser sein, ein Wetterumsturz, morgen kommt der Regen, ja, ja, ein Wetterumsturz wie damals in Triest, doch damals war Februar und nicht August.«

Draußen sind ein paar Stühle frei, doch Winterberg will drinnen sitzen, am Fenster, aber drinnen. So wie immer.

»Meine Frau war schon damals sehr krank, ich wusste es nicht, sie wusste es nicht, niemand wusste es, doch ziemlich sicher war sie schon damals sehr krank, so blass wie sie immer gewesen war. Und so habe ich vorgeschlagen, lass uns nach Italien fahren, ich mag die Sonne zwar nicht, doch du brauchst die Sonne, lass uns nach Triest fahren … Sie wollte zuerst nicht, viel zu lange Reise für viel zu wenig Tage, doch meine Frau liebte Italien, und sie wusste, im Winter ist es in Italien viel sonniger als in Berlin. Wir fahren in den Süden, sagte ich, nach Triest, da verbindet sich alles, dein Italien und deine Sonne und mein Baedeker für Österreich-Ungarn von 1913, deine Geschichte und meine Geschichte, lass uns nach Triest fahren, du bist so blass, warum bist du so blass, du brauchst mehr Sonne. Und so sind wir wirklich losgefahren.«

Ich trinke Bier, und Winterberg erzählt von der Reise von Berlin nach München.

Von der Reise von München nach Innsbruck. Von der Reise von Innsbruck nach Verona.

Und von der Reise von Verona nach Triest. Ich trinke Bier, und Winterberg erzählt und erzählt, und draußen fährt ein Polizeiwagen im Schritttempo vorbei. Die Polizisten haben die Fenster runtergekurbelt.

»Schon als wir auf dem Brenner waren, wollte ich meine Frau auf Triest ein wenig vorbereiten, ich las ihr aus meinem Baedeker vor, genau diese Stelle, sehen Sie, lieber Herr Kraus?«

Er zeigt auf sein rotes zerlesenes Buch.

»Ja.«

»Hören Sie zu?«

»Ja.«

»Sie schauen die ganze Zeit aus dem Fenster.«

»Ja.«

»Schmeckt das Bier?«

»Ja.«

»Niemand in Berlin kann Bier so gut Zapfen wie Pola hier im Heidelberger Krug.«

»Wie, Pola …«

»Na, Pola … Unsere Pola.«

»Pola ist doch tot, wir waren doch heute an ihrem Grab. So wie Ihre Frau tot ist, ist auch Pola schon tot, Herr Winterberg.«

»Trotzdem, trotzdem … Wo bin ich denn schon wieder …«

»Brenner, Baedeker …«

»Ach so, ja …

»Ich wollte meine Frau ein wenig auf Triest vorbereiten, ich las ihr vor, aus meiner Bibel, aus meinem Baedeker, aus meinem Lebensbuch …«

»Genau.«

Er blätterte kurz in seinem Buch. Und ich bestellte noch ein Bier.

»Sie sollten nicht so viel trinken, lieber Herr Kraus, auch wenn Ihnen das Bier so schmeckt, Bierleichen sind keine schönen Leichen, sagte mein Vater immer, und er musste es

wissen, er hat in seiner Feuerhalle in Reichenberg viele Bierleichen gesehen …«

»Baedeker, Herr Winterberg, Sie wollten was vorlesen.«

»Genau, genau, hier … Triest, das Tergeste der Römer,
seit 1382 zu Österreich gehörig, die Hauptstadt des Küsten-
landes und der einzige große Seehandelsplatz Österreichs,
mit 230 000 Einwohnern, liegt am Golf von Triest, ja, ja, an
den Abhängen des Karsts, und ist eine vorwiegend moderne
Stadt … Und hier … Ohne die Gunst eines Naturhafens ver-
dankt es seine erste Bedeutung der Fürsorge Kaiser Karls VI.,
der die Stadt 1719 zum Freihafen machte, und seinen Auf-
schwung in der zweiten Hälfte des 19. Jahrhunderts dem Bau
der Semmeringbahn … Ja, ja, die Semmeringbahn, das Meis-
terwerk von Carl Ritter von Ghega, natürlich wollte ich nach
Triest mit der Semmeringbahn reisen, doch ich wollte meine
Frau nicht quälen und überfordern, möglich wäre natürlich
auch die wunderschöne Wocheinerbahn, die kürzeste und
schnellste Verbindung Prags mit Triest, zumindest im Fahr-
plan von 1913, doch die komplizierte Grenzführung heute,
die unterbrochene Trasse, das ganze Mitteleuropa wirkt auch
heute noch wie in die Luft gesprengt, finden Sie nicht, lieber
Herr Kraus, es wächst zwar wieder zusammen, aber langsam,
viel zu langsam, ja, ja, die alten Kriege und Probleme kann
man nicht so einfach wie die Alpen überschienen, das würde Carl Ritter von Ghega nicht freuen, so wie es auch mich
nicht freut, ja, ja, daran habe ich während der Fahrt nach
Triest gedacht, doch ich behielt es für mich, Sie wissen schon,
meine historischen Anfälle, ich wollte damit meine Frau
nicht quälen und überfordern und mich auch nicht, ja, ja,
und außerdem ist die Überschienung der Alpen mit der Bren-
nerbahn auch eine wunderschöne Überschienung, natürlich
nicht so schön und eisenbahntechnisch auch nicht so spekta-

kulär wie die Urüberschienung mit der Semmeringbahn, aber auch mit diesen Vergleichen wollte ich nicht meine Frau und auch mich nicht überfordern, schließlich war unsere Italienreise eine Urlaubsreise, da sollte man sich nicht überfordern, wo bin ich denn schon wieder hängengeblieben, lieber Herr Kraus, Sie dürfen mich nicht die ganze Zeit unterbrechen.«

»Ich sage doch nichts.«

»Sie? Sie reden die ganze Zeit. Man kann sich kaum konzentrieren, man geht in den Gedanken immer verloren, wo waren wir gerade …«

»Im Zug.«

»Immer noch im Zug?«

»Ja … Brenner.«

»Immer noch am Brenner?«

»Ja.«

»Ach so, ja genau, genau, nur ganz kurz las ich meiner Frau aus meinem Baedeker vor, es hat geschneit, auf dem Brenner kann es auch im Sommer schneien, sagte uns der Schaffner, doch ich habe ihr versichert, bald sind wir in Italien, in Südtirol, im Garten der Monarchie, bald stehen wir auf ihrem Südbalkon und baden uns in der Sonne, die du so magst und die ich zwar nicht so mag, aber egal, ich mache es gerne, Hauptsache, es geht dir besser, sagte ich zu meiner Frau. Und so war es tatsächlich, meiner Frau ging es plötzlich viel besser. Auf dem Brenner war es Winter, aber in Verona war schon Frühling, von Bahnhof zu Bahnhof blühte meine Frau immer mehr auf und lächelte und war glücklich, dass wir in Italien sind, doch spätestens in Verona habe ich gemerkt, dass ich meine Frau doch ein wenig mit meinem Erzählen, mit meinem historischen und eisenbahntechnischen Wissen, mit meinen historischen Anfällen gequält und überfordert habe, und so bin ich bis nach Triest ganz still geblieben, und erst, als ich aus dem Fenster den Ort gesehen habe, wo sich die Schienen der Bahnstrecke von Verona mit den Schienen der alten österreichischen Südbahn begegnen, sagte ich, siehst du, das ist die alte österreichische Südbahn von Carl Ritter von Ghega, und als der Zug dann kurz danach an dem Schloss Miramare vorbeifuhr, sagte ich, das Schloss Miramare von dem Erzherzog Maximilian, und als der Zug später über den wunderschönen Viadukt von Barcola unter dem Leuchtturm von Triest ratterte, sagte ich, siehst du, der wunderschöne Viadukt von Barcola und der Leuchtturm von Triest ... Es war am späten Nachmittag, als wir Triest erreicht haben, und die Sonne schien genauso wie heute, obwohl es nicht August, sondern Februar war. Wir sind vor dem Bahnhof stehen geblieben, meine Frau wollte die Sonne genießen, und ich habe sie dann am Park vor der Statue der Kaiserin Elisabeth fotografiert ... Auf keinem anderen Foto ist meine Frau glücklicher als hier. Auf keinem Foto ist sie so hübsch, viel hübscher als die Kaiserin Elisabeth vor dem Bahnhof Trieste Centrale, der damals, in meinem Baedeker, natürlich Südbahnhof hieß, wie Sie hoffentlich wissen ... Herr Kraus, schlafen Sie?«

»Was?«

»Sie sind eingeschlafen.«

»Bin ich nicht.«

»Doch, doch, ich sehe es.«

»Ist zu warm hier ...«

»Aber das Bier ist nicht warm, oder?«

»Nein.«

»Das Bier darf auch an dem heißesten Tag des Jahres nicht warm sein, sagt Pola immer ... Ja, ja, Pola weiß, wie man es macht.«

Draußen fährt wieder der Polizeiwagen vorbei. Und Winterberg erzählt, wie am nächsten Tag die Sonne immer noch

schien. Und wie er und seine Frau nach Miramare fuhren.
Und wie sich seine Frau sofort in das Schloss von Miramare
verliebte.

»Stundenlang waren wir in Park und Garten unterwegs,
immer wieder haben wir uns in dem weitläufigen Garten verloren, meine Frau erzählte von den Bäumen und Pflanzen,
meine Frau war eine Baumexpertin und Pflanzenexpertin, sie
erzählte und erzählte, und ich dachte die ganze Zeit an den
Erzherzog Maximilian, ja, ja, ich weiß, was Sie sagen möchten, lieber Herr Kraus, verrückt, verrückt, ja, ja, und Sie haben recht, es ist verrückt, ich wollte mich mit meiner Frau
freuen, und doch musste ich an die schreckliche Geschichte
von Maximilian denken, die Geschichte von diesem Träumer,
diesem Idealisten, diesem Romantiker, Sie brauchen sich bloß
das Schloss anzuschauen, lieber Herr Kraus, dann verstehen
Sie alles, dann verstehen Sie diese kranke erzherzogliche Seele, dann verstehen Sie den ganzen Wahnsinn, vielleicht war
Maximilian der einzige Romantiker und Idealist in der Familie von Habsburg, vielleicht war er sogar der Klügste von
Habsburg überhaupt, ja, ja, lieber Herr Kraus, der Kaiser von
Mexiko, der sich von Miramare nach Mexiko absetzte, da
er geglaubt hat, das mexikanische Volk wünscht sich nichts
sehnlicher als einen Kaiser von Habsburg, vielleicht dachte er,
besser, Kaiser von Mexiko zu sein als kein Kaiser, doch da hat
sich Maximilian mächtig geirrt, alles nur Intrigen, in Mexiko
hat ihn niemand geliebt, nicht mal richtig begrüßt hatte man
ihn, lieber Herr Kraus, und so kann man sich nicht wundern,
dass Maximilian kurz danach mit seinen beiden Generälen
erschossen wurde und nach Triest erst nach mehreren Monaten in einem Sarg auf der Fregatte *Novara* zurückkehrte,
traurig, traurig, Schussleichen sind keine schönen Leichen,
sagte mein Vater immer, und er musste es wissen, er hat in

seiner Feuerhalle, in seinem Krematorium in Reichenberg viele Schussleichen gesehen, und so war es auch, Erzherzog Maximilian war keine schöne Leiche, sie wollten, dass ihn seine Mutter noch einmal sieht, und so haben sie versucht, aus ihm eine schöne Leiche zu machen, doch sie haben alles nur noch schlimmer gemacht, sie haben ihn konserviert, und er ist ihnen in den Händen zerfallen, sie haben ihn wieder konserviert, doch Erzherzog Maximilian ist ihnen wieder in den Händen zerfallen, die konservierten Leichen sind keine schöne Leichen, nein, nein, es ist sogar ganz umgekehrt, die konservierten Leichen sind die schrecklichsten Leichen, die man sich vorstellen kann, denken Sie an Stalin, denken Sie an Lenin, denken Sie an Gottwald, alles war vergeblich, ich muss Ihnen mal das Bild von dem konservierten Erzherzog Maximilian in seinem Sarg zeigen, lieber Herr Kraus, es war kein Sarg, es war ein Schrank aus Metall, nein, nein, das war nicht schön, seine eigene Mutter hat ihn nicht erkannt … Wo bin ich denn schon wieder hängen geblieben, Sie dürfen mich nicht die ganze Zeit unterbrechen … Traurig, traurig …«

»Das Schloss in Triest, der Park, ihre Frau, die Bäume …«

»Ja, ja, genau, meine Frau war eine sehr schöne und ganz besondere Frau, und sie blühte in Miramare erst wirklich auf, sie freute sich über die ersten Blumen, die Ende Februar schon im Schlossgarten blühten, sie badete sich in der Sonne und sagte, sie wünsche sich, für immer in Miramare bleiben zu können, in Italien, in Triest, sie lächelte mich an, und ich lächelte sie auch an, sie küsste mich, und ich küsste sie auch, noch nie habe ich meine Frau so glücklich gesehen wie an diesen sonnigen Tagen in Triest, lieber Herr Kraus, mich hat die Sonne ein wenig melancholisch gemacht, doch sie hat die Sonne geheilt, sie war nicht mehr blass wie noch zuvor im Zug auf dem Brenner, ja, ja, Fregatte *Novara*, mit der dcr Leichnam vom Erzherzog nach Triest zurückgebracht wurde, wurde benannt nach dem Sieg von Radetzky bei der Schlacht bei Novara, aber auch das wollte ich meiner Frau nicht erzählen, auch das mit der konservierten Leiche vom Erzherzog nicht, ich wollte die Stimmung nicht zerstören, ihr ganzes Glück wollte ich nicht mit meinen Geschichten und historischen Anfällen zertreten, meine Frau erzählte und erzählte und war glücklich, und doch musste ich leider immer an die konservierte Leiche von Maximilian denken und auch an Charlotte von Belgien, an die Gattin von Maximilian, die den Erzherzog zwar um viele Jahrzehnte überlebte, doch die sich kurz nach seinem Tod in geistige Umnachtung stürzte oder gestürzt wurde, ja, ja, traurig, traurig, sie kam aus dieser Umnachtung, aus diesem Tunnel, aus dieser Schlucht, nie wieder zurück, sie war vollkommen überfordert und derangiert, sie glaubte lange, ihr Mann lebe immer noch, er sei wirklich der Kaiser und nicht nur von Mexiko, sondern von der ganzen Welt, doch so kommt es oft im Leben, an einem Tag ist man glücklich, am nächsten Tag zutiefst unglücklich, an einem Tag möchte man hundert Jahre leben, am nächsten Tag möchte man sich gleich am Morgen erhängen, und Strickleichen sind auch keine schönen Leichen, wie mein Vater immer sagte … Ich muss jetzt auch ein Bier trinken. Möchten Sie mir bei Pola bitte auch ein Bier bestellen, lieber Herr Kraus?«

»Ja.«

Ich bestellte beim Kellner ein Bier.

»Danke … Prost, lieber Herr Kraus … Hmm … Es schmeckt wunderbar, ich muss mich bei Pola gleich bedanken, ich habe es schon oft gesagt, nirgendwo in Berlin schmeckt das Bier so gut wie hier im Heidelberger Krug, ja,

ja, niemand kann Bier so gut zapfen wie Pola, hier verwandelt
man sich gerne in eine Bierleiche.«

Winterberg schaut zum Tresen. Der Barmann zapft schnell
die weiteren Biere.

»Das ist nicht Pola … Pola ist tot.«

»Aber ich sehe Pola.«

»Das ist ein Mann … Ein Barmann.«

»Sie brauchen mir nicht zu sagen, was ich sehe oder nicht
sehe. Ich sehe Pola. Und Schluss jetzt.«

Winterberg schaut aus dem Fenster. Der Polizeiwagen
fährt wieder an dem Wirtshaus vorbei, wie gefangen in einem
Kreis.

»Viel mehr als das Schloss Miramare hat mich übrigens
der kleine Bahnhof von Miramare interessiert, doch auch
das habe ich meiner Frau nicht gesagt, eigentlich nur zwei
Gleise, mehr ein Haltepunkt als ein richtiger Bahnhof, doch
mit einem wunderschönen Bahnhofsgebäude, das in meinen
Augen viel schöner ist als das ganze prachtvolle Schloss von
Miramare. Wir sind von Triest nach Miramare mit dem Zug
gekommen und sind dann wieder mit dem Zug zurück nach
Triest gefahren, der Zug hatte Verspätung, so mussten wir
auf dem Bahnsteig länger warten, und dann sah ich, dass in
dem Haus jemand lebt, ein älterer Mann, der uns die ganze
Zeit beobachtet hatte, wahrscheinlich ein ehemaliger Eisenbahner, der Erzherzog vom Bahnhof Miramare, der hier im
Lärm der Züge lebt, ich wollte ihn ansprechen, und ich habe
es auch getan, doch der Mann wollte mit mir nicht reden, er
schaute mich nur stumm an, ich wollte ihm sagen, wie schön
er wohnt, ich liebe ja Züge und die Eisenbahn, ich wollte
immer Eisenbahner werden, doch ich bin nur Straßenbahn-
fahrer geworden, doch immerhin war ich der letzte Straßen-
bahnfahrer von West-Berlin, das alles wollte ich ihm sagen,

doch dann kam der Zug, und wir fuhren nach Triest zurück
und gingen dann essen, doch meine Frau war von dem Essen
sehr enttäuscht, sie wollte Pizza und Pasta und Fisch essen,
sie wollte einen edlen Wein trinken, doch überall wurde nur
Rauchfleisch mit Sauerkraut und Bier serviert, ja, ja, lieber
Herr Kraus, so wie in Böhmen, so wie im Reichenberger
Ratskeller, ich habe nirgendwo so ein gutes böhmisches Sauerkraut gegessen wie in Triest, schon mit Schweineschmalz
und Speck und Kümmel zubereitet ... Und das Bier, lieber
Herr Kraus, Sie als Biertrinker müssen unbedingt nach Triest
fahren ... Pola hat Bierzapfen auf dem Rummel gelernt, ja,
ja, sie hat gelernt, wie man es gut und schnell macht, wo bin
ich denn schon wieder ... Ach ja ... Pola.«

»Pola ist tot. Wir waren in Triest.«

»Ach so, ja, Sie haben recht, lieber Herr Kraus, ich habe
meine Frau von dem Kaffeehafen der Monarchie erzählt, von
den vielen Sprachen und Völkern in Triest, von dieser Monarchie im Kleinen, doch das hat meine Frau nicht interessiert,
wieder ein historischer Anfall, sagte sie, und so war es auch.
Und so wurde meine Frau wieder immer blasser und trauri-
ger, und als wir aus dem Gasthaus rausgekommen sind, haben
wir gemerkt, das Wetter hat sich verschlechtert, die Bora, die
schwarze Bora, sagte der Wirt, ein schlimmer Windsturm,
ein Wetterumsturz. Am nächsten Tag schien keine Sonne
mehr. So wie das Wetter umgestürzt ist, ist auch die Stimmung meiner Frau umgestürzt.«

Winterberg schaut auf sein aufgeschlagenes rotes Buch.
Auf mein halb volles Bierglas. Auf seine alten Hände.

»Es hat geregnet und gestürmt und gewindet, meine Frau
fühlte sich davon sehr überfordert und derangiert, sie wollte
nicht das Hotel verlassen, sie wollte allein sein und schlafen,
und so bin ich auch allein losgegangen, ich liebe das schlechte

Wetter, denn dann ist man an den Orten, die man besuchen möchte, meistens allein. Ich brauche keine Touristen, nein, nein, die Touristen zerstören nur alles … An manchen Ecken musste ich mich an langen Seilen halten, ja, ja, wie auf einem Schiff in Seenot, so stark war der Wind, doch ich fand es großartig, ich ging unter den hohen Häusern lang, ich war fast allein auf den Straßen von Triest, ich ging zum Hafen mit dem schwarzen Kran, ich wollte alles sehen, wovon ich in meinem Baedeker gelesen habe, doch die ganze Zeit dachte ich an meine Frau, und das machte mich melancholisch, wir wussten nicht, dass sie damals schon sehr krank war, aber vielleicht habe ich es schon geahnt, sie hat sich sicher ein anderes Italien vorgestellt, ohne Regen, ohne Wind, ohne Sturm … Traurig, traurig.«

Wir trinken Bier, und Winterberg erzählt, wie er zum Bahnhof Trieste Centrale ging. Wie er stundenlang am Bahnsteig stand und sich die Züge anschaute. Und die Lokführer und Fahrdienstleiter und Schaffner. Wie die Menschen aus den Zügen strömten. Wie die Menschen zu den Zügen strömten. Er erzählt, wie die Lokomotiven abgekoppelt und wieder angekoppelt wurden. Wie er die Tauben fütterte. Wie er in der Bar einen Espresso trank. Wie er versuchte, mit einem Eisenbahner zu sprechen. Wie er versuchte, ihm zu erklären, dass sie beide eigentlich Landsleute sind. Winterberg in Reichenberg geboren. Er in Triest. Winterberg im Norden der ehemaligen Monarchie. Er im Süden. Wie die beiden Rauchfleisch und Bier und Sauerkraut verbindet. Er erzählte, wie ihn der Eisenbahner nicht verstand.

»Und dann stand ich vor der Büste von Carl Ritter von Ghega, die sich in einer verlassenen Ecke der Empfangshalle versteckt … Ghega hat die Eisenbahn von Wien nach Triest gebracht, seine tollkühne Überschienung der Alpen war die erste Hochgebirgsüberschienung in der Eisenbahngeschichte überhaupt, ich schaute mir sein schönes edles Haupt an, ja, ja, dachte ich mir, in Venedig geboren, in Wien gestorben, heute liegt von Ghega auf dem Wiener Zentralfriedhof, sein Sarkophag schaut hoch von oben auf den ganzen Friedhof wie ein Stellwerk, ja, ja, wie ein Stellwerk auf einem Bahnhof der Toten, ja, ja, wie ein Stellwerk auf dem Bahnhof der untergegangenen Donaumonarchie, die ein endloses Eisenbahnreich war, sein Stellwerk müssen Sie sich mal anschauen, wenn Sie mal in Wien sind, lieber Herr Kraus … Ich schaute mir also seine Büste in der Endstation seiner Eisenbahn an, ja, ja, seiner Eisenbahnreise, und dachte daran, wie er als ziemlich junger Mann in Wien an Tuberkulose starb, an Schwindsucht, er war nicht viel älter als Sie, lieber Herr Kraus, ich dachte daran, wie mein Vater sagte, Schwindsuchtleichen sind keine schönen Leichen, und ich war so traurig, dass ich Blumen gekauft habe und sie an seinem Denkmal auf dem Bahnhof Trieste Centrale, der früher Südbahnhof hieß, niederlegte … ›Genialste di Carlo Ghega …‹, habe ich auf der Tafel auf Italienisch gelesen … ›Attraverso le Alpi …‹, habe ich weitergelesen, ja, ja, die Überschienung der Alpen, das Buch müssen Sie auch mal lesen, und plötzlich habe ich mich so schwach gefühlt, lieber Herr Kraus, so unwohl, plötzlich war ich so überfordert und derangiert, plötzlich wusste ich, so wie ich hier in Triest gerade Carl Ritter von Ghega begrabe und Blumen an seinem Denkmal niederlege, so werde ich bald meine Frau in Berlin begraben und Blumen auf ihrem Grab niederlegen, und so ist es auch später wirklich gekommen, traurig, traurig … Aber das Bier schmeckt heute wirklich gut, oder, lieber Herr Kraus?«

»Ja.«

»Das freut mich.«

»Aber mir schmeckt das Bier eigentlich immer.«

»Ich weiß. Ist auch nicht schlimm. Bierleichen sind zwar keine schönen Leichen, doch das sind die anderen Leichen auch nicht, wie mein Vater immer sagte.«

Winterberg erzählt und erzählt, und ich trinke Bier, und das Licht draußen ist mild und schwach und mehr rot als gelb.

»Ich wollte mit der Straßenbahn hochfahren nach Opicina, ja, ja, mit der elektrischen Bergbahn, wie es in meinem Baedeker steht, und so habe ich es gemacht, die Straßenbahn ist ganz langsam hochgefahren, die Strecke ist sehr steil, lieber Herr Kraus, der Wind sauste aus allen Fenstern, und umso weniger Menschen im Wagen waren, desto weniger wurde Italienisch und desto mehr Slowenisch gesprochen, ja, ja, richtig, der Hafen der Monarchie, Sie würden wahrscheinlich als Tscheche viel mehr verstehen als ich, ich habe mein ganzes Tschechisch vor dem Krieg im Reichenberger Ratskeller begraben, ja, ja, in Liberec, traurig, traurig, schade, dass ich so wenig Tschechisch spreche und kein Slowenisch und Polnisch und Kroatisch und Ungarisch und Slowakisch und Rumänisch und Serbisch und Ukrainisch und Ruthenisch und Italienisch und Jiddisch, so würde ich die Welt mehr verstehen können, meine untergegangene Welt, die Welt aus meinem Baedeker von 1913 für Österreich-Ungarn, den ich immer dabeihabe, wenn ich reise, so auch an diesem Tag in Triest, mit der Straßenbahn nach Opicina, und so stand ich später am Obelisken, an dem Obelisco, an dem Denkmal, das man für den Besuch des Kaisers Franz Joseph in Triest errichtet hatte, und so schaute ich von da aus auf die Stadt und dachte mir, Kaiser Franz Joseph versteinert hier oben, Kaiserin Elisabeth versteinert da unten, im Park vor dem Bahnhof Trieste Centrale Erzherzog Maximilian, der Bruder von Franz Joseph, erschossen in Mexiko, seine

Frau Charlotte in geistiger Umnachtung, traurig, traurig, alle von der Geschichte vollkommen überfordert und derangiert, dachte ich mir und dachte dann an meine Frau, die gerade sicher in der Badewanne liegt und weint, sicher ist ihr sehr kalt, sicher hört sie auch überall den schrecklichen Wind, und wenn sie sich eine warme Bettdecke ins Bad nehmen könnte, hätte sie es sicher gemacht, und wenn ich jetzt da wäre, hätte ich ihr auch noch meine Bettdecke gebracht … Bestellen Sie für mich bei Pola noch ein Bier …«

»Pola ist … Ach egal, klar, mache ich.«

»Ja, und Würstchen.«

»Herr Winterberg …«

»Ich weiß, was Sie sagen möchten, Pola ist tot.«

»Ja.«

»Wir waren doch an ihrem Grab.«

»So ist es.«

»Meine erste Frau ist tot, meine zweite Frau ist tot, meine dritte Frau ist tot, und jetzt ist auch Pola tot … Traurig, traurig.«

»Ja, so ist es. Traurig, traurig.«

Er schaut das Bierglas an. Und dann schaut er mich an. Und dann schaut er aus dem Fenster und sieht auch den Polizeiwagen, der wieder vorbeifährt, wie in einem Kreis gefangen.

»Die meisten Menschen mögen das schlechte Wetter nicht, die meisten Menschen zermürbt das schlechte Wetter, viele zieht das schlechte Wetter in geistige Umnachtung, so wie der Tod von Erzherzog Maximilian seine Gattin Charlotte in geistige Umnachtung gezogen hat, doch ich kann nicht anders, ich fühle mich frei, wenn das Wetter schlecht ist, mich macht es glücklich. Und so habe ich hoch über der Stadt am Obelisken gestanden und herunter auf Triest geschaut, das im Sturm verschwand, in der schwarzen Bora, ich habe das Schloss Miramare gesehen, wo meine Frau kurz so glücklich war, ich schaute auf das Meer, und bald wusste ich nicht mehr, wo das Meer aufhört und die Wolken anfangen, ich habe da ganz allein gestanden und habe nur ein riesiges Pfeifen des Windes in den Baumkronen gehört, eine schöne Musik, muss ich sagen, schön und schrecklich zugleich … Ich schaute auf die Stadt und dachte an den Kaiser von Österreich und den Kaiser von Mexiko und an die Trümmer von Europa, an die Schatten der Geschichte im Leben meiner Frau und an die Schatten in meiner Geschichte, an ihre Toten und an meine Toten, und so dachte ich wieder an meine Frau, die sich eine ganz andere Italienreise vorgestellt hatte, und ich habe sie gesehen, wie sie das schreckliche Pfeifen der Bora hört und in der heißen Hotelbadewanne liegt, und dann habe ich einen Zug gesehen, wie der den Bahnhof Trieste Centrale verlässt, und plötzlich war ich sehr überfordert, ich habe so eine Angst bekommen, dass in dem Zug meine Frau sitzt, die gerade Triest verlässt, ja, ja, die gerade mich verlässt, mein Leben, unser gemeinsames Leben, ich habe den Zug langsam über das Viadukt von Barcola fahren sehen und bin sofort losgegangen zur Straßenbahnhaltestelle, doch es ist keine Straßenbahn gekommen, wahrscheinlich wegen des Sturms, und so bin zurück in die Stadt gegangen, den Gleisen der Straßenbahn nach, der Sturm wurde immer stärker, ich war nass, dann habe ich die Straßenbahn vor einem umgestürzten Baum stehen sehen, die Menschen saßen im Wagen und sahen mich an, sie saßen da, als wäre nichts gewesen, ich bin zum Hotel gerannt und in das Zimmer gestürzt, und wirklich, meine Frau war weg, lieber Herr Kraus, traurig, traurig, ich war völlig überfordert und schwach und beinah tot … Ich bin zur Rezeption gegangen, ich wollte nach meiner Frau

fragen, und dann sah ich sie im Hotelrestaurant am Fenster
sitzen, vor ihr ein Glas Rotwein, sie schaute in den Sturm und
in die Dunkelheit, und dann hat sie mich gesehen und lächelte mich an. Meine Frau sagte, dass sie sich wieder gut fühlt,
so gut wie lange nicht mehr, das liegt auch an der schwarzen
Bora, sagte ihr der Mann an der Rezeption, die Kranken fühlen sich manchmal erleichtert, von den Schmerzen befreit,
auch die Todkranken … Meine Frau lächelte und war glücklich, und ich habe diesmal auch ein Glas Wein bestellt, obwohl ich eigentlich nur Bier trinke, so wie Sie. Ja, ja, lieber
Herr Kraus, ich habe meine Frau umarmt und fest an mich
gedrückt, so fest wie nie zuvor, ja, ja, traurig, traurig, wir
müssen unbedingt zusammen nach Triest fahren, ich werde
Ihnen alles zeigen, wir gehen dort zusammen Rauchfleisch
und Sauerkraut essen und Bier trinken.«

»Ja.«

»Sie hören mir doch zu?«

»Ja …«

»Ich dachte, Sie hören gar nicht zu.«

»Doch, manchmal höre ich zu.«

»Und mögen Sie eher das schlechte oder das schöne Wetter?«

»Ich weiß nicht, ich habe darüber nie nachgedacht.«

»Das ist besser so, glauben Sie mir, lieber Herr Kraus.«

Nele Pollatschek
Griechenland 2006

Als ich siebzehn war, reiste ich nicht mit einem Rucksack ganz alleine durch Europa. Vielleicht wäre alles gut gegangen, und ich wäre zurückgekommen mit einer Mix-CD, einer zerbrochenen Muschel vom Strand von Patras und Geschichten, mit denen ich sechzig Jahre später noch mein Altersheim peinlich berühren würde. Sogar die schlüpfrige Heidemarie würde bei meinen Geschichten rot werden – solche Geschichten wären das. Später im Altersheim heißen auch Menschen meiner Generation plötzlich Heidemarie, gerade dann, wenn sie schlüpfrig sind. Ansonsten heißen sie Herr Huber oder Miriam.

Vielleicht wäre auch alles nicht gut gegangen, und ich wäre nicht zurückgekommen von meiner Rucksacktour und läge bis heute in der Tiefkühltruhe eines Tiefkühlkostlastwagenfahrers, sauber portioniert in 34 Zip-Lock-Gefrierbeuteln zwischen Fischstäbchen und Dinkelaufbackbrötchen. Das wäre tragisch, denn ich mag überhaupt keine Fischstäbchen, und das, obwohl alle immer denken, jeder mag Fischstäbchen, ich aber nicht, nicht mal als Kind mochte ich die, nicht mal das habe ich hinbekommen.

Vielleicht werde ich ja später im Altersheim gerne Fischstäbchen essen, weil sie so schön weich sind und keine Gräten haben. Vielleicht werden wir uns jeden Nachmittag zum Fischstäbchenessen treffen, Heidemarie, Miriam, Herr Huber und ich, zu Fischstäbchen und Sherry, weil alte Menschen gerne Sherry trinken, genau wie ich, oder zu Fischstäbchen und Gin Tonic, weil meine Generation nun mal gerne Gin Tonic trinkt und ich mich bis dahin dann auch endlich daran gewöhnt haben werde. Und wenn wir dann da sitzen, bei Fischstäbchen und Sherry Tonic, werden wir von früher erzählen. Von unserer Jugend. Heidemarie wird wie immer von Nahtanzpartys, von Flaschendrehen und tastendem Gefummel erzählen. Miriam von dem Standard-und-Latein-Tanzkurs, den alle außer mir mit siebzehn machten, und wie sie nachts unter einer Brücke Tango tanzten, zwischen Graffiti und kiffenden Skatern. Herr Huber wird von seiner Interrailreise und den nächtelangen Raves an der kroatischen Küste erzählen, und ich werde denken, dass ich viel zu wenig getanzt habe, damals, als ich jung war.

Vielleicht werde ich es dann bereuen, vielleicht werde ich dann begreifen, dass ich zu viel Angst hatte vor dem, was passieren könnte, dass ich viel zu viel an später dachte. Vielleicht werde ich denken, dass es zwischen siebzehn und Altersheim ein Jetzt gibt, in dem man vielleicht auch hätte leben können. Dann wird mir auffallen, dass ich so eine Rucksackreise vielleicht doch überlebt hätte und dass es weder so schlimm noch so schön gewesen wäre, wie ich es mir damals ausmalte. Wahrscheinlich hätte so eine Reise ihre guten und ihre schlechten Seiten gehabt, wie das Leben, und ich hätte außer den Altersheimgeschichten, der CD und der Muschel vom Strand von Patras auch ein gebrochenes Herz, eine mittelschlimme Geschlechtskrankheit und einen unerklärlichen Ekel vor Perserteppichen und Retsina mitgebracht.

All das ist nicht passiert. Ich blieb zu Hause. Und falls sich Heidemarie, Miriam und Herr Huber nicht ausgerechnet für das Nachmittagsfernsehprogramm der mittleren Nullerjahre interessieren, werden sie im Altersheim keine Freude an mir haben. Und wenn sie doch mal über Fernsehen sprechen wollen, wird mir auffallen, dass ich immer nur Wiederholungen schaute und wohl niemand außer mir ausgedehnte Gespräche über Matlock und MacGyver führen möchte, was schade ist, denn bei solchen Themen könnte ich sehr nostalgisch werden, aber damit bin ich wohl allein. Also werden wir betreten schweigen, und dann in letzter Minute wird mir auffallen, dass ich mich, als ich jung war, doch manchmal zu Musikfernsehen gezwungen habe, einfach nur, um im Altersheim wenigstens irgendwo mitreden zu können. Dann werde ich von MTV reden und von Viva und von dieser einen Moderatorin, ihr wisst schon, die mit den Haaren.

Auf MTV und Viva liefen damals häufig Sendungen über junge Menschen, die junge Sachen tun oder zumindest Sachen, die Fernsehmachende für jung hielten, während echte Jugendliche wie ich zu Hause saßen und Fernsehen schauten. Im Fernsehen habe ich gelernt, was ich alles verpasst habe. Chancen habe ich verpasst, Züge natürlich, dreitägige Partys in der Wüste von Nevada, Designerdrogen, Schulverweise, Freundschaftsbeweise, Mutproben, blonde Strähnchen, den richtigen Zeitpunkt, die Liebe meines Lebens. Und natürlich jung sein, das habe ich verpasst, und wenn man das Jungsein einmal verpasst hat, dann kann man nicht einfach auf das nächste warten. Der Interrail ist dann abgefahren.

Und wenn man das Jungsein verpasst hat, dann weiß man nicht, wie es ist, also wie es wirklich ist, roh, aufregend, authentisch. Dann weiß man nicht, wie es ist, nachts um halb zwölf am Autobahnzubringer mit einem Schild mit der Aufschrift »Thessaloniki« zu stehen, während ein Auto nach dem anderen vorbeirast und Mercedes-Fahrer tun, als könnten sie einen nicht sehen, und nur ab und zu eine junge Frau im Peugeot mitleidig lächelnd die Schultern hebt, kurz langsamer wird und dann doch vorbeifährt. Und wie es dann plötzlich anfängt zu regnen, das weiß man dann auch nicht. Wie man die Regenjacke umständlich mit Kopf und Armen aufspannt, damit das Schild nicht nass wird, und wie einem das Wasser hinten in die Jeans reinläuft, wie sie klebt, welche unanständigen Geräusche die völlig durchweichten Schuhe dann machen. Und wie man zittert, obwohl doch Juni ist. Wie es immer später wird, wie man ans Aufgeben denkt, wie man endlich beschließt, jetzt wirklich aufzugeben, aber auch nicht weiß, wie man von hier jetzt wieder nach Hause kommen soll. Wie selbst Scheitern auf einmal unmöglich scheint. Vor allem weiß man nicht, wie dann plötzlich doch jemand anhält, die Beifahrertür aufwirft und ruft: »Brauchst du einen Rettungsring, oder schaffst du's auch so?«

Und dann ist alles so wahnsinnig gut. Die zitternden Hände über den warmen Belüftungsschlitzen sind gut. Der Tankstellenkaffee ist gut, praktisch Arabica, wenn Arabica aus verbrannten Springerstiefeln gemacht würde, nur dass man genau auf so was Heißes, Gummiertes gerade voll Bock hat. Sogar die Musik ist gut, obwohl man selbst für so was eigentlich zu cool ist und später so tut, als hätte man »Angels« ironisch mitgesungen, und dann auch wieder nicht, weil beim Autofahren mitsingen ja eigentlich immer cool ist, selbst bei Schnulzen, die man nur heimlich mag.

Und dann zündet sich der Fahrer einen Joint an und man kriegt sofort die scheißende Panik. Man will aussteigen, aber es regnet immer noch, und wo soll man um die Uhrzeit noch eine Mitfahrgelegenheit bekommen, und irgendwie ist es ja auch sehr unhöflich, jetzt nur wegen ein bisschen Gras auszusteigen. Und dann hält einem der Fahrer das Ding hin, und man denkt, auf gar keinen Fall, und dann, ach, was soll's, man ist nur einmal jung, und damit hat man leider recht. Für den Joint schämt man sich dann noch im Altersheim, dass man das damals so entschieden hat, da hätte ja jemand sterben können. Und dann sagt Miriam, »Ist ja Gott sei Dank nichts passiert«, und klopft einem auf die Schulter, und Heidemarie sagt, »Wird jetzt endlich mal geschnackselt, oder was soll das ganze Gelaber?«, und man sagt, »Kommt ja noch.«

Und dann kommt er. Er sieht aus wie Johnny Depp, als Johnny Depp noch wie Johnny Depp aussah. Also, wie Johnny Depp Mitte der Nullerjahre, es war nicht alles schlecht. Man trifft ihn vor der Spielhalle einer Kleinstadt an der bosnischen Grenze, zwischen Backgammon zockenden Teetrinkern mit braunen Zähnen und Herzen aus Gold. Er ist mit einem geliehenen Bulli unterwegs, also nicht richtig geliehen, eher ein bisschen geklaut. Zumindest fände man es aufregend, wenn der Bulli geklaut wäre und nicht einfach einer Tante gehörte, die ihn sich mal für Norwegenfahrten mit der Familie kaufte, aber nur noch selten braucht, seitdem die Kinder aus dem Haus sind. Und hinten im Bulli ist eine Matratze, und ich weiß, was Heidemarie dann sagt, aber so einer ist er nicht. Er will nach Griechenland, und das ist enorm praktisch, weil man will ja selber auch nach Griechenland. Also eigentlich will er in die Türkei, aber eben über Griechenland mit der Fähre, und darüber, dass er eigentlich in die Türkei will und man selbst nicht in die Türkei will, sondern in einer Woche mit Freunden in Sizilien verabredet ist, denkt man lieber nicht nach. Und darüber, dass er in der Türkei seine Verlobte trifft, denkt man auch lieber nicht nach. Und natürlich ist er Spanier oder, nein, Lateinamerikaner oder, nein, noch besser, halb Franzose und halb Zigeuner, und später fragt man sich dann, ob das wohl stimmte oder ob man das nur erfunden hat, und noch später versteht man, dass man das so wirklich nicht sagen sollte, und im Altersheim sagt man halb Roma, aber mit siebzehn findet man das alles sehr romantisch. Man schaut ihn an, wie er da am Steuer sitzt, in seinem verschwitzten Unterhemd mit seinen braun gebrannten Armen, und malt sich aus, wie es wohl wäre, wenn man sich jetzt rüberlehnte und ihm die Strähne aus dem Gesicht wischte. Stundenlang malt man sich das aus, während man über löchrige Landstraßen holpert und die Sonne durch die heruntergelassenen Fenster brennt und man Balkanmusik mitsummt. Und ab und zu merkt er, dass man ihn anstarrt, und dann schaut er zu einem herüber, und man dreht den Kopf ein bisschen zu schnell weg. Aus den Augenwinkeln sieht man ihn lächeln.

Abends macht man ein Lagerfeuer am Flussufer und brät Hackfleisch an Spießen und nennt es Cevapcici. Man isst es mit Fladenbrot und Tomaten vom Markt, und später wird man sagen, es waren die besten Tomaten, die man je gegessen hat. Da war Sonne drin, in diesen Tomaten, wird man sagen, und in diesem Leben. Und natürlich hat er eine Gitarre und Lieder, die er selbst geschrieben hat. Man lauscht ihm andächtig, es sind die besten Lieder, die man jemals gehört hat, das weiß man, obwohl man kaum Französisch spricht, und später im Altersheim kann man nur schwer sagen, worum es ging, um die Liebe natürlich, aber gar nicht kitschig, sondern nur schön und sehr aufrichtig, und seine Augen funkelten im Mondschein.

Am nächsten Morgen fährt man weiter. Und weil das mit dem Kiffen am Steuer eigentlich ganz gut geklappt hat, macht man es noch mal, ist ja noch nie was passiert. Mittags hält man in einem Dorf an, und eine zahnlose Alte verkauft einem Sonnenblumenkerne, sie schmecken salzig wie das Meer, wie die Tränen, von denen man bereits ahnt, dass man sie bald vergießen wird.

An der griechischen Grenze wird es dunkel. Man macht ein Lagerfeuer am See und brät Hackfleisch an Spießen und nennt es Souvlaki. Man isst die Spieße mit Fladenbrot und Gurken vom Markt, und später wird man sagen, es waren die besten Gurken, die man je gegessen hat. Nur das mit der Sonne wird man da nicht mehr sagen, denn man ist ja schon in Griechenland und denkt jetzt doch über Sizilien nach und über schöne Türkinnen.

Man singt wieder, man spielt Gitarre, man raucht und trinkt griechischen Wein. Man erzählt einander seine Lebensgeschichten, und obwohl man erst siebzehn ist und er nur unbedeutend älter, dauert es die ganze Nacht. Beim Morgengrauen ist das Feuer niedergebrannt, und man beginnt zu zittern. Er zieht seine Jacke aus und legt sie einem um die Schultern. Dabei vergisst er, seinen Arm wieder zurückzuziehen. Sein Arm bleibt da liegen um die Schultern. Mit der Zeit wird der Arm schwer, aber man bewegt sich nicht, in der Hoffnung, dass er nicht merkt, dass sein Arm auf einem liegt. Man sitzt sehr dicht aneinander. Man lauscht den Vögeln. Man gähnt nicht. Man sagt nichts. Man versucht mit aller Kraft, den Moment am Vergehen zu hindern, und als man merkt, dass die Sonne nun wirklich aufgeht, versucht man mit aller Kraft, sich den Moment wenigstens zu merken, für später. Man atmet tief ein. Man merkt sich seinen Geruch. Die Wärme seines Körpers und wie sich seine Hand anfühlt, als sie einem plötzlich eine Strähne aus dem Gesicht wischt. Man merkt sich den stechenden Schmerz in der Brust, wie schön er ist, dieser Schmerz, dieser Mann, dieser Moment.

Irgendwann schläft man ein, sehr nah, weil es so früh am Morgen noch kühl ist, sagt man und tut so, als gäbe es keinen anderen Grund für Nähe. Als man am Nachmittag aufwacht, hält man seine Hand und weiß nicht, wie man sie je wieder loslassen soll. Dann lässt man sie los, bevor er aufwacht, in der Hoffnung, er habe es nicht gemerkt. Er lächelt.

An diesem Tag schafft man es gerade bis Thessaloniki, obwohl der Fährhafen in Athen auch nur noch fünf Stunden entfernt wäre. Man bleibt ein paar Tage in Thessaloniki. Man sagt, mit dem Vergaser stimme etwas nicht, dabei ist es das menschliche Herz, mit dem etwas nicht stimmt. Abends geht man tanzen, zu Livemusik, die man später als griechischen Balkan-Jazz beschreiben wird, wobei es eigentlich nur eine Beatles-Cover-Band war. Man tanzt die ganze Nacht, schnell und wild und dann sehr nah, fast zärtlich. Als die Band fertig ist, zieht man weiter in einen Club, in dem Eurotrash wummert, schmierige Typen von jungen Frauen umgarnt werden und die Getränke wahnsinnig billig sind. Man nimmt Drogen, von denen man noch nie etwas gehört hatte. Es ist der krasseste Trip, den man jemals gehabt haben wird. Man sitzt sich gegenüber und schaut sich beim Verschwimmen zu. Dann lässt man seine Hände über die Unterarme des anderen schweben. Stundenlang streichelt man sich so, ohne sich zu berühren, spürt die Hände des anderen nur durch ihre Wärme und die leiseste Vibration in den Armhärchen. Man wird fast wahnsinnig. Man will sich berühren. Kein Hunger, kein Durst kann so stark sein wie dieses Wollen. Und man tut es nicht. So sind die Regeln des Spiels. Das Spiel heißt Verlangen.

Am nächsten Tag muss er dann wirklich weiter, warum er weitermuss, spricht er nicht mehr aus. Man weiß es ja. Er könne einen noch nach Patras fahren, sagt er, dabei muss er eigentlich nach Osten. Man behauptet, Patras läge auf dem Weg. In Patras geht man essen, in ein richtiges Restaurant mit Hafen und Kerzenschein. Man isst Fisch, und später wird man sagen, es war der beste Fisch, den man jemals gegessen hat. Dabei schmeckt man nichts davon, so sehr ist man damit beschäftigt, sich den Moment zu merken. Man schaut ihm in die Augen und bildet sich ein, dass sie genau so traurig sind wie die eigenen. Man versucht zu reden, es gäbe so viel zu sagen, dass es besser ist, man schweigt. Und dann ist die Zeit, die man so verzweifelt aufhalten wollte, tatsächlich vorbei. Man läuft noch mal gemeinsam über den Strand, aber auch das nützt nichts. Man schaut in den Himmel. Später wird man sagen, man hat noch nie so viele Sterne gesehen.

Dann hält man an. Er bückt sich und hebt etwas auf, eine Herzmuschel, er drückt sie einem flüchtig in die Hand, später wird man merken, dass sie zerbrochen ist. Er schaut einen an, und man denkt, diesen Moment, den müsse man sich merken, für später, für das Altersheim. Man spürt seine Hände, wie sie einen berühren. Wie man ihm näher kommt, spürt man, ein Kribbeln im Bauch und überall. Man spürt seinen Herzschlag und den eigenen. Man denkt, jetzt passiert es gleich, und dann lässt er einen wieder los, stößt einen vielleicht sogar ein wenig zurück. Man sieht ihn an, sein schönes Gesicht in der Dunkelheit, man möchte weinen. Man denkt an die Türkin und versucht, sie nicht zu hassen, sie kann ja nichts dafür, sie am wenigsten. Man sieht, wie er sich beherrscht, und beschließt, ihm zu helfen, und beugt sich nur zufällig leicht in seine Richtung, bis man seinen Körper beinahe berührt. Man spürt die Wärme seiner Haut, man atmet seinen Geruch tief ein, man hört seinen Atem, wie er immer schneller wird, oder ist es der eigene. So steht man da, ganz unschuldig, während die Wellen den Strand erobern. Man atmet aus, man hat sich schon fast unter Kontrolle, man findet sich damit ab, dass der Moment, nach dem man sich so gesehnt hat, vorbei ist, obwohl er nie wirklich begann. Man sieht sich im Altersheim, in einem stöhnenden Meer aus Bedauern, man bedauert, ihn nicht geküsst zu haben, man bedauert, dass man sich nicht mal vorstellte, ihn zu küssen. Man will sich gerade umdrehen, da streckt er doch wieder seine Hand aus. Im Nacken spürt man seine Berührung, seine Finger spürt man, wie sie sich in Haare graben, wie sie sich langsam vortasten, wie sie einen heranziehen, immer näher, man spürt ein letztes Zögern, ein letztes Aufbäumen, dann spürt man endlich seinen Mundwinkel, die Fünftagestoppeln seines Bartes, die Spitze seiner Nase, man spürt Atem, man schmeckt das Salz des Meeres auf seinen Lippen. Und vielleicht spürt man seine Zunge, aber da ist man sich nicht mehr sicher. Sicher ist man sich dann bei gar nichts mehr, außer, dass es der beste Kuss gewesen sein wird, den man niemals erlebte. Und dann ist alles vorbei.

Er lässt einen los, jetzt wirklich, jetzt für immer. Man weiß, dass es tatsächlich vorbei ist und nie wieder nicht passieren wird. Man weiß, dass es selbst in der Phantasie hier zu Ende ist, dass es niemals mehr sein wird als dieser eine Kuss, dass man sich mehr nicht mal wird vorstellen können.

Er sagt, »Au revoir«, und obwohl man weiß, dass »au revoir« auf Wiedersehen heißt, weiß man auch, dass es ein Wiedersehen nicht geben wird. Dann läuft er den Strand entlang, der Mond streichelt seine Schultern, die Gitarre schmiegt sich an seinen Rücken, seine Fußspuren verlieren sich im Sand, man würde sich auch gerne im Sand verlieren. Man schaut dem Franzosen nach, wie er davonläuft, wie er immer kleiner wird, bis er irgendwann gar kein Franzose mehr ist, nur noch die Idee eines Franzosen.

Darüber, wohin er geht und dass er für immer geht, denkt man nicht nach. Und darüber, dass einem Retsina nicht bekommt, denkt man auch nicht nach. Und warum man morgens neben einem Teppichverkäufer aufwacht und warum der nackt ist und warum es in den nächsten Wochen so merkwürdig brennt zwischen den Beinen, darüber denkt man dann erst recht nicht nach. Man beschließt, dass Retsina und Gras das Problem mit dem Denken ziemlich gut lösen. Das erzählt man im Altersheim, und die anderen Alten kichern wissend, und wenn die Enkelkinder kommen, lässt man diesen Teil der Geschichte einfach weg. Anstelle dessen ermahnt man die Jugend, die gar nichts anzufangen weiß mit ihrer Jugend, die immer nur irgendwas schaut, anstatt auch mal etwas zu erleben. Zu meiner Zeit, sagt man dann und erinnert sich an alles, was man nie erlebt hat.

Man holt die Kiste hervor, auf die man damals mit vertrocknetem Edding und feuchten Augen »Griechenland 2006« geschrieben hat. Man riecht am Korken und bildet sich einen Hauch Retsina ein, man streichelt die Muschel, die er an genau der Stelle gefunden hat, wo er einen zum ersten Mal geküsst hat und zum letzten. Man legt noch mal die CD auf, die man sich damals gebrannt hat, man singt noch einmal mit, vielleicht tanzt man, vielleicht tanzt man mit ihm, vielleicht ist man endlich jung.

**Gunther Geltinger**
**All eure**
**schönen Dinge**

Kenia oder KwaZulu-Natal, der Streit hatte sich an den Löffeln entzündet. Genau genommen handelte es sich um ein Salatbesteck, Vorlegelöffel und Vorlegegabel, die nur als komplementäres Paar ihren Zweck erfüllen, doch nicht nur über die Begrifflichkeiten herrschte am Tisch Uneinigkeit. Sie seien aus Makassar geschnitzt, behauptete Marie-Kyo, einer Ebenholzart, die besonders hart und, wie sich herausgestellt habe, sogar spülmaschinenfest sei. Lars bestand darauf, dass sie aus einem im südlichen Afrika heimischen, ökologisch unbedenklichen Nutzholz gefertigt seien, aus welchem, hatte er vergessen. Überhaupt schien das Problem nicht der Gegenstand an sich, sondern die menschliche Sprache zu sein, die ihn bezeichnet. Menschen tragen Namen, damit sie wissen, wer sie sind, ein Souvenir hört auf zu existieren, wenn niemand mehr seine Geschichte erzählt.

Lars hatte es in Ramsgate, einem Küstenstädtchen südlich von Durban, erstanden, Thomas' Einwand, in der Küchenschublade liege schon genug Besteck, zum Trotz. Er wollte sich nicht die Freude am Kauf verderben lassen, seine Begegnung mit den Einheimischen, auf die er beim Reisen großen Wert legte. Der junge Mann, dem Lars den Namen Sifiso entlockt hatte, beantwortete einsilbig seine Fragen nach Machart und Herkunft der Ware, die er »serving spoons« nannte, von Hand mit einem traditionellen Muster bemalt und, wie alle anderen Objekte an seinem Stand, aus den Werkstätten einer regionalen Kooperative zur Förderung des Zulu-Handwerks, so hatte Lars es verstanden, und vielleicht lag ja das Missverständnis darin begründet, dass Lars und Sifiso in einer Fremdsprache miteinander sprachen.

Wie die anderen *People of Color* – als Schriftsteller, dem kein Wort zufällig geraten sollte, vermied Lars den Ausdruck *Schwarze* –, die er an diesem Tag in ein Gespräch verwickelt hatte, wohnte auch Sifiso nicht in dem schmucken Stadtteil an der Küste, sondern in einem Township jenseits der Autobahn, ein Fußmarsch von sieben Kilometern, den er an diesem Abend mit hundertfünfzig Rand mehr in der Tasche antreten würde. So hatte Lars dem bis auf die tropisch bewachsene Lagune wenig andenkenswürdigen, in seiner noch immer tief in die Schatten der Apartheid gekauerten Beschaulichkeit sogar deprimierenden Touristenort doch noch eine bleibende Erinnerung abgetrotzt – mit schalem Beigeschmack, sagte er beim Austeilen des Feldsalats, und er hätte diese Geschichte wohl auch bei zukünftigen Abendessen seinen Gästen erzählt, wenn nicht Marie-Kyo in diesem Moment halb entsetzt, halb belustigt gerufen hätte: Dieselben habe ich in Kenia gekauft!

Die gleichen, sagte Lars, der seine Marotte, sein Gegenüber beim Sprechen zu korrigieren, eine Berufskrankheit nannte, wenn du genau dieses Modell in Kenia gekauft haben willst, was ich bezweifle, dann sind es die gleichen.

Ich bin nicht so deutsch, sagte Marie-Kyo und zog die Schüssel näher heran. Jedenfalls identisch, sogar der Fehler hier! Sie deutete auf den Rand eines Tupfers, wo dem Lackierer angeblich der Pinsel ausgerutscht war.

Ich habe dir gleich gesagt, du hast zu viel bezahlt, nuschelte Thomas in die Salatbüschel zwischen seinen Lippen. Na und, sagte Lars, unsere Lodge hat dreitausend gekostet.

Pro Nacht? Marie-Kyo schloss schnell den Mund, als sie merkte, dass Thomas den grünen Brei auf ihrer Zunge betrachtete. Mein Gott, es war unsere Hochzeitsreise, sagte er. Oder dein schlechtes Gewissen, erwiderte Lars, mein Heiratsantrag ist zehn Jahre her.

Damals hätte es sich steuerlich für dich nicht gelohnt, sagte Thomas, eine Bemerkung, die Lars ihm später, beim Abwasch, als gezielte Kränkung auslegen würde.

Und mit dem gesparten Geld hast du dir die kenianischen Löffel geleistet, sagte Kathrin, die bisher geschwiegen und – das sagte Lars' Blick – wohl auch nicht zugehört hatte. Ramsgate liege an der Ostküste Südafrikas, sagte er, in der Provinz KwaZulu-Natal.

Richtig, sagte Kathrin, aber essen sie ihren Ugali oder Sadza … Pap, sagte Lars, in Südafrika heiße der Maisbrei Pap … auch in Südafrika, fuhr Kathrin unbeirrt fort, nicht mit der Hand?

Das ist doch ein Klischee, erwiderte Lars und empörte sich im Folgenden über die in Südafrika weitverbreitete touristische Sitte, bei Township-Führungen an einer Mahlzeit in einer Wellblechhütte teilzunehmen, wo der Guide die Gruppe regelrecht zwinge, die Speisen, meist Hühnchen mit Pap, mit den Fingern zu essen, während die Gastgeberinnen einen traditionellen Tanz aufführen. Und beim Applaudieren, sagte er, rinnt dir das Fett in den Ärmel, für ein authentisches Afrika-Gefühl.

Ach komm, sagte Thomas, ganz so krass ist es auch nicht. Wer will, kriegt natürlich einen Löffel.

Ihr habt jetzt nicht wirklich so eine Tour gemacht, oder? Marie-Kyo zupfte sich eine Wurzel aus dem Mundwinkel.

Doch, sagte Lars, aber auf eigene Faust, und gegessen haben wir vorher.

Das ist ja noch widerlicher, sagte Marie-Kyo, mit vollem Bauch in den Slum!

Eine Weile herrschte Schweigen. Es wäre die Gelegenheit gewesen, die Vorspeisenteller abzuräumen und den Hauptgang zu servieren, Thomas' im Freundeskreis berühmtes Coq au Vin, das er schon am Morgen zubereitet hatte, damit das Fleisch den Geschmack des Crus de Bourgogne annehmen konnte, dessen Duft bereits aus dem Ofen stieg. Doch dass es nun ausgerechnet Huhn beziehungsweise – auf das französische Originalrezept legte Thomas großen Wert – ein Hahn war, der mit gerösteter Polenta serviert werden sollte, hielt Lars, der seinen Gedanken nachhing, einen Moment zu lang davon ab, sich vom Tisch zu erheben.

Problematisch sind ja auch nicht die Löffel, sagte Kathrin, euer Problem ist der Salat.

Wieso, erwiderte Lars, stimmt mit meinen Rapunzeln was nicht?

Doch, lecker. Kathrin häufte sich eine zweite Portion auf den Teller; aber eine Erfindung der europäischen Küche. Afrikaner essen keinen Salat. Nicht die zumindest, von denen ihr glaubt, mit diesen Löffeln ein Stück ihrer ursprünglichen Kultur auf euren Tisch geholt zu haben.

Sie schlug geräuschvoll die Kellen gegeneinander, sodass Lars ein Zischen entfuhr, als hätte sie ihn selbst getroffen.

Sie sind aus China, sagte Thomas und spähte zum Ofen, die Chinesen bauen doch mittlerweile alles in Afrika, Straßen, Staudämme, Autos, warum nicht auch Löffel.

Sie seien in Kenia hergestellt, beharrte Marie-Kyo auf ihrem Standpunkt, und Kathrin führte den Satz ihrer Freundin zu Ende: Was aber nicht heißt, dass sie kenianisch sind.

Während der Duft der Bourgogne sich in der Küche ausbreitete und Thomas den Salathaufen auf Kathrins Teller fixierte, der nicht an Umfang verlor, hielt sie einen Vortrag über das Wesen des Souvenirs. Verborgen im vordergründig Exotischen, dessentwegen es gekauft werde, reflektiere es weniger den Alltag des Einheimischen als vielmehr die Gewohnheiten des Touristen, zum Beispiel die westliche Obsession am Salat, ein nicht sättigendes und daher in archaischen Kulturen überflüssiges Lebensmittel, für das in Europa eigens ein Werkzeug erfunden wurde. Lars zuckte unter dem Klappern der Kellen erneut zusammen. Deine Löffel hier, sagte sie, wurden von den afrikanischen Schnitzern übernommen und in die lokalen Produktionsketten eingebunden. Eine Massenware.

Eigentlich mögen wir keinen Salat, sagte Thomas und nutzte Kathrins Atempause, um ihren Teller abzuräumen und dem Hahn, wie er bemerkte, den Kampfplatz zu bereiten. Lars sammelte die übrigen Teller ein. Und dann hast du Marie-Kyo bei eurem Kenia-Trip diese Löffel kaufen lassen, als Ethnologin?

Ich forsche über die Nordalaska-Iñupiat, erwiderte Kathrin, Kenia habe sie nur wegen der Sonne interessiert.

Marie-Kyo legte die Hand auf Kathrins Arm und sagte: Ob ich sie bei Ikea oder von einem Akamba-Schnitzer kaufe, macht keinen großen Unterschied. Kathrin streichelte die Finger ihrer Freundin, was diese zu bestärken schien, ihr

Wissen preiszugeben – oder das von Kathrin, wie Lars an Thomas' Gesichtsausdruck abzulesen glaubte. Die Akamba, sagte sie, sind heute als Souvenir-Industrie organisiert, haben aber selbst gar keine eigene Schnitztradition. Kathrin ließ Marie-Kyos Hand los und betonte ihren Einsatz mit einer Geste, die über die Tischrunde hinausweisen sollte: Jeder von uns kennt die Masken der Massai, *das* Stereotyp über Afrika. Auch sie werden von den Akamba geschnitzt, den historischen Todfeinden der Massai – die zwar besonders kriegerisch waren, aber nie Masken trugen. Die Akamba sind ein anpassungsfähiges Händlervolk, sie haben die Massai-Kultur adaptiert und umgedeutet, weil der zahlungskräftige Tourist glaubt, zur Kriegsbemalung und den Keulen der Massai gehören auch Masken.

Keulen gegen Kalaschnikows, sagte Thomas und öffnete den Ofen, aus dem der Dampf wallte. Und das alles haben euch die Löffel erzählt?, sagte Lars und drückte Kathrin und Marie-Kyo die Teller in die Hände. Der Verkäufer, erwiderte Marie-Kyo, mit dem sie anscheinend etwas tiefgreifender gesprochen habe als er, Lars, mit seinem Sifiso.

Kathrin reichte Lars die Salatschüssel. Diese Löffel, resümierte sie, sind die Idee des Einheimischen von der Idee des Weißen, wie afrikanische Schnitzkunst aussieht. Eine Konstruktion!

Lars betrachtete mit gespielter Betroffenheit seine Errungenschaft. Und deshalb werde ich über sie schreiben!, sagte er und richtete die Vorlegegabel wie ein Gewehr in die Runde. Im selben Moment sah er den Haarriss zwischen den Zinken; er nahm eine Serviette und untersuchte den Schaden.

Und sie haben wirklich die Spülmaschine überlebt?

Kathrin sagte: Probier's aus.

Der Hauptgang erntete nicht so viel Lob, wie Thomas es gewohnt war, was er auf das Übergaren beim Aufwärmen zurückführte. Man bemühte sich, das Gespräch vom bitteren Nachgeschmack der Vorspeise zu befreien, und redete über anstehende Urlaubsziele. Marie-Kyo würde mit Kathrin nach Südkorea fahren, in das Herkunftsland ihrer Mutter, zum ersten Mal mit einer Frau – was Lars und Thomas einen Toast wert war. Wegen seiner Höhenangst konnte Lars sich noch nicht zu dem Wanderurlaub auf Madeira durchringen, Thomas fürchtete Anfang Oktober in Norwegen die verfrühte Winterdepression, doch vorher würde sein neues Forschungsprojekt, eine Studie über die DNA-Methylierung bei Pneumokokken, einen Urlaub nicht zulassen. Weil zur Epigenese des Krankheitserregers keine weiteren Fragen aufkamen, holte Lars das Dessert aus dem Kühlschrank, eine Mousse au Champagne, Thomas' Kreation, und einen von Lars geschnippelten Obstsalat, den er mit dem zuvor abgewaschenen Salatbesteck austeilte.

Dein neuer Roman handelt also von diesen Löffeln?, fragte Kathrin. Den Obstsalat lehnte sie ab, wegen ihrer Kiwi-Unverträglichkeit. Es beginnt ganz harmlos mit den Löffeln, sagte Lars, und endet in einem Beziehungskrieg.

Thomas spuckte einen Apfelkern auf den Teller.

Das Buch kauft wieder niemand, sagte Marie-Kyo und nahm großzügig von der Mousse.

So bleiben wir in der günstigen Steuerklasse, sagte Thomas.

Ihr führt Krieg?, sagte Kathrin. Sind die Löffel dann nicht eher eine Trophäe? Was der Unterschied zum Souvenir sei, fragte Thomas und spürte, wie Lars ihn unterm Tisch mit der Fußspitze antippte, und weil die jeweiligen Partner sich über Kreuz gegenübersaßen und Marie-Kyo in diesem Moment ihre Freundin, die Lars und Thomas erst seit ein paar Monaten kannte, warnen wollte, traf ihr Fuß den Falschen, sodass sie zurückschreckte, was Lars bestätigte, dass die Diskussion ihren Zweck als Vorarbeit zu seinem Roman erfüllte.

Im Souvenir, sagte Kathrin, werden eure Beziehungen zu dem bereisten Land gesammelt und im Museum eurer Wohnung ausgestellt. Sie drapierte das Salatbesteck in der Mitte des Tischs. Euren Gästen erzählt es, was euch im Land besonders aufgefallen ist: Ihr kauft einen aus Holz geschnitzten Elefanten als Erinnerung an die Safari oder auf traditionell getrimmte Löffel, weil ihr bedauert, dass die Zulus heute zu McDonald's gehen.

*Souvenir*, unterbrach Lars sie, komme vom lateinischen Wort *subvenire*, das nur in der nachgeordneten Bedeutung *in den Sinn kommen* heiße und in erster Linie *helfen*.

*Tropaion*, konterte Kathrin, nannte man im antiken Griechenland das Siegeszeichen, das auf dem eroberten Schlachtfeld aufgestellt wurde. Mit der Entwicklungshilfe also, die du glaubst, mit diesem Kauf geleistet zu haben … und die in Wahrheit nach Kenia geflossen ist, warf Marie-Kyo ein … und über die Massai-Masken, fügte Thomas hinzu, in russische Waffen …

Mit hundertfünfzig Rand, fuhr Kathrin fort, die Sifisos Hunger stillen sollten, den er im vorkolonialen Afrika nicht gehabt hätte, hast du ihn *deiner* Vorstellung von seiner Bedürftigkeit unterworfen. Geistige Usurpation war ein Grundprinzip des Kolonialismus. Kathrin drehte das Salatbesteck wie Zeiger auf dem Tisch. Und deshalb sind diese Löffel eine Trophäe, sagte sie, wenn nicht sogar – und sie richtete die Gabel auf Thomas – ein Skalp.

Igitt, sagte Marie-Kyo.

Gib mir noch zwanzig Jahre, sagte Thomas, und Lars wird ohnehin über meinen Schrumpfkopf schreiben.

Kathrin grinste und bohrte langsam den Dessertlöffel in die Mousse. Ist es eigentlich ein Zeichen von Wertschätzung oder sogar von Liebe, in deinen Romanen vorzukommen?

Lars drehte die Gabel so, dass sie auf Marie-Kyo zeigte, die abwehrend die Hände hob: Sie sei nur das dicke, traurige asiatische Mädchen auf dem Schulhof, das sich mit dem dünnen, traurigen schwulen Jungen zusammentue und am Rand der Kirmes von ein paar Typen aus der Gegend vor seinen Augen vergewaltigt werde.

Kathrin ließ die Mousse auf dem Weg zum Mund wieder sinken. Du wurdest also wirklich ... ich meine, er hat dich ...?

Nein, sagte Marie-Kyo, am Ende stellt sich heraus, dass ...

Vielleicht will Kathrin das Buch selbst zu Ende lesen, sagte Lars.

Noch Nachtisch? Thomas reichte die Schüsseln herum. Kathrin lehnte dankend ab; sie habe neben einer Kiwi- auch eine Unverträglichkeit gegen die Inhaltsstoffe autobiographischer Romane.

Es geht mir um die Zubereitung, sagte Lars, und Kathrin: Ein Hahn bleibt auch zerkocht ein Gockel.

Das Autobiographische gibt es nicht, erwiderte Lars. Roland Barthes habe bereits vor fünfzig Jahren den Autor, der über sein Leben schreibt, für tot erklärt. Ein Text bestehe aus Zitaten unterschiedlichster kultureller Herkunft, die der Autor lediglich neu mische.

Ich habe eine ausgeprägte Roland-Barthes-Unverträglichkeit, sagte Marie-Kyo und kratzte sich die Unterarme. Kathrin legte ihr die Hände auf.

Wenn sich am Ende deines Romans herausstellt, dass er die Lebensbeichte eines kenianisch-südafrikanischen Löffels mit chinesischem Philosophie-Diplom ist, *das* würde mich wirklich überraschen.

Wer war eigentlich zuerst in Afrika, erwiderte Lars, die Ethnie oder die Ethnologin?

Und wo ist eigentlich der Hahn in der Frage nach der Henne oder dem Ei?, sagte Marie-Kyo und richtete Gabel und Löffel entgegengesetzt aus, sodass sie auf Lars und Thomas wiesen. Sifiso ist jung und schön, begann sie. Beim Kauf der Löffel verliebt sich das alternde Paar in ihn. Als Projektionsfigur ihrer sexuellen Minderwertigkeitsgefühle – und sie legte die silbernen Dessertlöffel neben das Salatbesteck – wird er im Roman durch ästhetische Überhöhung erniedrigt. Denkt an *King Kong*, eine Monsterisierung des Schwarzen, der dem weißen Mann die Frau ausspannt und dafür im Finale vom Empire State Building geschossen wird. Das Phallussymbol männlicher Weltherrschaftsphantasie schlechthin!

Thomas schnalzte. Zum Glück habe er sich im letzten Moment gegen die Mousse au Chocolat entschieden, und er häufte sich einen Batzen der Creme auf den Teller.

Aber nicht die Kugeln aus den Kampfflugzeugen haben King Kong getötet, sagte Lars. Carl Denham, Kongs Antagonist, sagt am Ende: »It was beauty killed the beast.«

Klar, die Schönheit der Hauptdarstellerin, warf Marie-Kyo ein, die von der Männerwelt bestraft werden musste. Fay Wray sei in Hollywood als nymphomanisches Partyluder verschrien und Besetzung zweiter Wahl gewesen, nachdem Jean Harlow abgesagt hatte, weil sie sich auf dem Höhepunkt ihrer Karriere nicht von einem Gorilla befummeln lassen wollte. Marie-Kyo blickte herausfordernd in die Runde. Wisst ihr, was der Produzent bei Vertragsabschluss zu ihr gesagt haben soll? »You will have the tallest, darkest leading man in Hollywood.« Und sie dachte, er redet über Clark Gable!

Klingt, als seiest du dabei gewesen, sagte Thomas, und Marie-Kyo: Berufskrankheit. Eine queere Parodie von *King Kong* über die Kastrationsangst des weißen Mannes – und sie garnierte das Besteckensemble mit einer Erdbeere –, das wäre ein Bestseller!

Aber ihr redet über Affen, sagte Kathrin. Lars will über einen Menschen schreiben, dem aufgrund seiner *Ethnie* sexualisierte Gewalt widerfährt, was anscheinend dein Thema ist.

King Kong war ein Gott, sagte Lars, der Film ist die Geschichte der Entmystifizierung und Kommerzialisierung eines Mythos. Der Gott der Ureinwohner wird zum Underdog, für den es keinen Platz in der kapitalistischen Gesellschaft gibt. Er spießte mit der Gabel die Erdbeere auf und steckte sie sich in den Mund. Es geht um Metaphysik, nicht um Geschlechtsteile.

Dann sind die Löffel Devotionalien, sagte Marie-Kyo und arrangierte das Salatbesteck zu einem Kreuz.

Von lateinisch *devotio*, sagte Kathrin zu Lars, *Andacht, Ehrfurcht*, und *vovere, geloben*.

Vielleicht kein Kassenschlager, fuhr Marie-Kyo fort, dafür echt pasolinisch: eure Reise eine Art Pilgerfahrt und Sifiso der Mittler zwischen der mythischen und der modernen Welt, der afrikanischen und der europäischen Kultur. Ein *Black Jesus,* aber nicht, wie man es erwartet, am Ende geopfert, nein, der Wegbereiter einer neuen, besseren Welt! Sie stieß die Kellen mehrmals gegen die Tischplatte, um zu demonstrieren, dass sie auf Holz klopfte.

Ein Kreuz, sagte Kathrin, sei ein christliches Symbol, das dem Gläubigen beim Beten helfen soll. Die kultischen Objekte afrikanischer Naturreligionen aber seien selbst heilig und deshalb von den Missionaren bekämpft worden.

In dem Fall, sagte Marie-Kyo zu Lars, solltest du für dich noch klären, ob deine Löffel von einer männlichen oder weiblichen Gottheit kommen. Was du, quasi als Binnenerzählung, für einen genderpolitischen Paradigmenwechsel in der Literatur nutzen könnest. Mit dem Happy End – und sie legte das Salatbesteck feierlich vor Lars ab –, das du mir noch schuldest.

Das es aber aus deiner Feder nicht geben wird, sagte Kathrin. Der Gegenstand deines Romans sind nur ein profanes Paar Löffel, das außerdem von Schnitzern stammt, die in Wahrheit nie Löffel geschnitzt haben, sodass Sifiso, der Verkäufer, sie dir auch nicht verkauft haben kann. Womit sie weder Devotionalien noch Trophäe sind …

Sondern?, fragte Lars.

Eine Fehlleistung deiner Erinnerung, sagte Kathrin und legte das Besteck zurück in den mittlerweile bräunlich verfärbten Obstsalat.

Quod erat demonstrandum, sagte Lars, wahr sind nur die Dinge selbst.

Thomas unterdrückte ein Gähnen. Irgendjemand am Tisch ohne Berufskrankheit? Alle Augen richteten sich auf ihn. Er schwieg ein paar Sekunden, dann räusperte er sich: Die für das deklarative Gedächtnis zuständigen Boten-Ribonukleinsäuren im Hypocampus …

Kaffee?, sagte Lars und stand auf.

Kurz vor Mitternacht war die Küche aufgeräumt. Die Reste des Coq au Vin hatte Thomas eingefroren und einen Teil der Mousse in einer Tupperschüssel Marie-Kyo mitgegeben; die immerhin, sagte Lars, hat Kathrin geschmeckt. Er räumte gerade letztes Geschirr in die Spülmaschine, Thomas wusch die Muranoglasschüssel, ein Mitbringsel von einem Genetik-Kongress in Venedig, per Hand.

Sie kann mich nicht leiden, sagte Lars. Du sie doch auch nicht, erwiderte Thomas. Und deshalb, sagte Lars, wäre so ein Abendessen unter Freunden ein guter Romananfang.

Warte ab, was sie nach ihrer Reise für uns kochen, sagte Thomas und drückte Lars die Schüssel vor die Brust. Lars suchte nach einem Geschirrtuch. Südkorea, sagte er, auch so eine Konstruktion. Marie-Kyo kommt aus dem Westerwald!

Du auch, sagte Thomas und spülte die Weinkaraffe unter klarem Wasser ab. Du hast dich also entschieden? Lars nickte; morgen wolle er beginnen. Dann weder Madeira noch Norwegen? Lars zuckte mit den Schultern. Afrika, sagte er, vom Schreibtisch aus, und nachdem Thomas eine Weile geschwiegen und in den Wasserstrahl geblickt hatte: Kommst du mit?

Thomas seufzte und sah sich in der Küche um. Der Erinnerungen wegen?

Lars lächelte schmal. Und die Löffel?, sagte Thomas, und Lars nahm sie von der Anrichte und legte sie in die Spülmaschine. Fünfzig Grad? Siebzig, erwiderte Thomas, … der Bräter! –

Die klassische Reise gibt es nicht mehr. Reisende des 21. Jahrhunderts haben von jedem Ort bereits vor ihrer Ankunft Bilder im Kopf – medial vermittelt, oft gesehen, unzählige Male auf digitalen Landkarten besucht. Die Social-Media-Profile von Freunden und Verwandten lassen die schönsten Stände im heimischen Wohnzimmer beginnen, die Wellen branden direkt hinter dem Balkon, und Handys und Computer quellen über vor sorgsam konstruierten Schnappschüssen, den immergleichen. Auch seine unwissende Unschuld hat das Reisen verloren, denn da gibt es ja noch den eigenen $CO_2$-Abdruck, die Frage nach der ethischen Verantwortung, das Wissen um den Klimawandel und Pandemien.

Die 25 Autorinnen und Autoren, die das Reisen in seinen vielfältigen Formen beleuchten, machen deutlich: Reisen besteht mit Sicherheit nicht mehr aus der Trias ›Einpacken – Urlauben – Auspacken‹. In ihren Geschichten umkreisen sie es von unterschiedlichen Seiten und schicken uns Ansichtskarten aus allen Ecken der Welt, die den Blick für die Bewegungen der Gegenwart schärfen. Sie reisen nicht nur in fremde Städte, sondern auch in andere Köpfe, Körper, Rituale und Gespräche: Reisen kann erinnertes Reisen sein, in die Vergangenheit der Menschheit, in untergegangene Großreiche oder aufgegebene Freundschaften, die schon lange nicht mehr den Alltag prägen. Auch eine dystopische Zukunft lohnt wider Erwarten als Reiseziel, lässt sie uns doch neu auf die Gegenwart blicken und stellt uns vor die Frage, wie fern sie tatsächlich ist. Alles vertraut und doch ganz anders? Wer flüchtet vor wem? Und wie kann man vor sich selbst flüchten, aus dem eigenen Kopf verreisen? Das Reisen ist oft ein Katalysator, manchmal auch ein Initiationsmoment: ein Abschied von Lebensabschnitten, von Eltern oder der Kindheit, von lieb gewonnenen Gewissheiten, von Familie und der Rolle, die man bisher geführt hat. Ungereiste Reisen können ebenso umstürzlerisch sein, die Wohnung der Nachbarn eröffnet mitunter gleich mehrere Welten, genauso ein neuer Blick auf den alten Körper. Reisende stellen immer auch Grenzen in Frage und eröffnen Dichotomien, die sich am Ende des Tages manches Mal als Parallelismen herausstellen. Dörfer werden zu Geschichtsbüchern, wenn man sie durchreist, kleine Roadtrips zu lebensprägenden Odysseen, wenn man sich nicht vorsieht. Reisen wir von etwas weg oder zu etwas hin? Was dürfen wir dort lassen – und was wieder mitbringen?

Was bleibt, sind Spuren. Spuren in anderen Menschen, in Landschaften und in uns selbst. Sind sie es, die uns immer wieder aufbrechen lassen?

Hanna Hesse

# Über die Autor:innen

**Cihan Acar**, geboren 1986 in Heilbronn, studierte Jura und arbeitete als Sachbuchautor und Journalist. 2020 veröffentlichte er seinen Debütroman *Hawaii*, der mit dem Hauptpreis der Doppelfeld Stiftung für das beste literarische Debüt ausgezeichnet wurde.

**Marica Bodrožić** wurde 1973 in Dalmatien geboren, 1983 siedelte sie nach Hessen über und lebt heute in Berlin. Sie schreibt Gedichte, Romane, Erzählungen und Essays, 2002 debütierte sie mit dem Erzählungsband *Tito ist tot*. Zuletzt veröffentlichte sie 2019 die Essaysammlung *Poetische Vernunft im Zeitalter gusseiserner Begriffe*.

**Nora Bossong**, 1982 in Bremen geboren, schreibt Lyrik, Romane und Essays und lebt in Berlin. Zuletzt wurde sie mit dem Thomas-Mann-Preis 2020 ausgezeichnet. Zu ihren neuesten Veröffentlichungen gehören der Gedichtband *Kreuzzug mit Hund* (2018) sowie der Roman *Schutzzone* (2019).

**Hans Christoph Buch** wurde 1944 in Wetzlar geboren. Er ist Erzähler, Essayist und Reporter und lebt in Berlin. Zuletzt erschienen von ihm der Roman *Stillleben mit Totenkopf* (2018) sowie 2019 der Essayband *Tunnel über der Spree. Traumpfade der Literatur* und *Robinsons Rückkehr. Die sieben Leben des H. C. Buch* (2020).

**Helga Bürster**, geboren 1961, ist in einem Dorf bei Bremen aufgewachsen, wo sie auch heute wieder lebt. Sie war als Rundfunk- und Fernsehredakteurin tätig, seit 1996 ist sie freiberufliche Autorin. Zu ihren Veröffentlichungen zählen

Sachbücher, Romane und Hörspiele. Zuletzt erschien 2019 der Roman *Luzies Erbe*.

**Kenah Cusanit** lebt als Autorin in Berlin. Für ihre Essays und Gedichte wurde sie mehrfach ausgezeichnet. Ihr Debütroman *Babel* war 2019 für den Preis der Leipziger Buchmesse nominiert.

**Yannic Han Biao Federer**, geboren 1986 in Südbaden, lebt als Autor bei Köln. Seine Erzählungen wurden vielfach ausgezeichnet, u. a. mit dem Rolf-Dieter-Brinkmann-Stipendium 2017. Sein Debütroman *Und alles wie aus Pappmaché* erschien 2019. Im gleichen Jahr erhielt er beim Bachmann-Wettbewerb den 3sat-Preis für seine Erzählung *Kenn ich nicht*.

**Gunther Geltinger** wurde 1974 in Erlenbach am Main geboren und lebt heute in Köln. Er studierte Drehbuch und Dramaturgie an der Universität für Musik und Darstellende Kunst in Wien und an der Kunsthochschule für Medien in Köln. 2008 erschien sein Debütroman *Mensch Engel*, zuletzt veröffentlichte er 2019 den Roman *Benzin*.

**Hans Gerhard**, geboren 1973 in Braunschweig, lebt als Rechtsanwalt, Integrationslehrer und Autor in Saarbrücken. Er ist amtierender Vorsitzender des Saarländischen Künstlerhauses. Zuletzt erschien sein Kurzgeschichtenband *Aber möglich, möglich muss es doch sein* (2019).

**Verena Güntner**, 1978 in Ulm geboren, spielte nach ihrer Schauspielausbildung viele Jahre am Theater. Ihr Romandebüt *Es bringen* (2014) wurde für die Bühne adaptiert und mit dem Deutschen Hörbuchpreis ausgezeichnet. Ihr zweiter Roman *Power* (2020) wurde für den Preis der Leipziger Buchmesse nominiert.

**Anna Katharina Hahn**, geboren 1970, lebt als Autorin in Stuttgart. 2009 erschien ihr Debüt *Kürzere Tage*, der Roman *Am Schwarzen Berg* stand 2012 auf der Shortlist für den Preis der Leipziger Buchmesse und auf Platz 1 der SWR-Bestenliste. Zuletzt veröffentlichte sie 2020 den Roman *Aus und davon*.

**Yael Inokai**, 1989 in Basel geboren, lebt in Berlin. Nach dem Philosophiestudium in Basel und Wien studierte sie Drehbuch in Berlin. 2012 erschien ihr Debüt *Storchenbiss*. Sie ist Redaktionsmitglied der Zeitschrift *PS: Anmerkungen zum Literaturbetrieb*. Für ihren zweiten Roman *Mahlstrom* wurde sie mit dem Schweizer Literaturpreis 2018 ausgezeichnet.

**Lisa Kreißler**, 1983 bei Hannover geboren, arbeitet als Autorin und Literaturkritikerin. 2014 erschien ihr Debütroman *Blitzbirke*, 2018 *Das vergessene Fest*. Auf ihrem Hof in Niedersachsen betreibt sie das Projekt *pohletotal*, das sich um einen künstlerischen Austausch zwischen ländlichem und urbanem Raum bemüht. Im Herbst 2021 erscheint ihr dritter Roman *Schreie & Flüstern*.

**Judith Kuckart**, geboren 1959 in Schwelm, lebt als Schriftstellerin und freie Regisseurin in Berlin. 1984 gründete sie die freie Tanztheatergruppe Skoronel, mit der sie bis 1998 siebzehn Produktionen realisierte. Seit 1990 sind neun Romane erschienen, zuletzt 2019 *Kein Sturm, nur Wetter*.

**Terézia Mora** wurde 1971 in Sopron, Ungarn, geboren und lebt seit 1990 als Autorin und Übersetzerin aus dem Ungarischen in Berlin. Für ihren Roman *Das Ungeheuer* erhielt sie 2013 den Deutschen Buchpreis, für ihr Gesamtwerk wurde ihr 2018 der Georg-Büchner-Preis verliehen. Zuletzt erschien 2019 der Roman *Auf dem Seil*.

**Christoph Peters** wurde 1966 in Kalkar geboren. Er ist Autor zahlreicher Romane und Erzählungsbände und wurde für seine Bücher mehrfach ausgezeichnet. Christoph Peters lebt heute in Berlin. Zuletzt erschienen von ihm der Erzählungsband *Selfie mit Sheikh* (2017), der Roman *Das Jahr der Katze* (2018) sowie *Dorfroman* (2020).

**Nele Pollatschek** wurde 1988 in Berlin geboren. 2016 erschien ihr Debütroman *Das Unglück anderer Leute,* 2020 veröffentlichte sie *Dear Oxbridge. Liebesbrief an England.* Seit 2019 präsentiert sie auf hr2 kultur die Sendung *Pollatscheks Kanon: Weltliteratur zum Mitreden*.

**Kerstin Preiwuß**, geboren 1980 in Lübz, lebt als Autorin in Leipzig. 2006 debütierte sie mit dem Gedichtband *Nachricht von neuen Sternen*. Ihr Roman *Nach Onkalo* (2017) war für den Deutschen Buchpreis nominiert. Zuletzt erschien der Gedichtband *Taupunkt* (2020).

**Jaroslav Rudiš**, geboren 1972 in Turnov, Tschechien, ist Schriftsteller, Drehbuchautor und Dramatiker. Er lebt und arbeitet in Tschechien und Deutschland und schreibt auf Tschechisch und Deutsch. *Winterbergs letzte Reise*, der erste Roman, den Jaroslav Rudiš auf Deutsch geschrieben hat, wurde 2019 für den Preis der Leipziger Buchmesse nominiert.

**Jochen Schimmang**, geboren 1948, lebt als Schriftsteller und Übersetzer aus dem Englischen in Oldenburg. 1979 debütierte er mit *Der schöne Vogel Phönix*, 2019 erschienen zuletzt die Erzählungen *Adorno wohnt hier nicht mehr* sowie 2020 der Band *Mein Ostende*.

**Lutz Seiler** wurde 1963 in Gera geboren und lebt heute in Wilhelmshorst bei Berlin und in Stockholm. Für sein Werk erhielt er mehrere Preise, darunter 2014 den Deutschen Buchpreis für seinen Roman *Kruso* und den Preis der Leipziger Buchmesse 2020 für *Stern 111*.

**Kerstin Specht** wurde 1956 in Kronach geboren. Sie studierte Germanistik und Theologie sowie Film an der Hochschule für Film und Fernsehen München. 1988 erschien ihr erstes Theaterstück. Specht lebt und arbeitet als Autorin in München und Stockheim. Für ihre Stücke erhielt sie u. a. den Else-Lasker-Schüler-Preis.

**Jackie Thomae**, 1972 in Halle geboren, arbeitet als Journalistin und Fernsehautorin in Berlin. 2015 erschien ihr Debütroman *Momente der Klarheit*. Mit ihrem zweiten Roman *Brüder* stand sie auf der Shortlist für den Deutschen Buchpreis 2019.

**Julia Trompeter** wurde 1980 in Siegburg geboren. Bekannt wurde sie zunächst durch Lyrik-Performances, bevor 2014 ihr erster Roman *Die Mittlerin* erschien. 2016 veröffentlichte sie den Gedichtband *Zum Begreifen nah*, 2019 den zweiten Roman *Frühling in Utrecht*. Sie lebt und arbeitet als Postdoktorandin an der Universität Utrecht.

**Christine Wunnicke**, geboren 1966, lebt in München. Sie schreibt Hörspiele, biographische Literatur und Romane. Ihr 2020 erschienener Roman *Die Dame mit der bemalten Hand* stand auf der Shortlist für den Deutschen Buchpreis und erhielt den Wilhelm-Raabe-Literaturpreis. In demselben Jahr wurde sie für ihr Gesamtwerk mit dem Münchner Literaturpreis ausgezeichnet.

Die Erzählungen wurden zuerst als Hörstücke im Rahmen des
ARD Radiofestivals präsentiert.

Deutsche Originalausgabe
Copyright © 2021 von dem Knesebeck
GmbH & Co. Verlag KG, München
Ein Unternehmen der Média-Participations

Projektleitung: Hans Peter Buohler, Knesebeck Verlag
Lektorat: Hanna Hesse, München
Illustrationen: Jörg Hülsmann, Berlin
Umschlaggestaltung und Layout: Favoritbüro, München
Grafikelemente: © Shutterstock/4zevar, Shutterstock/Passatic
Satz und Herstellung: Arnold & Domnick, Leipzig
Druck und Einband: Livonia Print, Riga
Printed in Latvia

ISBN 978-3-95728-509-6

www.knesebeck-verlag.de